J. SIEBMACHER'S GROSSES WAPPENBUCH

Band F
Historische Familienwappen in Franken

J. SIEBMACHER'S GROSSES WAPPENBUCH

Band F

Historische Familienwappen in Franken

1860 Wappenschilde und familiengeschichtliche Notizen
von Geschlechtern des Adels und der Reichsstädte in Franken

Von
Eugen Schöler

1975
BAUER & RASPE, INHABER GERHARD GESSNER
NEUSTADT AN DER AISCH

Dem langjährigen Förderer dieser Arbeit,
Albrecht Freiherr von Eyb, † 1973,
in dankbarer Erinnerung gewidmet

© 1975 by Bauer & Raspe, Inh. Gerhard Geßner, Neustadt a. d. Aisch
Printed in Germany — ISBN 3 87947 106 1
Druckerei Anton Hain K.-G., Meisenheim/Glan

VORWORT

Erstmals kann mit dieser Arbeit ein gesamtfränkisches Familienwappenbuch vorgelegt werden. Nach mehrjährigen heraldischen Vorstudien konnte ich schon 1960, damals noch unter der wertvollen Anleitung von Herrn Prof. Dr. Solleder, Nürnberg, und Herrn Dr. Fuckner, Erlangen, für mein 1. Staatsexamen die heimatkundliche Facharbeit „Fränkische Wappen und die Geschichte ihrer Träger" konzipieren. Beide Herren bin ich zu großem Dank verpflichtet.

Dank der Unterstützung durch staatliche, kirchliche und kommunale Archive, durch zahlreiche Familien des Adels und der ehemaligen Reichsstädte, war es mir in den folgenden Jahren möglich, aus einem Forschungsbereich von mehreren Tausend Familien Texte und Zeichnungen für diese Arbeit zusammenzustellen. Für manchen fachlichen Rat habe ich besonders Herrn Archivdirektor Dr. Gerhard Hirschmann zu danken. Nahezu ein Jahrzehnt lang hat Albrecht Freiherr von Eyb, Schloß Neuendettelsau, den Fortgang der Forschungsarbeiten intensiv gefördert; ihm soll diese Arbeit auch gewidmet sein.

Durch den Untertitel habe ich auf die notwendige thematische Begrenzung eines so großen Forschungsgebietes hingewiesen. Wie in vergleichbaren Werken, gilt auch innerhalb des gesteckten Rahmens der Grundsatz, daß eine vollständige Erfassung aller heraldischen Symbole und Familien bestenfalls angestrebt werden kann.

Auch eine Aufzählung aller Grabdenkmäler, Wappenfriese, Totenschilde etc. (man denke nur an Würzburg oder die Haßfurter Ritterkapelle) und eine nahezu lückenlose familiengeschichtliche oder heraldisch/genealogische Bibliographie hätte Rahmen und Zielsetzung dieser Arbeit weit überschritten. Ebenso war angesichts der Fülle des Materials eine Überprüfung der aus der Literatur übernommenen Daten und Angaben nicht immer möglich.

Herzlich zu danken habe ich auch Herrn Gerhard Geßner für die Aufnahme dieses Buches in sein umfangreiches heraldisches Verlagsangebot.

Aufbau und Inhalt sollen das vorliegende Werk zu einem Arbeitsbuch und Nachschlagewerk für alle geschichtlich interessierten Freunde der noch immer reichen fränkischen Kulturlandschaft werden lassen.

Eugen Schöler

Wassermungenau, im September 1975

6

INHALTSÜBERSICHT

VORBEMERKUNGEN
über Inhalt und Aufbau der Arbeit

A) *Zweck der Arbeit:* Für Franken fehlte bisher eine umfassende Sammlung historischer Familienwappen. Verstreut auf zahlreiche überregionale oder lokale Wappenwerke, blieb die große Palette der überlieferten Familienwappen den kunsthistorisch und kulturgeschichtlich interessierten Freunden dieser Landschaft weitgehend verborgen.

So lag es nahe, in Form einer *Bestandsaufnahme* diese Lücke in der heraldischen Literatur doch weitgehend zu schließen. Viele Kirchen, Rathäuser, Burgen und Schlösser zeigen noch heute die Wappen jener Familien, die oft jahrhundertelang die Geschicke des „fränkischen Fleckerlteppichs", also der zahlreichen großen und kleinen Territorien, gelenkt oder zumindest mitgestaltet haben. Aus historischen Gründen konnte der Rahmen dieser Arbeit nicht starr den Grenzen der heutigen Regierungsbezirke Ober-, Mittel- und Unterfranken folgen. Zweifellos ist aber der überwiegende Teil der hier aufgeführten Familienwappen im Bereich der drei fränkischen Regierungsbezirke beheimatet. *Eine vollständige Erfassung aller historischen Familienwappen in Franken wurde nicht angestrebt.*

B) *Welche Familienwappen wurden ausgewählt?* Die vorliegende Wappensammlung umfaßt folgende soziologische Bereiche:

1. *den Adel:* hier bevorzugt jene Familien des niederen und höheren Adels,

— die hauptsächlich in Franken seßhaft waren oder noch sind (im wesentlichen die Inhaber von Burgen, Schlössern, Herrensitzen etc.). Familien, die erst nach den beiden Weltkriegen zuzogen, konnten nur in Ausnahmefällen berücksichtigt werden.

— deren Grabdenkmäler (Epitaphien, Totenschilde etc.) sich in fränkischen Kirchen befinden oder bis vor wenigen Jahrzehnten noch befanden. (Hier war der Verfasser weitgehend auf die Angaben in den Kunstdenkmälerbänden — auch der Kurzinventare — der fränkischen Landkreise, bzw. der ehem. Bezirksämter und der Städte angewiesen).

— deren Wappen sich unter den Ahnenwappen der Grabdenkmäler oder als Allianz-Wappen in Kirchen oder an Schlössern befinden. Hier wurden allerdings nur bekanntere Familien in diese Sammlung einbezogen.

— aus denen Fürstbischöfe von Würzburg, Bamberg oder Eichstätt hervorgegangen sind.

Die Wappen wurden vor allem folgenden Werken entnommen: Siebmacher (insbesondere: Die Wappen des bayer. Adels, Bd. 22; reprographischer Nachdruck, Neustadt/Aisch 1971); Alberti; Bosl; Brand; Hildebrandt; Imhoff; Kist; Kolb; Lehenbuch Öttingen; Münchener Kalender; Tyroff; Voit; Weigel.

2. *Geschlechter der ehemaligen Reichsstädte in Franken,* soweit sie bis zum Ende des 18. Jahrhunderts heraldisch oder genealogisch in Dinkelsbühl, Nürnberg, Rothenburg o.T., Schweinfurt, Weißenburg oder Windsheim nachweisbar sind. Für diesen Personenkreis wurden die Wappen vor allem folgenden Werken entnommen: Imhoff, Kiener, Raab, Schrag, Weissbecker und Siebmacher. Eine ganze Reihe der bei Kiener gebrachten Familien ist auch im Siebmacher, Bayer. Adel, Bd. 22, aufgeführt; dort wären auch ausführliche Angaben nachzulesen.

Nürnberg stellt einen gewissen Sonderfall dar, da es als einzige Reichsstadt über ein halbes Jahrtausend lang von einem relativ abgeschlossenen Patriziat regiert wurde, während in anderen fränkischen Reichsstädten die Grenzen zwischen den ratsfähigen Familien und der übrigen Bürgerschaft ziemlich unscharf blieben und manche Geschlechter nur über wenige Generationen oder überhaupt nur durch eine Person im Rat vertreten waren. Insofern wurde im Textteil dieser Arbeit der Begriff „Patriziergeschlecht" bewußt vermieden.

Aus geschichtlichen Gründen schien es aber angemessen, neben den Geburtsadel gerade diesen Personenkreis *und sein Konnubium* einzubeziehen, dessen heraldische Symbole uns heute auf unzähligen Kunstwerken, auf Gemälden, Totenschilden, Grabdenkmälern etc. begegnen, Zeichen wachsenden Selbstbewußtseins des wirtschaftlich erfolgreichen Bürgertums, das in einem langsamen Prozeß den alten Adel auch politisch in seinem alleinigen Führungsanspruch ablöste. Außerdem konnte mancher städtische Handelsherr darauf verweisen, daß seine ursprünglich ritterbürtigen Vorfahren ein im wörtlichen Sinne „bürgerliches" Leben hinter schützenden Stadtmauern der wirtschaftlich und politisch ungesicherten Existenz auf manchen Burgen vorgezogen hatten. Konsequenterweise wurden umgekehrt zahlreiche Stadtgeschlechter schon vor dem Ende der reichsstädtischen Autonomie in eine der Adelsklassen aufgenommen.

C) *Wie ist diese Wappensammlung aufgebaut?*

1. Die *Einführung in die Heraldik* soll besonders interessierten Laien die notwendigen Sachinformationen vermitteln.

2. Der *Textteil* bringt die *Familien in alphabetischer Reihenfolge* (für den Buchstaben S wurde die Gruppierung S – Sch – St gewählt!) und enthält kurze familiengeschichtliche Notizen, Hinweise auf die benützte oder zu empfehlende Literatur (Lit.) und das entsprechende Wappenwerk (W.). Anstelle einer ausführlichen Beschreibung (Blasonierung) der Wappen wurde das Register der Wappenbilder angefügt. Es ist in Anlehnung an das Wappenwerk Hildebrandt so geordnet worden, daß auch Laien sich leicht orientieren können.

Ein eigenes Register am Schluß des Textteils ist dem vollständigen Wortlaut der Literatur- und Wappenwerknachweise gewidmet. (Die zitierte Literatur enthält in der Regel ausführlichere Angaben über die betreffenden Familien!) Die entsprechende Wappentafel wurde neben dem Familiennamen angegeben.

3. *Die Wappen* auf den Tafeln *sind nach Wappenfiguren geordnet!* Dadurch soll eine raschere Identifizierung von aufgefundenen Wappen ermöglicht werden:

a) Bei vermehrten Wappen (also Wappen mit mehreren Wappenfeldern) wurde in der Regel der Herzschild, das Stammwappen oder ein besonders häufiges oder auffälliges Symbol als zuordnendes Kriterium ausgewählt.

b) Stammverwandte Familien oder „Wappengenossen" werden häufig gleiche oder ähnliche Wappen aufweisen. Trotzdem muß darauf hingewiesen werden, daß *gleiche Wappen nicht zwangsläufig auf eine gemeinsame Abstammung schließen lassen.*

c) In einigen Fällen haben Familienwappen im Laufe der Zeit mancherlei Abänderungen erfahren: *Die verschiedenen Wappen einer Familie wurden mit arabischen Ziffern* (1,2,3 . . .), *die Wappen gleichnamiger,* (soweit überschaubar) *nicht verwandter Familien* auf den Wappentafeln und (soweit nötig) im Textteil *mit römischen Zahlen* (I, II, III . . .) *gekennzeichnet.*

d) Die insgesamt 157 Tafeln zeigen *nur die Wappenschilde!* Die dazugehörigen Helmkleinode, Decken, Helme etc. sind in der Regel in den angegebenen Wappenwerken abgebildet. Bei gleichen oder sehr ähnlichen Wappen habe ich in der Regel (zur besseren Unterscheidung) im Textteil einen Vermerk über die Helmzier angefügt (Hz). Das Weglassen der Helmzier auf den Wappentafeln ermöglichte eine größere Abbildung der Schilde (als wichtigster Wappenteil) und eine komprimiertere Zusammenstellung. Außerdem wären bei manchen Familien bis zu vier verschiedene Helmkleinode zu berücksichtigen gewesen. Aus zeichentechnischen Gründen weisen nahezu alle Schilde eine einheitliche Form auf.

e) Bei manchen Wappen wurde wegen der Unsicherheit der Farbgebung auf eine Farbangabe verzichtet. Alle anderen weisen die heraldischen *Wappenschraffierungen* auf, wie sie seit dem 17. Jahrhundert üblich sind. Bei „natürlichen" Wappentieren, die also wie in der Natur vorkommend zu bemalen wären, wurde im Textteil oder auf der Abbildung ein entsprechender Vermerk gemacht.

f) Da bis in die Neuzeit hinein die *phonetische Schreibweise* auch das Schreiben *von Namen* beeinflußte, empfiehlt es sich, bei der Suche nach einem Geschlechtsnamen eventuell den sprachgeschichtlich entsprechenden Buchstaben einzubeziehen, z.B.

B,b	–	P,p	–	bb	–	pp		ay	–	ai	–	ei	–	ey
D,d	–	T,t	–	tt	–	dd		K,k	–	C	–	ck		
F,f	–	V,v	–	ff				S,s	–	ss	–	ß	–	sz
i	–	ie	–	ih	–	ü								

g) Einige Familien wurden nur im Textteil aufgeführt, da dem Verfasser bis zur Fertigstellung der Arbeit keine exakte Wappenzeichnung vorlag. Dafür soll die Beschreibung des Wappens heraldische Studien erleichtern.

h) Abkürzungen

Bez.A.	=	Bezirksamt		Fst.	=	Fürst
Dkb.	=	Dinkelsbühl		gen.	=	genannt
Frh.	=	Freiherr		Grf.	=	Graf

Hz	=	Helmzier	Lit.	=	Literatur
Kanton	=	Die fränkische Ritterschaft war eingeteilt in die Ritterkantone Odenwald (W.: ein Pferd), Gebürg (W.: 2 Georgsritter und 2 Burgen), Rhön-Werra (W.: ein Hand, die 5 Pfeile hält), Steigerwald (W.: ein Einhorn), Altmühl (W.: St. Georg mit dem Drachen) und Baunach (W.: ähnlich Altmühl). Lit. siehe Biedermann u. Bundschuh!	Lk	=	Landkreis
			Mfr.	=	Mittelfranken
			Mgf.	=	Markgraf
			nat.	=	natürlich
			Nbg.	=	Nürnberg
			Ofr.	=	Oberfranken
			Rbg.	=	Rothenburg o.T.
			Schw.	=	Schweinfurt
			Stw.	=	Stammwappen
			Taf.	=	Tafel
KD	=	Kunstdenkmälerband (auch Kurzinventare)	Ufr.	=	Unterfranken
			W.	=	Wappen
Kfst.	=	Kurfürst	Wbg.	=	Weißenburg i.Bay.
Lgf.	=	Landgraf	Whm.	=	(Bad) Windsheim

D) *Zusammenfassung:* Die vorliegende Arbeit bietet demnach eine dreifache Benutzungsmöglichkeit durch

a) den alphabetisch geordneten Textteil

b) die nach Wappenbildern geordneten Schilde (wobei ein eigenes Wappenregister die Identifizierung eines namentlich nicht bekannten Wappens erleichtert).

c) die zahlreichen Literatur- und Wappenwerknachweise, die eine Weiterforschung ermöglichen sollen.

EINFÜHRUNG IN DIE HERALDIK

Zu den historischen Hilfswissenschaften gehören die Sphragistik (Siegelkunde) und die Numismatik (Münzkunde), die Genealogie (Familienforschung) und die Heraldik. Unter Heraldik verstehen wir sowohl Wappenkunde als auch Wappenkunst.

1. Der Beginn des Wappenwesens

Für die Forschung gilt das 2. Viertel des 12. Jahrhunderts als Entstehungszeit der Wappen. Bis ins 12. Jahrhundert trugen ritterliche Kämpfer einen offenen Helm; später machten geschlossene Helme und die Rüstung den Ritter weitgehend unkenntlich. Freund und Feind sollten ihn aber schon auf größere Entfernung erkennen. Die Ritter versahen ihre Kampfschilde, Pferdedecken, Helme und Banner mit weit sichtbaren Zeichen und klaren Farbkombinationen. Die Wappenfiguren mußten deshalb so gut wie möglich stilisiert werden. Zweifellos wurde in vielen Fällen auf vorheraldische Zeichen und Symbole zurückgegriffen. Zu Beginn eines Turniers hatte der Ritter seinen Helm „zur Schau zu stellen". Ein Herold entschied vor allem im Spätmittelalter über die Rechtmäßigkeit des Wappens und die Turnierfähigkeit des Teilnehmers. Aus ihrer reichen Erfahrung schufen die Herolde auch die Grundlagen der später nach ihnen benannten Wissenschaft „Heraldik" (Reitzenstein; WiB; Hildebrandt; Stadler; Seyler; Ströhl).

Das mittelhochdeutsche Wort „*wâpen*" – ein Lehnwort aus dem niederländisch-lothringischen Sprachraum – ist gleichbedeutend mit *Waffe* (Volborth). Konsequenterweise wurde die Schildform auch nach dem Ende des Rittertums in den Wappenzeichnungen beibehalten; sie paßte sich allerdings den jeweiligen Kunststilrichtungen an.

Die Schildzeichen blieben für ein und dieselbe Person in der Regel gleich, wurden erblich, konnten Ämter und Grundbesitz symbolisieren, und schließlich wurde die Verwendung schildförmiger Identitätszeichen auch von Städten, Klöstern, Orden und Staaten übernommen (Schröder; Stadler; Volborth; Decku).

Der Besitz eines Familienwappens ist kein Beleg für eine adelige Herkunft. Wappen von Bürgern und Bauern sind schon seit dem Spätmittelalter bekannt. Auch diese sogenannten „bürgerlichen" Wappen weisen die Schildform mit Helm, Helmzier und Decken auf. Es ist allgemein üblich geworden, bürgerliche Wappen mit einem Stechhelm und Wappen adeliger Familien mit einem Spangenhelm zu versehen (siehe Helmformen).

2. Die wichtigsten Wappengruppen

Heroldsfiguren
einfache Schildteilungen

(all-)gemeine Figuren
Gegenstände, Pflanzen,
Lebewesen usw.

Mischformen

3. Die Geographie des Wappenschildes

Das Wappen wurde ursprünglich vom Schildträger aus beschrieben (Schild am linken Arm, Tiere schauen in Reitrichtung = heraldisch rechts, also vom Zuschauer aus nach links, siehe Zeichnung 3). Bei vermehrten Wappen können Tiere oder Menschen auch zum benachbarten Wappenfeld „schauen", siehe Zeichnung 4.

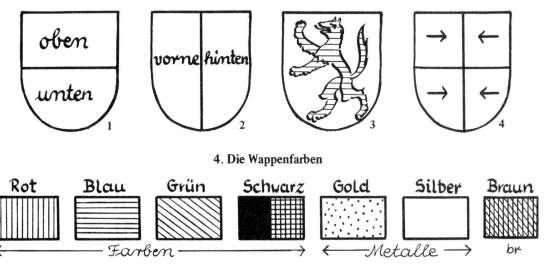

4. Die Wappenfarben

Die heraldische Grundregel besagt, daß *nicht* Farbe auf Farbe oder Metall auf Metall gemalt werden darf. Farbe sollte nicht an Farbe und Metall nicht an Metall stoßen. Diese Regel ist nicht anwendbar bei dreiteiligen Wappenschilden (siehe die Zeichnungen 5, 6 und 7).

Anmerkung: Für die Metalle Gold und Silber können beim Ausmalen von Wappenfeldern auch Gelb und Weiß genommen werden. Die in der Heraldik sehr seltene Farbe Braun wurde speziell für diese Arbeit durch die obige Schraffur gekennzeichnet (nat. = naturfarben).

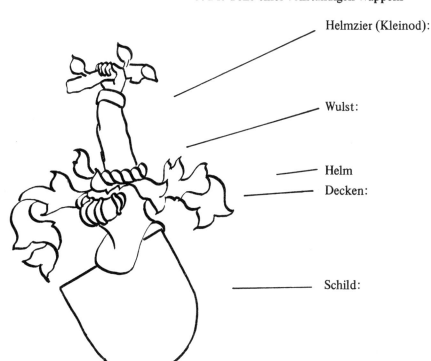

5. Die Teile eines vollständigen Wappens

Helmzier (Kleinod):	muß nicht grundsätzlich mit der Schildfigur identisch sein; diente u.a. zur Unterscheidung einzelner Familienzweige.
Wulst:	manchmal auch Blattkrone, um die Befestigung der Helmzier zu verdecken.
Helm	
Decken:	ursprünglich Sonnenschutztuch, später den Kunststilen entsprechend ausgestaltet; bei Fürstenwappen stattdessen auch Wappenmantel.
Schild:	ursprünglich aus Holz, mit Leder überzogen, bemalt, auch mit Metallbändern oder Metallkreuzen verstärkt.

6. Die wichtigsten Helmformen

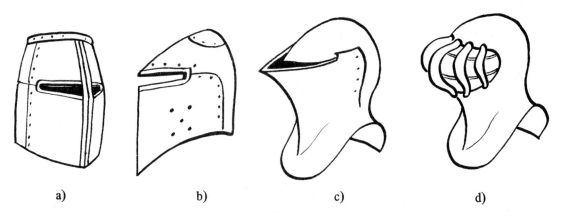

a) b) c) d)

a) Topfhelm; 12./13. Jh. – b) Kübelhelm (Faßhelm); 13./14. Jh. – c) Stechhelm; im 14. und 15. Jh. Turnierhelm, später bevorzugt für „bürgerliche" Wappen verwendet – d) Spangenhelm (Bügelhelm); im 15. Jh. beim Kolbenturnier benützt (dem Gegner mußte mit einem Streitkolben der Helm heruntergeschlagen werden); später bevorzugt für Adelswappen verwendet.

7. Die Rangkronen

Anstelle von Helm und Helmzier wurden gelegentlich zur Kennzeichnung des Adelsranges sog. Rangkronen über das Wappen gesetzt:

a) b)

a) Fürstenkrone (-hut) – b) 5 Perlen (Zacken) = einfache Adelskrone, 7 Perlen = Freiherr, 9 Perlen = Graf (zur Rangstufung in anderen Ländern siehe Volborth).

8. Allianzwappen

Vom Beschauer aus links das Wappen des Mannes, rechts das der Frau. Gemeinsame Helmzier ist oft die des Mannes.

Zeigt das Wappen des Mannes ein Tier oder eine menschliche Gestalt, so muß die Schildfigur sich dem Wappen der Frau zuwenden (also entgegen der unter Punkt 3 genannten Regel vom Zuschauer aus nach rechts). Die Wappen konnten auch in *einem* (meist 4-feldrigen) Schild vereinigt werden. In der Regel erhielt dann das Wappen des Mannes die Felder 1 und 4, das Wappen seiner Gemahlin die Felder 2 und 3 (zur Feldaufteilung siehe Ziffer 13).

Allianzwappen von Bischöfen entstehen durch die Vereinigung von Bistums- und Familienwappen (zumeist in einem mehrfeldrigen Schild)

9. Wappen auf Grabsteinen

Viele Grabsteine zeigen nur das Wappen des (der) Verstorbenen. Bei vier Wappen gilt folgende Faustregel:

A = in der Regel Wappen des (der) Verstorbenen

B, C, D = in der Regel die Wappen der Mutter und der Großmütter (die Reihenfolge ist nicht auf allen Grabsteinen einheitlich).

Auf Grabsteinen weiblicher Personen zeigt Schild B manchmal auch das Wappen des Ehegatten (Beispiel: Grabstein der Elisabeth Gräfin v. Rieneck, geb. Gräfin zu Castell, † 1419, in der Stadtkirche zu Lohr/Main).

Als Literatur seien empfohlen die Arbeiten von C. Dichtel und Reitzenstein.

10. Totenschilde

Vor allem der Adel und die Ratsgeschlechter in den Reichsstädten übten den Brauch, ihren verstorbenen männlichen Familienmitgliedern Totenschilde in die Kirchen zu hängen. Das Wappen der Ehefrau wurde oft als kleiner „Beischild" hinzugefügt. Die Gestalt der Totenschilde hat sich im Laufe der Jahrhunderte gewandelt. Die fränkischen Kirchen beherbergen noch eine Vielzahl von bemalten einfachen Holzschilden (mit Umschrift) und bemalten oder plastisch gestalteten Rundschildern (die der alten Siegelform entsprechen). Im 17. und 18. Jhd. zeigen gelegentlich reichsstädtische Totenschilde eine Kombination von plastisch gestaltetem Wappen, Inschrifttafel und Porträt des Verstorbenen. (Lit. siehe Pilz und Heßberg!).

11. Gestürzte Wappen

Gestürzte Wappen weisen auf das Erlöschen eines Geschlechtes im Mannesstamm hin. Gelegentlich wurde das Wappen auch mit einem Riß versehen.

Beispiele:

a) Grabmonument für Johann Sigmund Pfinzing, † 1764, in der Kirche zu Großgründlach;

b) Gestürztes Wappen auf dem Totenschild des Felix Jakob Tetzel, † 1736, im Schloß zu Kirchensittenbach.

Es war durchaus üblich, daß „heimgefallene" Wappen durch den Landesherrn wieder neu verliehen wurden (oft an gleichnamige und nicht verwandte Familien).

12. Wappen illegitimer Nachkommen

Gelegentlich haben auch in Franken illegitime Nachkommen das Wappen ihres Erzeugers, belegt mit dem sogenannten „Bastardfaden", geführt.

Beispiel: 1545 wurde den unehelichen Kindern des Nürnberger Patriziers Jakob Welser von Kaiser Karl V. gestattet, das auf diese Weise abgeänderte Familienwappen der Welser zu führen (a).

In anderen Fällen wurde den Nachkommen das durch den „Bastardfaden" abgeänderte Wappen einer längst erloschenen Familie verliehen:

Beispiel: 1723 legitimierte Kaiser Karl VI. uneheliche Kinder des Markgrafen von Bayreuth und verlieh ihnen das Wappen der erloschenen v. Plassenberg, ergänzt durch den Bastardfaden (b).

Carl Robert Reitzenstein, Sohn des Leutnants Ernst Frh. v. Reitzenstein und der Theresia Standtener, geb. 1810 in Schlesien, führte das Reitzenstein-Wappen, belegt mit einem Schulzenstab, weiter (c).

Die Wappen der Freiherren v. Falkenhausen und der Freiherren v. Kotzau geben nur in verschlüsselter Form einen Hinweis auf ihre Ahnherren aus dem Hause Hohenzollern.

Anmerkung: Schrägrechts- oder Schräglinksfaden dienten aber auch zur Kennzeichnung von Nebenlinien (siehe Hildebrandt S. 149).

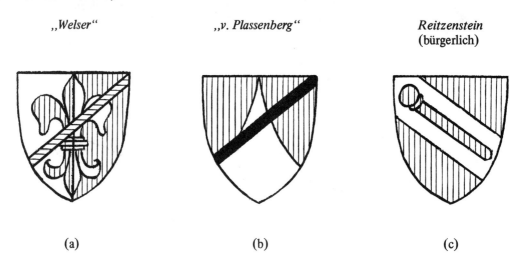

„Welser"	*„v. Plassenberg"*	*Reitzenstein* (bürgerlich)
(a)	(b)	(c)

13. Vermehrte Wappen

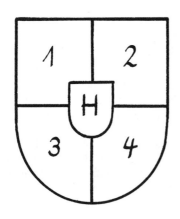

Viele Familien des Hochadels führten regelrechte „Wappenlandkarten", die neben dem *Stammwappen* auch Wappen für den ererbten oder erworbenen Grundbesitz, für besondere Reichsämter, Titel oder entsprechende Ansprüche enthielten. So hatte der letzte Markgraf von Ansbach ein Wappen mit 34 Teilfeldern, wobei der „Brandenburger Adler" die bevorzugte Stellung als *Herzschild* (H) einnahm (nicht aber das Stw.).

Ein vermehrtes oder „verbessertes" Wappen (in der Regel 4 Felder mit oder ohne Herzschild) erhielten u.a. auch neuadelige Familien, falls sie vor der Nobilitierung schon ein Wappen führten, oder Adelsfamilien, die in die nächsthöhere Adelsklasse erhoben wurden. Die „Wappenbesserung" konnte aber auch nur in einer leichten Abänderung des ererbten einfeldrigen Stammwappens bestehen.

In der Regel zeigen die Felder 1 und 4, sowie 2 und 3 die gleiche Wappenfigur.

14. Die Deutung von Wappen

Die Deutung von Wappenfiguren sollte mit großer Behutsamkeit vorgenommen werden. „Dem naturwissenschaftlichen Forschungsstand des Hochmittelalters entsprechend unterstellte man gewissen Tieren besondere Eigenschaften, die über den Wappenschild auch den Wappenträger qualifizieren sollten. Lilien, Rosen und Sterne im Wappen haben beispielsweise religionsgeschichtliche, bzw. rechtsgeschichtliche Wurzeln." (WiB, S. 12; Schramm; Schröder). Erste Ergebnisse der Verhaltensforschung lassen erwarten, daß manche der bisher als sicher geltenden Wappendeutungen ergänzt, wenn nicht gar korrigiert werden müssen. Hier sei auf die grundlegenden Arbeiten von Prof. Otto Koenig und des Instituts für Vergleichende Verhaltensforschung der Österreichischen Akademie der Wissenschaften in Wien verwiesen (siehe Lit.)

In vielen Fällen ist die ursprüngliche Sinngebung der Wappenfiguren in Vergessenheit geraten; nachfolgende Generationen haben sich dafür mit der Weitergabe von Wappensagen beholfen (Aufseß, Guttenberg, Seckendorff). — Manche Wappenfiguren wurden einfach aus anderen Wappen übernommen, ohne daß man lange nach deren Bedeutung fragte.

Hilfreicher sind in diesem Zusammenhang die heraldisch „redenden" Wappen, die durch die Wappenfigur oder die Farben den (etymologisch korrekten) Namen des Wappenträgers symbolisieren: Henneberg, Holzschuher, Raab.

15. Was ist bei der Annahme eines neuen Familienwappens zu beachten?

a) Zunächst muß geklärt sein, ob die Familie schon früher ein Wappen geführt hat.

b) Bloße Namensgleichheit berechtigt nicht, ein bereits vorhandenes Wappen einfach zu übernehmen! — Der genealogische Zusammenhang muß nachgewiesen sein!

c) In Deutschland wird die Tradition des einstigen kaiserlichen Heroldsamtes durch den HEROLD, Verein für Heraldik, Genealogie und verwandte Wissenschaften, Berlin-Dahlem, Archivstraße 12-14, fortgeführt. Der HEROLD registriert auf Antrag überlieferte oder neugestiftete Familienwappen in der „Deutschen Wappenrolle" und stellt entsprechende Urkunden aus.

16. Heraldische Literatur

Hildebrandt; Reitzenstein; Schröder; Stadler; Ströhl; Seyler; Volborth; WiB; Kolb; Altfränk. Bilder; Alberti; Berchem, Galbreath u. Hupp, Beiträge zur Geschichte der Heraldik (Nachdruck der Ausgabe v. 1939, Neustadt/Aisch 1972).

LITERATURVERZEICHNIS

Ahlborn	=	J. Ahlborn, Die Familie Landauer; Nürnberger Forschungen Bd. 11; Nürnberg 1969
Aign	=	Theodor Aign, Die Ketzel – Ein Nürnberger Handelsherren- und Jerusalempilgergeschlecht; Neustadt/Aisch 1961
AL	=	Altnürnberger Landschaft Mitteilungen (Veröffentlichungen des Vereins Altnürnberger Landschaft, Nürnberg)
Alberti	=	Otto v. Alberti, Württembergisches Adels- und Wappenbuch (2 Bände); Stuttgart 1899 (Nachdruck Neustadt/Aisch 1975)
Altfränk. Bilder	=	Altfränkische Bilder- und Wappenkalender; mehrere Jahrgänge; herausgegeben in Verbindung mit der Gesellschaft „Freunde Mainfränkischer Kunst und Geschichte" und der „Gesellschaft für Fränkische Geschichte"; Würzburg
Andrian-Werburg	=	K. Frhr. v. Andrian-Werburg, Hans Eitel Kemnater – Das Ende eines coburgischen Adelsgeschlechts; Jb. f. fränk. Landesforschung; Bd. 34/35, Neustadt/Aisch 1975
Archiv. Bayr. *Archiv Ober-Main* *Archiv Ofr.*	=	Hans Lauterbach, Das Archiv des Historischen Vereins für Oberfranken in Bayreuth, Würzburg 1959
Aretin	=	K.O. v. Aretin, Das Fürstentum Hohenlohe-Schillingsfürst, in „Unbekanntes Bayern", Bd. 5, München 1960
Baader	=	J. Baader, Der Placker Hanns Thomas v. Absberg, in: 34. Jh. des Hist. Ver. Bamberg.
Bachmann	=	E. Bachmann, Amtlicher Führer durch die Residenz Ellingen, München 1963
Bauer	=	H. Bauer, Zur Geschichte des ausgestorbenen Adelsgeschlechts der Mecher von Kühlenfels; Bayreuth 1941
Bayerland	=	Bayerland (Zeitschrift), 62. Jg.; München, Februar 1960
Bayern, Ad. v.	=	Adalbert Prinz v. Bayern, Die Herzen der Leuchtenberg, Chronik einer napoleonisch-bayer.-europäisch. Familie; München 1963
Bechtolsheim	=	H.v. Bechtolsheim, Reichsritterschaft Ort Steigerwald, Teil 1 und 2; Würzburg 1972
Becker	=	E.E. Becker, Die Riedesel v. Eisenbach, 4 Bände (1. Bd. 1923)
Beckh	=	M. Beckh, Geschichte des Schlosses Gleißhammer; Nürnberg 1925
Beckh, Lehmus	=	H. Beckh, Die Lehmus aus Rothenburg o.T.; Deutsches Familienarchiv, Bd. 16/1960
Behrens	=	J. Behrens, Coburg – Die 900jährige Stadt zwischen Thüringer Wald und Main; Coburg 1964
Berg	=	A. Berg, Beiträge zur Genealogie der Herren von Lobdeburg; Deutscher Herold Nr. 63 (1932)
Beyer	=	L. Beyer, Mögeldorf; Nürnberg 1952
Biedermann	=	J.G. Biedermann, Geschlechtsregister Der Reichsfrey unmittelbaren Ritterschaft Landes zu Francken, Löblichen Orts Baunach, 1747; derselbe, Löblichen Orts Gebürg, 1747 derselbe, Löblichen Orts Altmühl, 1748 derselbe, Löblichen Orts Steigerwald, 1748 derselbe, Löblichen Orts Rhön und Werra, 1749 derselbe, Löblichen Orts Ottenwald (= Odenwald), 1751 Anmerkung: Die genealogischen Angaben und Daten aus dem Bereich des Spätmittelalters (und vorher) sind nicht immer zuverlässig!

Bischoff	=	J. Bischoff, Wappen und Siegel der Stadt Roth b. Nürnberg; in: Festschrift 900 Jahre; Roth 1960 (darin Hohenzollern - Stw. und fränkische Stadtsiegel)
Bosl	=	K. Bosl, Die Reichsministerialität als Träger staufischer Staatspolitik in Ostfranken und auf dem bayer. Nordgau; Ansbach 1941
Brand	=	Ph.Th.Frh. v. Brand, Burg und Schloß Neidstein; Weiden 1971
Brügel, Onoldina	=	Brügels „Onoldina", 4. Hefte; Ansbach 1955
Buhl	=	W. Buhl (Hrsg.), Fränkische Klassiker; Nürnberg 1971
Bundschuh	=	M.J.K. Bundschuh, Versuch einer historisch-topographisch-statistischen Beschreibung der unmittelbaren freien Reichsritterschaft in Franken nach seinen sechs Orten; Ulm 1801 (hier sei ergänzend empfohlen die Arbeit von Pfeiffer!)
Burger	=	H. Burger (bearb.), Nürnberger Totengeläutbücher, St. Sebald, 1517-1572; Neustadt/Aisch 1972, und H. Burger (bearb.), Nürnberger Totengeläutbücher, St. Lorenz, 1454-1517; Neustadt/Aisch 1967
Bürger	=	W. Bürger, Das große Staatswappen der Markgrafen von Brandenburg-Ansbach; Ansbacher Kulturspiegel, Heft 23/24, 1970
Bumke	=	J. Bumke, Wolfram von Eschenbach; Stuttgart 1966
Carben	=	C. Carben, Beiträge zur Ortsgeschichte von Markt-Berolzheim a.d. Altmühl; Nürnberg-Mögeldorf 1929
Castell	=	Castell, Beiträge zur Kultur und Geschichte von Haus und Herrschaft, Castell 1952
Chr. Pols.	=	A. Schlegel, Chronik der Dorfgemeinde Polsingen, Lk. Gunzenhausen (handschr. Polsingen 1929-37)
Chr. Whm.	=	Chronik der Stadt Bad Windsheim; Stadtarchiv Windsheim (dazu sei empfohlen: W. Schultheiß (bearb.), Urkundenbuch der Reichsstadt Windsheim von 741-1400, Würzburg 1963; und W. Korndörfer, Studien zur Geschichte der Reichsstadt Windsheim, vornehmlich im 17. Jh., Dissertation Erlangen 1971)
Coll.Hist.Wirsb.	=	Colloqium Historicum Wirsbergense; Geschichte am Obermain, Bd.3 und 8; Lichtenfels unter anderem: R. Lenker, Die Herren v. Mangersreuth im Frankenwald (Bd. 8) 1973/74 K. Dietel, Die Geschichte des Schlosses Sparneck am Fichtelgebirge bis zu seiner Zerstörung (Bd. 8), 1973/74
Crailsheim	=	S. Frh. v. Crailsheim, Die Reichsfreiherrn v. Crailsheim, 2 Bände, München 1905
Däschlein	=	Th. Däschlein, Der Schwanenorden und die sog. Schwanenordenritterkapelle in Ansbach; Ansbach 1926
Decku	=	J. Decku, Deutsche Länder- und Städtewappen, Bonn 1960
Decker-Hauff	=	H. Decker-Hauff, Spätromanische Fürstenbilder auf der Komburg; Württemberg. Franken 1953/54, Schwäbisch Hall 1954
Deeg	=	D. Deeg, Die Herrschaft der Herren v. Heideck; Bd. 18 der freien Schriftenfolge der Gesellschaft f. Familienforschung in Franken; Neustadt/Aisch, 1968
Deuerlein	=	E.G. Deuerlein, Ein Beitrag zur Geschichte der Familie derer v. Erlangen; Erlanger Bausteine, 14. Jg. 1967 E.G. Deuerlein, Die Herren v. Erlangen und die adelige Familie Teuerlein (Deuerlein) eines Geschlechts; Erlanger Bausteine 1956

Dichtel	=	C. Dichtel, Fränkische Grabsteine in Bad Kissingen, Hollfeld und Schönfeld (Zur Genealogie der Heußlein v. Eußenheim, der Neustetter gen. Stürmer und v. Wolmershausen); Blätter f. fränk. Familienkunde, Bd. 8, Heft 7, 1964
Dietel	=	siehe Coll. Hist. Wirsb.
Dobeneck	=	A. Frh. v. Dobeneck, Geschichte der Familie v. Dobeneck, Berlin 1906
Dobeneck, Lüchau	=	A. Frh. v. Dobeneck, Geschichte des ausgest. Geschlechtes v. Lüchau, Bayreuth 1911
Dobeneck, Rabensteiner	=	A. Frh. v. Dobeneck, Zur Geschichte des erloschenen Geschlechtes der Rabensteiner v. Doehlau, Bayreuth 1914
Dünninger	=	J. Dünninger, Franz Wilhelm v. Ditfurth (1801-1880); in: Fränk. Lebensbilder, Würzburg 1967, S. 358-369
Dürer-Katalog	=	Albrecht Dürer 1471-1971; Katalog, München 1971 (Zur Ausstellung im Germ. Nationalmuseum Nürnberg)
Eckhardt	=	K.A. Eckhardt u. W.A. Eckhardt, Fuldaer Versallengeschlechter im Mittelalter; Marburg 1968 (Die v.d.Tann und ihre Agnaten)
Egloffstein, Chronik	=	G. Frh. v.u.z. Egloffstein, Chronik der Grafen und Freiherrn v.u.z. Egloffstein; Aschaffenburg 1894
Egloffstein, Schlösser	=	Albrecht Grf. v.u.z. Egloffstein, Schlösser und Burgen in Oberfranken, Frankfurt 1972
Engel	=	W. Engel, Lebens- und Kulturbilder aus der Geschichte des fränk. Geschlechts v. Guttenberg, Würzburg 1958 derselbe: Die fränkischen Geschlechter v. Brunn um 1400, Mainfr. Jb. 3 (1951)
Englert	=	S. Englert, Geschichte der Grafen von Truhendingen; Würzburg 1885
Familie und Volk	=	Familie und Volk, Zeitschrift für Genealogie und Bevölkerungskunde; 6. Jg. Jan./Febr. 1957, Heft 1
Fehn	=	G. Fehn, Chronik v. Kronach; Kronach 1950
Frank	=	K. Fr. Frank zu Döfering, Die Kressen, eine Familiengeschichte, 1936
Frankenland	=	Frankenland, Zeitschrift für das Frankenvolk und seine Freunde (Hrsg. v. Frankenbund), Heft 2; Febr. 1963; Verlagsort Würzburg. (u.a. Hefte)
Freeden	=	H.M. v. Freeden, L. Gundermann, Aus fränkischen Landschlössern und Prälaturen; Würzburg 1969
Gack	=	G. Chr. Gack, Geschichte der Grafschaft Sulzbach, 1847
Galbreath	=	D.L. Galbreath, Handbüchlein der Heraldik, Lausanne 1948
Gesch. Münch.	=	G. Lehnes, Geschichte der protestant. Pfarrei und des ehem. Benediktinerklosters Münchaurach etc.; Neustadt/Aisch 1837
GHB Bay.	=	Genealogisches Handbuch des in Bayern immatrikulierten Adels; Band I 1950 u. ff., Neustadt/Aisch
GHB Starke	=	Genealogisches Handbuch des Adels, Freiherrliche Häuser, Bd. 1, 1952 Limburg/Lahn u.a. Bände
Glaß	=	E. v. Glaß, Die von Thela, gen. Plechschmidt; Regesten (1288-1692). Freie Schriftenfolge der Gesellschaft für Familienforschung in Franken, Bd. 10
Gotha	=	Gothaisches Genealogisches Taschenbuch der Freiherrlichen Häuser, 1926 und 1930; Gotha (u.a. Bände)
Grote	=	Ludwig Grote, Die Tucher — Bildnis einer Patrizierfamilie, München 1961

Guttenberg	=	E. Frh.v. Guttenberg, Zur Genealogie der älteren Grafen v. Lechsgemünd etc., in: Jb. f. Fränk. Landesforschung, Bd. 8/9; 1943
Guttenberg, Terr.	=	E. Frh.v. Guttenberg, Die Territorienbildung am Obermain; 79. Ber. d. hist. Ver. Bamberg, 1926
Haag	=	Chr. Haag, Kloster Heilsbronn; Schwabach 1960
Haller	=	H. Frh. Haller v. Hallerstein, Die Haller zu Bamberg und zu Nürnberg, in: 96. Bericht des Hist. Vereins Bamberg 1959
Haller, Adel	=	H. Frh. Haller v. Hallerstein; Fränkische Adelsgenealogien gestern und heute, in: Bl. f. Fränk. Familienkunde, Heft 10, 1970
Haller/Eichhorn	=	H. Frh. v. Haller/E. Eichhorn, Das Pilgrimsspital zum Hl. Kreuz vor Nürnberg; Nürnberg 1969, (Nürnberger Forschungen Bd. 12)
Hausdörffer	=	J. Hausdörffer, Die Herren v. Uttenhofen; Neustadt/Aisch 1966
Henf.	=	900 Jahre Henfenfeld (b. Hersbruck), Festschrift 1959
Herzfeld	=	H. Herzfeld (Hrsg.), Geschichte in Gestalten; 4 Bde; 1. Bd. Frankfurt/Main 1963
Heßberg	=	H. v. Heßberg, Die ehemaligen Totenschilde in der Frauenkirche zu Nürnberg; in: Genealogie, Deutsche Zeitschrift für Familienkunde, 22. Jg. 1973
Hetzelein	=	Georg Hetzelein, Konrad v. Megenberg; in: „Fränk. Klassiker", Nürnberg 1971 (Hrsg. W. Buhl)
Hildebrandt	=	Wappenfibel-Handbuch der Heraldik; 16. verbesserte Aufl.; herausgegeben vom „Herold", Verein für Heraldik, Genealogie und verwandte Wissenschaften, begr. durch A.M. Hildebrandt etc.; Neustadt/Aisch 1970
Hirschmann, Kraftshof	=	Gerhard Hirschmann, Kraftshof. Ein Nürnberg. Dorf mit Herrensitz und Wehrkirche; Altnürnberger Landschaft Mitteil., 19. Jg. Sonderheft 1970.
Hirschmann, Muffel	=	Gerhard Hirschmann, Die Familie Muffel im Mittelalter; ein Beitrag zur Geschichte des Nürnberger Patriziats, seiner Entstehung und seines Besitzes; Mitteil. d. Ver. f. Geschichte der Stadt Nürnberg, Bd. 41, 1950 (S. 257-392)
Hirschmann, Neu	=	G. Hirschmann, Die Familie (v.) Neu in Württemberg und Franken, Hist. Ver.f. Württemb. Franken 1974
Hirschmann, Patriziat	=	G. Hirschmann, Das Nürnberger Patriziat im Königreich Bayern 1806-1918; Nürnberger Forschungen Bd. 16; Nürnberg 1971
Hirschmann, Roth	=	G. Hirschmann, Die Familie v. Rot (Roter); in „900 Jahre Roth"; Roth 1960
Hirschmann, Stein	=	Gerhard Hirschmann, Stein bei Nürnberg; Geschichte eines Industrieortes; Nürnberg 1962
H.H. Hofmann	=	H.H. Hofmann, Burgen, Schlösser und Residenzen in Franken; Frankfurt/Main 1961
H.H. Hofmann, Herzogenaurach	=	H.H. Hofmann, Herzogenaurach, die Geschichte eines Grenzraumes in Franken; Würzburg 1950 (Schriften des Instituts f. fränk. Landesforschung) (= H.H. Hofmann 2)
Hohenlohe	=	Hohenlohe, Bilder aus der Geschichte von Haus und Land; von H. Prinz zu Hohenlohe-Schillingsfürst und Friedrich Karl Erbprinz zu Hohenlohe-Waldenburg; Mainfränk. Hefte, Heft 44, 1965
Hohenlohe (Fr. J. Fst.z.)	=	Franz Josef Fürst zu Hohenlohe-Schillingsfürst, Monarchen-Edelleute-Bürger; Neustadt/Aisch 1963
Huber	=	W. Huber, Schloß und Burg von Truhendingen; in „Alt-Gunzenhausen", Heft 27, 1956

Huber	=	W. Huber, Schloß Altenmuhr und seine Besitzer; (Familie von Lentersheim); in: „Alt-Gunzenhausen", Heft 29/1958
Imhoff	=	W. Frh. v. Imhoff, Genealogisches Handbuch der zur Zeit lebenden rats- und gerichtsfähigen Familien der vormaligen Reichsstadt Nürnberg. Nürnberg 1900 (in diesem Werk sind auch die vermehrten Wappenschilde abgebildet)
Jahnel	=	H. Jahnel, Die Imhoff – Eine Nürnberger Patrizier- und Großkaufmannsfamilie; Würzburger Dissertation 1951
KD	=	Bände der „Kunstdenkmäler von Bayern" (auch Kurzinventare) der ehem. Bezirksämter, der Städte und der Landkreise in Ober-, Mittel- und Unterfranken (soweit sie dem Verfasser bis zur Fertigstellung dieser Arbeit vorlagen)
Kerler	=	H.F. Kerler, Geschichte der Grafen v. Helfenstein, Ulm 1840
Kiener	=	P. Kiener, Nürnberger Geschlechter- und Wappenbuch v. 1590-1602 (Stadtarchiv Nürnberg). Zusatzliteratur: siehe Zahn!
Kießling	=	G. Kießling, Geschichte des Geschlechts Kießling (aus Stobersreuth b. Schwarzenbach a.d. Saale) (Herausgegeben v. Herrn Dr. Gerhard Kießling, Mannheim) darin auch Hinweis auf den Grabstein des Adam Kießling, † 1627, zu Schwarzenbach a.d. Saale (W.: ein vermutlich nackter Mann, der ein Schwert hält). Das Familienwappen der Kießling zeigt heute einen gespaltenen Schild: vorne über waagrechtem Schildfuß einen bekleideten Schwertträger, hinten einen Kranich, der mit dem linken Fang auf 3 Kugeln steht und mit dem rechten eine Kugel hält.
Kietzell	=	E.v. Kietzell, Werdenfels/Tilenburg; Burg- und Ortsgeschichte v. Wernfels-Theilenberg; in „Spalter Heimat" Heft 12, 1973
Kilianshymnus	=	Kilianshymnus (Einblattdruck) v. 1523; German. Nationalmuseum Nürnberg
Kist	=	J. Kist, Fürst- und Erzbistum Bamberg; Leitfaden durch ihre Geschichte von 1007-1960; Histor. Verein Bamberg 1962
Kist, Andechs	=	J. Kist, Die Nachfahren des Grafen Berthold I. v. Andechs, Neustadt/Aisch (Sonderdruck aus Jahrb. für fränk. Landesforschung, Bd. 27, Jg. 1967)
Klarmann	=	J. L. Klarmann, Dankenfeld und die Familie v. Ostheim; 1902
Kneschke	=	E. H. Kneschke (Hrsg.), Neues allgemeines deutsches Adelslexikon (alphabetisch geordnete Bände); Leipzig 1859-1870
Koenig	=	O. Koenig, Kultur und Verhaltensforschung; Einführung in die Kulturethologie. Mit einem Vorwort von Konrad Lorenz, München 1970. derselbe: Urmotiv Auge; Wien 1975 (Institut für Vergleichende Verhaltensforschung der österreichischen Akademie der Wissenschaften)
Koerner	=	B. Koerner, Handbuch der Heroldskunst (IV Bände); Germ. Nationalmuseum Nürnberg
Kolb	=	P. Kolb, Die Wappen der Würzburger Fürstbischöfe, Würzburg 1974 (ausführliche Familienbeschreibungen und wichtige Literaturhinweise)
Körner	=	H. Körner, Die Würzburger Siebold; Neustadt/Aisch 1967
Kraft	=	W. Kraft, Zur Geschichte der Weißenburger Familien; Weißenburger Heimatbuch 1929
Kraft/Schwemmer	=	W. Kraft, W. Schwemmer, Kaiser Karls IV. Burg und Wappensaal zu Lauf; Schriftenreihe der Altnürnberger Landschaft, Bd. VII; Nürnberg 1960

Kreisel	=	H. Kreisel, Burgen und Schlösser in Franken; München-Berlin 1955
Kübele	=	Fr. Kübele, Geschichte des Exulantengeschlechts (von) Danngrieß; Blätter für Familienkunde, 9. Bd. Heft 5, 1968 (Nbg.)
Kuhr	=	G. Kuhr, Stammfolge der Familie Jamnitzer in Nürnberg; in: Mitteil. d. Vereins f. Geschichte der Stadt Nürnberg; 61. Bd. 1974
Kumpf	=	A. Kumpf, Wappen Kumpf in Windsheim; in „Zwischen Frankenhöhe und Steigerwald" 1937, Folge 13
		derselbe: Der Karthäuser Peter Kumpf von Windsheim; wie oben 1937, Folge 10,11
Kunstmann, Berneck	=	H. Kunstmann, Der Raum v. Berneck, ein Brennpunkt der Auseinandersetzung mittelalterlicher Mächte (Heimatbeilage zum Amtl. Schulanzeiger des Reg.Bez. Ofr.; Bayreuth 1961, Nr. 3)
Kunstmann, Burgen	=	H. Kunstmann, Burgen in Oberfranken; 2 Bände, Kulmbach 1953 und 1955
Kunstmann, Guttenberg	=	H. Kunstmann, Schloß Guttenberg und die oberfränkischen Burgen des Geschlechts; Würzburg 1958
Kunstmann, Mensch und Burg	=	H. Kunstmann, Mensch und Burg; Würzburg 1967
Kunstmann, Osternohe	=	H. Kunstmann, Burg Osternohe; Sonderheft der Altnürnberger Landschaft Mitteil. Dezember 1968
Kunstmann, Wolfsberg	=	H. Kunstmann, Die Burg Wolfsberg; Mitteil. der Altnürnberger Landschaft, 11. Jg., Heft 2, 1962
Kurz	=	J.B. Kurz, Wolfram von Eschenbach; Ansbach 1930
Lehenbuch Öttingen	=	Lehenbuch der Grafschaft und des Fürstentums Öttingen (Archiv der Fürsten v. Oettingen-Spielberg in Öttingen)
Lehner	=	M.J. Lehner, Mittelfrankens Burgen und Herrensitze; Nürnberg 1895
Lehnes	=	G.L. Lehnes (bearb.), Geschichte der Stadt Neustadt a.d. Aisch; 1834
Lemmel	=	H.E. Lemmel, Über das Herkommen der Esel, Esler in Bamberg und Nürnberg; Blätter für Familienkunde, 15. Jg. 1966; S. 433-441
		H.E. Lemmel, Herkunft und Schicksal der Bamberger Lemmel des 15. Jh.; in: 101. Ber. des Hist. Ver. Bamberg 1965 (Miszellen zur Geschichte der Lemmel in Bl.f. fränk. Familienforschung, Heft 6, 1968)
Lenker	=	siehe Coll. Hist. Wirsb.!
Le Suire	=	A.v. Le Suire, Durch sechs Jahrhunderte – Eine familiengeschichtliche Skizze (der Familie v. Le Suire). – Sonderdruck im Schloß Altenmuhr b. Gunzenhausen
Lippe	=	Fürst Ernst August zur Lippe, Schloß Syburg als Kulturdenkmal; Frankenland, Heft 7/8, 1973
Lk. Schwabach	=	100 Jahre Lk. Schwabach (1862-1962). Ein Heimatbuch. Hrsg. W. Ulsamer; Schwabach 1964
Löffelholz	=	E. Frh. Löffelholz v. Colberg, Mitteilungen über die Familie v.Appolt auf Trendel und Mäbenberg; Ansbach 1881 (Vierteljahrszeitschrift f. Heraldik)
		E. Frh. v. Löffelholz, Notizen zur Geschichte verschiedener Familien und Personen, auch Wappen, Siegel und Portraits, sowie Zeichnungen v. Denkmälern und Denksteinen, aus dem Raume Ansbach und Nürnberg, o.J.
Machilek	=	Fr. Machilek, Die Familie Schmidmayer in Nürnberg im 15./16. Jh.; Faltblatt zur Ausstellung Schmidmayer-Fenster in der Lorenzkirche zu Nürnberg; 1973

Manessehandschrift	=	Die Minnesänger in Bildern der Manessischen Handschrift; Frankfurt/ Main 1962
Mann	=	G. Mann (Hrsg.), Propyläen Weltgeschichte, Bd. 8; Berlin-Frankfurt-Wien 1960
Mayer	=	H. Mayer, Die Kunst des Bamberger Umlandes; 2. Aufl., Bamberg 1952
Mfr.H.	=	Mittelfränkische Heimatbogen Nr. 18; Ansbach o.J.
Müller, A.	=	A. Müller, Geschichte der Juden in Nürnberg 1146-1945; Stadtbibliothek Nürnberg 1968
Müller, R.	=	R. Müller, Aus den Ahnentafeln deutscher Mathematiker; in Familie und Volk, Heft 2, 1955
Müllner	=	Johann Müllner (1565-1634) schrieb die Annalen der Reichsveste und der Reichsstadt Nürnberg (bis 1600), Stadtarchiv Nürnberg, Teil I. (von den Anfängen bis 1350) hrsg. v. Gerhard Hirschmann 1972
Mulzer	=	E. Mulzer, Das Jamnitzerhaus in Nürnberg und der Goldschmied Jamnitzer; in: Mitteil. d. Ver. für Geschichte der Stadt Nürnberg, 61. Bd., 1974
Münchener Kalender	=	Münchener Kalender (Wappenzeichnungen v. O. Hupp), mehrere Jahrgänge; Bibliothek des Staatsarchivs Nürnberg
NDB	=	Neue Deutsche Biographie, Berlin, Bd. 7/1966 und andere Bände
Neubecker	=	O. Neubecker, Dürers eigenes Wappen; in: Nürnberger Forschungen Bd. 15 (S. 201), 1971
Onoldina	=	siehe Brügel!
Pappenheim	=	H. Graf zu Pappenheim, Die frühen Pappenheimer Marschälle, 2 Bände, Leipzig-Würzburg 1927
Pfarrb. Ursh.-Tr.	=	Pfarrbuch für die evang.-luth. Pfarrei Ursheim-Trendel 1914, VIII. Pfarramt Ursheim, Lk. Gunzenhausen
Pfeiffer	=	G. Pfeiffer, Studien zur Geschichte der fränkischen Reichsritterschaft, Jahrb. für fränk. Landesforschung 22; 1962 (s. 173-280)
		derselbe: Nürnberger Patriziat und fränkische Reichsritterschaft; (Norica, Beiträge zur Nürnberger Geschichte); Nürnberg 1961 (S. 35-55)
Pilz	=	K. Pilz, Der Totenschild in Nürnberg und seine deutschen Vorstufen; Anzeigen des Germanischen Nationalmuseums Nürnberg, 1936-39
Praun-Katalog	=	Die Praun, Ausstellungskatalog der Stadtbibliothek Nürnberg; Nr. 79 (1972)
Procházka	=	R. Frh. v. Procházka, Genealogisches Handbuch erloschener böhmischer Herrenstandsfamilien; Neustadt/Aisch 1973
Prunn, Amtl. Führer	=	Burg Prunn, Amtl. Führer 1966 (Altmühltal)
Puchner	=	O. Puchner, Zur Geschichte der Schenk v. Geyern und ihres Territoriums; Bayer. Archivinventare, Heft 11 (1958)
Putz	=	G. Putz, Kalbensteinberg und seine Kirche; Nürnberg 1914
Raab	=	Klaus Raab, Weißenburger Geschlechterwappen; Teil 1 und 2 (Privatsammlung von Herrn Klaus Raab, Weißenburg)
		Klaus Raab, Die Raab, Geschichte eines Weißenburger Bürgergeschlechtes; Neustadt/Aisch 1966 (Die vorzügliche Ahnentafel enthält auch viele genealogische Angaben über andere Weißenburger Geschlechter)
Reitzenstein	=	A. Frh.v. Reitzenstein, „rittertum und ritterschaft", München 1972

Reitzenstein, Chl.	=	C. Chl. Frh.v. Reitzenstein, Regesten der Grafen v. Orlamünde etc., Hist. Ver. für Oberfranken; Bayreuth 1871
Reitzenstein, Franken	=	A. Frh. v. Reitzenstein, Franken; München 1959
Reitzenstein, Redwitz II	=	R. Frh. v. Reitzenstein, Regesten und Genealogie der v. Redwitz im Egerland und in der Oberpfalz, Verh. d. Hist. Ver. für Regensburg und Opf., 33, 1878
Richenthal	=	Ulrich v. Richenthal, Das Concilium; (Chronik des Konstanzer Konzils v. 1414-1418); Neudruck 1936 Meersburg a. Bodensee und Leipzig
Ried	=	K. Ried, Cronheim, ein ehemaliger Adelssitz; Eichstätt 1935 (Cronheim bei Gunzenhausen)
Rimpau	=	H.H. Rimpau, Die Kameytsky v. Elstibors, ein ausgestorbenes böhmisch-deutsches Adelsgeschlecht; in Familie und Volk, Heft 3 1954
Rotenhan	=	J. Frh. v. Rotenhan, Geschichte der Familie v. Rotenhan (älterer Linie); Würzburg 1865
Rücker	=	E. Rücker, Die Schedelsche Weltchronik; München 1973
Rühl	=	E. Rühl, Kulturkunde des Pegnitztales; Nürnberg 1961
Sandhöfer	=	J. Sandhöfer, Stammliste der Kresser von Burgfarrnbach; in Blätter f. fränk. Familienkunde, 8. Bd., Heft 9, 1965
Sayn-Wittgenstein	=	Franz Prinz zu Sayn-Wittgenstein, Schlösser in Franken-Residenzen und Landsitze im Fränkischen; München 1974
Sayn-Wittgenstein, Fürstenhäuser	=	Franz Prinz zu Sayn-Wittgenstein, Fürstenhäuser und Herrensitze, München 1961
Schaper	=	Christa Schaper, Die Hirschvogel von Nürnberg und ihr Handelshaus; Nürnberg 1973
Schecher	=	O. Schecher, Die Grafen v. Rieneck, Würzburg Dissertation 1964
Scheuerlein/Ulsamer	=	G. Scheuerlein, W. Ulsamer, Die Nürnberger Familie Fütterer in Enderndorf und ihre Beziehungen zu Hagsbronn; in: „Aus der Spalter Heimat", 7. Folge, 1968
Scheurl	=	Siegfried Frh. v. Scheurl, Die Scheurl v. Defersdorf; in: Mitteil. d. Ver. für Geschichte der Stadt Nürnberg; 61. Bd. 1974
Schnurrer	=	L. Schnurrer, Heinrich Toppler; in „Fränkische Lebensbilder 2, S. 104-132, Würzburg 1968
Schöler	=	E. Schöler, Fränkische Wappen und die Geschichte ihrer Träger — Mit einer Einführung in die Heraldik; Heimatkundliche Facharbeit an der Päd. Hochschule Nbg. der Univ. Erlangen-Nürnberg, 1960 (ein Exemplar in der Bibliothek des Germanischen Nationalmuseums Nürnberg)
Schrag	=	J. Fr. Chr. Schrag, Rothenburger Wappenbuch (mit familiengeschichtlichen Notizen); Stadtarchiv Rothenburg o.T. (dort auch Einzelarbeiten über Rothenburger Geschlechter)
Schramm	=	P.E. Schramm, Herrschaftszeichen und Staatssymbolik, 3 Bände; Stuttgart, 1954/56
Schröder	=	Br. Schröder, Mainfränkische Klosterheraldik; Dissertation Würzburg 1971
Schuhmann	=	G. Schuhmann, Wappen und Siegel der Stadt Ansbach; in 71. Jb. Hist. Verein für Mfr., Ansbach 1951
Schumm	=	K. Schumm, Auf den Spuren des Götz von Berlichingen; Oettingen/Bay. 1968

Schütz	=	M. Schütz, Das Geschlecht der Toppler in Rothenburg und Nürnberg; Jb. „Alt-Rothenburg" 1924/26 und 1932
Schwab.	=	Schwabacher Heimat (Beilage zum Schwabacher Tagblatt) Nr. 1; 6. Jg., 1961; 3. Jg., Aug. 1958
Schwab. Festschrift	=	600 Jahre Stadt Schwabach, Festschrift. (Hrsg. v. H. Schlüpfinger), Schwabach 1971.
Schwabach, Häusergesch.	=	Häusergeschichte der Altstadt Schwabach, Nürnberg 1967 (Herausgegeb. v. Geschichts- und Heimatverein Schwabach)
Schwarzenberg	=	Karl Fürst zu Schwarzenberg, Geschichte des reichsständischen Hauses Schwarzenberg; Neustadt/Aisch 1963
Schwemmer	=	W. Schwemmer, Die Kunstdenkmäler des Lk. Hersbruck. Mit einer geschichtlichen Einleitung, Hersbruck 1950
Schwemmer, Breitenstein-Königstein	=	W. Schwemmer, Die ehem. Herrschaft Breitenstein-Königstein; Nürnberg 1965
Schwemmer, Kirchensittenbach	=	W. Schwemmer, Schloß und Dorf Kirchensittenbach; Altnürnberger Landschaft Mitteilungen, 23. Jg., Heft 3, 1974
Schwemmer, Thalheim	=	W. Schwemmer, Der Herrensitz und die Grundherrschaft Thalheim; Altnürnberger Landschaft Mitteil., 19. Jg. Mai 1970, Heft 1/2
Seiffert	=	H. Seiffert, Burgen und Schlösser im Frankenwald; Helmbrechts 1951 (2. Aufl.)
Seitz	=	R. Seitz, Die pfalz-hilpoltsteinischen Hofdiener 1615-1644; Blätter f. fränk. Familienkunde, 9. Bd., Heft 9, Mai 1970
Seyler	=	G.A. Seyler, Geschichte der Heraldik, Einleitungsband A des Siebmacherschen Wappenbuchs; Nbg. 1890 (Neustadt/Aisch 1970)
Siebmacher	=	Unter diesem Namen wurden alle Wappen- und Textnachweise angegeben, die in folgendem Werk erfaßt wurden:
		H. Jäger-Sunstenau, Generalindex zu den Siebmacherschen Wappenbüchern 1605-1961; Graz 1964 (hier sind auch die Bände des „Alten Siebmacher" aufgeführt, aus denen vor allem Windsheimer und Schweinfurter Geschlechterwappen entnommen wurden.)
Stadler	=	Klemens Stadler, Deutsche Wappen; 8 Bände; Bremen 1964-71
Stammfolgen	=	Stammfolgenverzeichnis 1966; Limburg/Lahn
Stark	=	Stark, Heimatbuch der Gemeinden des Lk. Gunzenhausen; (im Selbstverlag) 1939
Stiegler	=	L. Stiegler, Schnodsenbach – ein Rittergut im fränkischen Iffgau; Neustadt/Aisch, 1954
Stillfried	=	R. Gf. v. Stillfried, Kloster Heilsbronn – ein Beitrag zur Hohenzollernforschung; 1877
Stillfried, Wappen	=	R. Gf. v. Stillfried, Die ältesten Siegel und Wappen der Grafen v. Zollern, sowie der Zoller Burggrafen v. Nürnberg; Berlin 1881
Stimme Frankens	=	Stimme Frankens; 30. Jg., Heft 1, Nürnberg 1964
Strelin	=	J.J.H. Strelin, Genealogische Geschichte der Herren Grafen von Oettingen; Nördlingen 1799
Ströhl	=	H.G. Ströhl, Heraldischer Atlas; Stuttgart 1899
Stutterheim	=	E. v. Stutterheim, Die Herren und Freiherren v. Stutterheim / Alt-Stutterheim; Neustadt/Aisch 1965
Tyroff	=	C. Tyroff, Neues adeliges Wappenbuch; 2. Bd., 2. Teil 1805
Tyroller	=	Fr. Tyroller, Die Grafen v. Lechsgemünd und ihre Verwandten; in: Neuburger Kollektaneenblatt 107; 1953

Uhlig	=	H. Uhlig, Die Freiherrn v. Aufseß; in Unbekanntes Bayern, Bd. 5, München 1960
Unbek. Bay.	=	Unbekanntes Bayern (gestaltet nach einer Sendereihe des Bayer. Rundfunks); 3. Aufl., München 1955
Vogt	=	Vogt'sche und Weller'sche Wappensammlung im Germanischen Nationalmuseum Nürnberg (Bibliothek)
Voit, Adel	=	G. Voit, Der Adel am Obermain; Bd. 28 der Reihe „Die Plassenburg"; Kulmbach 1969 (siehe dazu Haller, Adel)
Voit, Wildensteiner	=	G. Voit, Die Wildensteiner, AL Sonderdruck 1964
Volborth	=	A.v. Volborth, Heraldik aus aller Welt in Farben; Kopenhagen und Berlin 1972
Wagner	=	J. Wagner, Geschichte der Landgrafen v. Leuchtenberg, Kallmünz 1940-1956 (6 Bände)
Waldenfels	=	O. Frh.v. Waldenfels, Die Freiherrn v. Waldenfels; 1966
Waldenfels/Drechsel	=	O. Frh.v. Waldenfels u. C.A. Grf.v. Drechsel, Die Edelknaben der Churfürstlich und Königlich Bayer. Pagerie v. 1799-1918. Neustadt/ Aisch 1959
Wappenbuch Seckendorff	=	Wappenbuch (handgemalt) im Archiv des Grafen v. Seckendorff, Schloß Obernzenn
Wappenrepertorium	=	Wappenrepertorium (42) im Germanischen Nationalmuseum Nürnberg (Bibliothek)
Weickmann	=	R.J. Weickmann, Das war der wahre Eppelein; München 1975 (eine humorvoll abgefaßte kurze Lebensgeschichte des bekannten Raubritters Eppelein v. Gailingen)
Weigel	=	M. Weigel, Alt-Rothenburger Wappen und Siegel; Rothenburg o.T., 1941
Weissbecker	=	H. Weissbecker, Wappenzeichnungen nach Siegeln aus dem Archive der ehemals Fr. Reichsstadt Rothenburg o.T.; Stadtarchiv Rothenburg o.T.
		H. Weissbecker, Wappenzeichnungen nach Siegeln aus dem Archive der ehemals Fr. Reichsstadt Dinkelsbühl; Germanisches Nationalmuseum Nürnberg (Bibliothek)
WiB	=	Wappen in Bayern; Ausstellungskatalog des Bayer. Hauptstaatsarchivs München 1974
Winter	=	M. Winter, Rund um den Hohentrüdinger Turm; Hohentrüdingen 1973
Woellwarth	=	A. Frh.v. Woellwarth, Die Freiherrn v. Woellwarth (Stammtafeln); Aalen 1949
Wunder	=	G. Wunder, Die Schenken v. Limpurg; Frankenland Heft 9, Sept. 1970 (S. 187 ff.)
Zahn	=	P. Zahn, Die Inschriften der Friedhöfe St. Johannis, St. Rochus und Wöhrd zu Nürnberg, München 1972
Zeitschrift f. Bay. Lgesch.	=	Zeitschrift f. Bayer. Landesgeschichte Bd. 17, Heft 2, München 1954
Zeller	=	E. Zeller, Geist der Freiheit (Der 20. Juli); Berlin-Darmstadt-Wien 1965
Zingeler	=	K. Th. Zingeler, Der Bracke im Wappen der Hohenzollern; Görlitz 1898

TEXTTEIL

Abelin Taf. 100
Reichsstadt Dinkelsbühl; Georg A. 1625 Bürgermeister.
Lit.u.W.: Weissbecker (Die Wappenfigur ist vermutlich naturfarben zu zeichnen)

v.Abenberg, Grafen Taf. 81
Abenberg Lk. Roth; bedeutendes Grafengeschlecht des Rangaus; zwischen 1070 und 1200 Hochstiftvögte von Bamberg und Schirmvögte der Klöster Theres und Banz; ermöglichten 1132 die Gründung des Zisterzienserklosters Heilsbronn, dessen Schutzvögte sie wurden. Nach dem Aussterben des Geschlechts um 1200 fielen Allodialherrschaft und östliche Grafschaft an die Burggrafen von Nürnberg; Grundlage für die Territorienbildung der Hohenzollern in Franken.
Lit.: H.H. Hofmann (2), S. 94; Lk Schwabach, S. 211 ff./W.: Siebmacher (das Stiftungsbild im ehemaligen Münster zu Heilsbronn zeigt im Gegensatz zu Siebmacher silberne Löwen und Rosen in Blau)

v.Abenberg Taf. 104
Niederadeliges Geschlecht; Lehen im Stift Eichstätt. Das Pferdefußwappen findet sich auch auf dem Holzepitaph für Hieronymus v.A., † 1607, in der evangelischen Pfarrkirche zu Walsdorf bei Bamberg (frdl. Mitteilung des Pfarramtes zu Walsdorf).
Lit.: Siebmacher; Mayer S. 282./W.: Siebmacher

v.Abensberg, Grafen Taf. 14
Alter bayerischer Adel; erloschen 1485 mit Niklas Herr zu A.; Pappenheimer Hof zu Eichstätt mit Allianzwappen Pappenheim-A.
Lit.u.W.: Siebmacher; KD Eichstätt (Hz.: 2 Eselsohren, silbern-schwarz, mit Federn in verwechselten Farben.)

v.Abersfeld (Albersfeld) Taf. 16
Fränkischer Adel im Kanton Rhön-Werra. Schloß und Dorf A. im Würzb. Amt Arnstein. Diez v.A., Herr auf Bodenlauben lebte noch 1472.
Lit.: Kneschke, Bd. 1, S.5./W.: Siebmacher

v.Absberg Taf. 21
Absberg Lk. Gunzenhausen; alter fränkischer Adel; Grabdenkmäler in zahlreichen fränkischen Kirchen. Heinrich v.A., † 1467, Bischof von Regensburg; Georg v.A. 1470 Kanzler von Kfst. Albrecht v. Brandenburg; Ottilie v.A., Äbtissin des Klosters Niedermünster zu Regensburg; Heinrich v.A. Dekan bei St. Nikolaus in Spalt; Walburga v.A., Äbtissin des Klosters St. Walburg zu Eichstätt (1508-38). Erloschen 1647 mit Hans Veit v.A.; die Besitzungen kamen durch Belehnung an den Deutschen Orden.

Lit.: KD Gunzenhausen; KD Eichst.; (über den Placker Hans Thomas v.A. siehe Baader)./W.: Siebmacher und Alberti (Hz.: schwarzer Frauen-, bzw. Mannesrumpf und rotem Zopf mit Spitzhut, bzw. Eisenhaube, oben drei Straußenfedern; Farben rot-weiß-schwarz, bzw. rot-weiß-rot)

Adami Taf. 120
Reichsstadt Rothenburg. W.: Schrag

Adelmann v.Adelmannsfelden Taf. 74
Schwäbischer Adel; Grafen 1790; Wilhelm A.v.A. 1489 markgrfl. Pfleger auf Burg Kammerstein bei Schwabach; Schloß Dürrwangen 1482 an die A.v.A.; Grabstein der Dorothea Schenk v. Geyern, geb. A.v.A., † 1607, in der evangelischen Pfarrkirche zu Nennslingen.
Lit.: KD Weißenburg i.B.; Alberti, Bd. 1; KD Stadt u.Lk. Dinkelsbühl./W.: Alberti

v.Adelsdorf siehe v.Schlüsselberg

v.Adelsheim Taf. 101
Fränkisch-schwäbischer Adel; vermutliche Abstammung von den Herren von Dürn (Walddürn); Burg A. bei Mosbach im Odenwald.
Lit.: Siebmacher; Dichtel; Kneschke, Bd. 1 (siehe dort ausführlicher)./W.: Siebmacher (Hz.: 2 silber/schwarz geteilte Hörner)

v.Adelzhausen Taf. 59
Altbayerischer Adel; erloschen mit dem fstl. passauischen Kammerpräs. Philipp Hector Frh.v.u.z. A. auf Weikertshofen, † 1635. Domkirche Eichstätt: Epitaph f. Philipp v.A., Domdekan in Eichstätt.
Lit.: KD Stadt Eichstätt; Siebmacher./W.: Siebmacher (Hz.: der Adler aus dem Schild)

Affaltrer v.Affaltern Taf. 43
1362 Hanns A.v.A. (Alfalter b. Hersbruck ?).
Lit.u.W.: Siebmacher

v.Aich siehe Eich

Aichinger v.Aichstamm Taf. 41
Regensburger Familie; 1767 Heinrich A.v.A. mit dem Sitz Althaidhof, Lk. Pegnitz, belehnt.
Lit.u.W.: Siebmacher (siehe dort auch das neue W. der Familie)

v.Aicholting Taf. 87
Aicholting/Altmühl.
Lit.u.W.: Siebmacher

Ainkürn v.Wallerstein Taf. 64
Franz A.v.W. auf Lentersheim, † 1380; ritter-

mäßiger Adelsstand 1540.
Lit.u.W.: Siebmacher

Albauer   Taf. 65
Reichsstadt Nürnberg. W.: Kiener

Albert   Taf. 78
Reichsstadt Nürnberg. W.: Kiener

Albrecht   Taf. 109 (Nr. 2)
Reichsstadt Nürnberg. W.: Kiener

Albrecht   Taf. 109 (Nr. 7)
Reichsstadt Rothenburg. W.: Schrag

v.Alendorf   Taf. 145
Fränkischer Adel; besaßen Ober- und Unterleinach
im Kanton Rhön-Werra; erloschen mit Johannes
v.A. 1496, Kanzler des Bischofs von Würzburg.
Lit.u.W.: Siebmacher

v.Alfingen   Taf. 150
Grabtafel der Cäcilia v. Rechenberg, geb. v. Ahel-
fingen, † 1517, in Ostheim bei Gunzenhausen.
Lit.: KD Gunzenhausen; Alberti./W.: Alberti

Alfinger   Taf. 150
Reichsstadt Nürnberg. W.: Kiener

Althammer   Taf. 118
Reichsstadt Dinkelsbühl; Epitaph für Eva A.,
† 1558, in der St. Georgskirche.
Lit.u.W.: Weissbecker

Aman v.Storchenau   Taf. 69
Ursprünglicher Straubinger Bürger; Hanns A. wegen seiner Verdienste im Ungarnfeldzug im Gefolge des Kfst. Max Emmanual 1696 vom Kaiser
geadelt (mit ungar. Wappen!). Grabstein des
Joseph Anton A.v.St., † 1823, auf dem Festungs-
friedhof Rothenberg (bei Schnaittach).
Lit.u.W.: Siebmacher

Amann v.Lepfenburg   Taf. 19
Heinrich A., Dompropst zu Eichstätt, siegelt 1428
mit dem hier abgebildeten W.
Lit.u.W.: Siebmacher

Ammelbruch (Adel)   Taf. 8 und 17
Ammelbruch bei Wassertrüdingen, Bastian v.A.
1510.
Lit.u.W.: Siebmacher

Ammon   Taf. 81
Ratsfähiges Geschlecht der Reichsstadt Nürnberg.
Erloschen 1483.
Lit.: Imhoff/W.: Imhoff; Siebmacher

v.Ammon   Taf. 108
Reichsadelsdiplom 1594 für die Brüder Ludwig
Ernst A., Dekan und Pfarrer zu Lindenhart bei
Bayreuth, Friedrich Daniel J.A., vorm. kgl. preuss.
Kammerrat, dann kgl. bayer. Rentamtmann zu
Altdorf, sowie für Dr.Joh.Gg.Fr.A., kgl. bayer.
Appellationsgerichtsrat.
Lit.: Kneschke, Bd. 1./W.: Siebmacher

Ammon   Taf. 117
Reichsstadt Nürnberg; W. d. Benedick A. bei
Kiener

Ammon   Taf. 120
Reichsstadt Nürnberg; W.d. Conradt A. bei Kiener

Ammon   Taf. 122
Reichsstadt Nürnberg; W.d. Albrecht A. bei
Kiener

v.Ampringen   Taf. 10
Katholische Kirche zu Ottmarsfeld: Altar mit W.
des Deutschordensmeisters Joh. Kaspar v.A.
(1664-1684).
Lit.: KD Weißenburg./W.: Siebmacher

v.Andechs siehe v.Meranien!

v.Andlau   Taf. 13
Grabdenkmäler für Graf Anton Benedikt Friedrich
v.A., Domherr zu Würzburg, Eichstätt und Basel
(† 1839) und für Franz H.A. Frh.v.A., Domkapi-
tular, † 1801, in Eichstätt.
Lit.: KD Eichstätt./W.: nach dem Wappenschild
im Schloß Ellingen

Andreas   Taf. 125
Reichsstadt Windsheim. W.: Siebmacher

v.Andrian-Werbung   Taf. 22
Tiroler Geschlecht; Freiherrn 1692; ehem. Ritter-
gut Naila-Froschgrün 1838 im Besitz von Carl
Frh.v.A.
Lit.: KD Naila (Kurzinventar); Siebmacher;
GHB Bay. I und VII./W. (Stw): Hildebrandt; bei
Siebmacher ist die gestürzte Spitze bis zum Schild-
fuß durchgezogen. Hz.: Flug mit der Schildfigur)

Angerer   Taf. 121
Reichsstadt Nürnberg. W.: Kiener

Ansbach, Markgrafen v. (und Bayreuth)   Taf. 11
Die vorliegende Sammlung enthält nur das Stw.
der Hohenzollern. Zur Lit. über das Große
Staatswappen siehe Bürger! Siehe auch S. 36 (Burg-
grafenwappen) und S. 14, Abschn. 13.

Apel   Taf. 13
Reichsstadt Nürnberg; W.d. Dr. Apel bei Kiener

v.Appolt   Taf. 121
Das Gut Trendel, Lk. Gunzenhausen gehörte von 1744-1815 den v.A. In der Kirche zu Trendel Gedenktafel für den markgrfl. Minister Gotthard Fr.v.A., † 1765. Epitaphien in St. Gumbertus zu Ansbach für Christ. Friedr.v.A., † 1754, Carl Wilhelm Friedr. und Carl Aug. Friedr.v.A., † 1750.
Lit.: Pfarrb. Ursh. - Tr.; Löffelholz; KD Stadt und Lk. Ansbach./W.: Siebmacher; Gedenktafel in der Kirche zu Trendel. (Ein Teil des Familienwappens ist heute Bestandteil des Ortswappens von Trendel)

v.Arnim   Taf. 5
Sächsischer Adel; Freiherrn und Grafen; Besitz in Franken: 1798 Schloß Windischenlaibach (bei Bayreuth), 1742 ein Teil von Adlitz (Lk. Pegnitz), 1768 Althaidhof)Lk. Pegnitz), bis 1799 Seidwitz (Lk. Pegnitz).
Lit.: KD Pegnitz./W.: Siebmacher (Hz.: rot-silb. Wulst, darauf zwei Büffelhörner in den Schildfarben)

Arnold   Taf. 30
Reichsstadt Nürnberg. W.: Siebmacher

Arnold   Taf. 126
Reichsstadt Dinkelsbühl. W.: Weissbecker

v.Arnstein   Taf. 6
Fränkischer Adel im Hochstift Würzburg; erloschen 1464 mit Matern v.A.
Lit.u.W.: Siebmacher

Arnstein   Taf. 62
Reichsstadt Nürnberg. W.: Kiener

v.Aschhausen   Taf. 129
Stammsitz im Hochstift Würzburg; Johann Gottfried v.A., Fürstbischof v. Bamberg, † 1622; im Mannesstamm erloschen mit dessen Neffen Johann Gottfried 1655.
Lit.: Kist, S. 96 ff.; Kneschke, Bd. 1; Kolb./W.: Alberti (Hz. silb. Rad)

Auer   Taf. 38
Reichsstadt Nürnberg. W.: Kiener

Auer von Au   Taf. 64
Nordgauischer Adel; im 15. Jh. zwei Linien: Au und Gebersdorf (bei Stauf); erloschen 1584 (oder 1602 ?).
Lit.: Siebmacher; Kneschke, Bd. 1; KD Hilpoltstein (zum Teil widersprüchliche Angaben über die Familie)./W.: Siebmacher (natürlicher Falke)

Auer v.Herrenkirchen   Taf. 132
Altbayerischer Adel; Johann Friedr.A.v.H., vormals würzb. Kammerherr, 1806 in die Adelsmatri-

kel des Königreiches Bayern eingetragen.
Lit.: Kneschke, Bd. 1./W.: Siebmacher

v.Aufsess   Taf. 50
Eines der ältesten Adelsgeschlechter Frankens; Burgen Ober- und Unteraufseß in der Fränkischen Schweiz. Friedrich v.A., 1421-40, Fürstbischof von Bamberg; Domherr Jobst Bernahrd v. A., 1671-1738, Gründer des Aufsessianums in Bamberg; Hans Frh.v.A. († 1872) Gründer des Germ. Nationalmuseums Nürnberg.
Lit.: Aufseß; Kist; Uhlig; GHB Bay. I und VII; Egloffstein, Schlösser./W.: Siebmacher (Hz.: 2 Büffelhörner mit Schildfigur, dazwischen Pfauenwedel auf goldenem Halter)

v.Aurach   Taf. 4
Fränkischer Adel im Stift Bamberg. Die Ritter v.A. zu Dachsbach und Birnbaum erloschen 1525. Die Familie wird auch zu den Mitstiftern des Klosters Frauenaurach gezählt.
Lit.: Kneschke, Bd. 1; Gesch. Münch./W.: Siebmacher (Hz.: Flug wie die Schildfigur)

v.Axthelm   Taf. 140
Schwedischer Adel; bestätigt 1814 für Ernst v.A., kgl.bayer. Oberpostmeister zu Nürnberg, Schloß Reichenschwand (bei Hersbruck) 1815 von den v.Furtenbach an G.H.v.A. (bis 1828).
Lit.: Kneschke, Bd. 1; Schwemmer, KD Hersbruck; GHB Bay. II und IX./W.: Siebmacher

Ayrer v.Landseck   Taf. 91
Reichsstadt Nürnberg; Mathematiker Melchior A., geb. 1520, und Egidius A. 1561 von Kaiser Ferdinand I. geadelt. Paul und Hieronymus erhielten von Kaiser Rudolf II. das Prädikat „von Landseck". Das ehemalige Schloß zu Roßtal gehörte ab 1622 den A.
Lit.: Imhoff; KD Stadt und Lk. Fürth (Kurzinventar)./W.: Imhoff

Baldinger   Taf. 86
Reichsstadt Nürnberg. W.: Kiener

v.Ballhorn (keine Abbildung), siehe v.Danngrieß und v.Lauter!

Bamberger   Taf. 155
Reichsstadt Whm. W.: Siebmacher

Bapst   Taf. 77
Reichsstadt Nürnberg. W.: bei Kiener

v.Bardorf   Taf. 28
Stammsitz bei Königshofen, Ufr.; Dienstmannen der Grafen v. Wildberg und v. Henneberg (13./14. Jh.).
Lit.u.W.: Siebmacher (Hz.: 2 schwarze Flügel mit

silbernem Schrägbalken)

v.Bartenstein   Taf. 146
Eines Stammes mit den von Stetten.
Lit.u.W.: Alberti

v.Bastheim   Taf. 26
Bastheim zwischen Mellrichstadt und Bischofs-
heim/Rhön. Ritterkanton Rhön-Werra. Im 18. Jh.
Christoph Karl v. B., Würzb. geh. Rat und General-
feldmarschall-Lieutenant; erloschen 1848 mit
Heinrich Albert Alois Frh.v. B., großherzoglich
tosc. Kämmerer.
Lit.: Kneschke, Bd. 1; Siebmacher./W.: Siebmacher

Bauer   Taf. 117
Reichsstadt Dinkelsmühl; Michael B., Bürgermei-
ster, siegelt 1544-49.
Lit.u.W.: Weissbecker

Baumann   Taf. 84
Reichsstadt Dinkelsbühl; St. Georgskirche, Epi-
taph für Margarethe B., † 1514.
Lit.u.W.: Weissbecker

v.Baumbach   Taf. 29
Hessischer Adel; über eine Erbtochter der v.Hen-
drich ging das Schloßgut Ahorn bei Coburg an
die v.B.; Emilie Auguste v.B. erbt 1843 den Besitz. Durch ihre Heirat mit einem Herrn v. Erffa
geht das Schloß an diese Familie über.
Lit.: Egloffstein, Schlösser./W.: frdl. Mitteilung
des Freiherrn v.Erffa, Schloß Ahorn

Baumgärtner   Taf. 44
Reichsstadt Dinkelsbühl; Christoph B., 1705,
Schätzherr zu Dinkelsbühl.
Lit.u.W.: Weissbecker

Bausch   Taf. 48
Reichsstadt Schweinfurt. W.: Siebmacher

v.Bayern   Taf. 21
Stammwappen des ehem. bayer. Königshauses
(ursprüngliches W. der Grafen v.Bogen, deren Erbe
die Wittelsbacher übernahmen); in zahlreichen
fränkischen Ortswappen.
Lit.u.W.: Stadler, Bd. 4

v.Bebenburg   Taf. 127
Stammverwandte der Küchenmeister v.Nordenberg
und Seldeneck; Lupold v.B., Fürstbischof v.Bam-
berg, † 1363; erloschen im Mannesstamm nach
1502 mit Wilhelm v.B., fürstl. brandenb. ansbach.
Amtmann zu Prichsenstadt. Siehe auch Karg v.Be-
benburg!
Lit.: Kist; Kneschke, Bd. 1./W.: Kist (Hz. wie
Karg)

Becherer   Taf. 135
Reichsstadt Nürnberg. W.: Kiener

Bechler   Taf. 32
Reichsstadt Nürnberg. W.: Kiener

Becht   Taf. 69
Reichsstadt Rothenburg. W.: Schrag

Bechthal   siehe v.Pechthal und v.Erlingshofen

v.Bechtolsheim siene v.Mauchenheim

Beck   Taf. 31
Reichsstadt Nürnberg. W.: Kiener

von der Beeck   Taf. 60
Allianzwappen v.Crailsheim u.v.d.B. von 1717 am
Schloß zu Rügland bei Ansbach (frdl. Mitteilung
v.Frh. Krafft v.Crailsheim)

Behaim v.Schartzbach   Taf. 18
Ratsfähiges Geschlecht der Reichsstadt Nürnberg;
Martin Behaim, der Seefahrer, † 1506; Freiherrn
1681; seit 1764 Beinamen „von Kirchensittenbach" nach dem zur Tetzelschen Familienstiftung
gehörenden Schloßgut. Im Mannesstamm erloschen mit Wilhelm Frh.v.B. am 28.1.1942. (frdl.
Mitteilung v. Franziska Freiin v.Behaim)
Lit.: Imhoff; Hirschmann, Patriziat; GHB. Bay. II
und X./W.: Imhoff

Behaim II   Taf. 129
Reichsstadt Nürnberg. W.: Kiener

Behaim III   Taf. 120
Reichsstadt Nürnberg. W.: Kiener

Behaim IV   Taf. 108
Reichsstadt Nürnberg. W.: Kiener

Behem „die edlen"   Taf. 154
Reichsstadt Nürnberg. W.: Kiener

Behem „von der Schlang"   Taf. 59
Reichsstadt Nürnberg. W.: Kiener

Behem III   Taf. 122
Reichsstadt Nürnberg. W.: Kiener

Behem IV   Taf. 142
Reichsstadt Nürnberg. W.: Kiener

Beitmüller   Taf. 130
Reichsstadt Nürnberg. W.: Kiener

v.Benkendorf   Taf. 62
Ab 1724 auf Schloß Schlottenhof (Ende des 18.
Jh. im Besitz der v.Schönfeld). Gruftkapelle zu

Arzberg erbaut 1782 durch den Schlottenhofer Schloßherrn Georg Sigmund v.B.: Epitaph für Staatsminister Adam Christ. S.v.B., † 1745. – Feuchtwangen, evangelische Pfarrkirche: Epitaph für Oberamtmann Johann Achatius v.B., † 1743, und dessen Ehefrau Ernestina Magdalena, geb.v. Lengefeld (Tante von Schillers Frau).
Lit.: KD Lk. Wunsiedel und Stadtkreis Marktredwitz; KD Lk. Feuchtwangen./W.: freundl. Mitteilung des Pfarramtes zu Arzberg; Siebmacher

v.Bentzel-Sternau Taf. 27
Ursprünglich schwedisches Geschlecht; während des 30jährigen Krieges nach Deutschland gekommen. Im Besitz von Schloß Thurn bei Forchheim. Wappen am Schloß Mörlach bei Hilpoltstein (1910 -1922 im Besitz von Graf Moritz v.B. - St.) und am Hauptbau des Schlosses Jägersburg bei Forchheim.
Lit.: GHB Bay., Bd. VII; Frankenland; KD Stadt und Lk. Forchheim./W.: Siebmacher (für die Überlassung von Wappensiegeln danke ich Gräfin Bentzel-Sternau)

Ber Taf. 85
Bronzeepitaph in der evangelischen Pfarrkirche zu Hersbruck für Jorg Ber und Frau Anna Jorg Berin, beide † 1520.
W.: nach dem Epitaph

v.Berbißdorf Taf. 126
Epitaph für den brandenburger Rat und Oberamtmann Johann Sebastian v.B., † 1675, in der evangelischen Pfarrkirche zu Wassertrüdingen./ W.: frdl. Mitteilung des Pfarramtes Wassertrüdingen und von Herrn Armin Volk, Wassertrüdingen

v.Berg-Altenberg siehe v. Gründlach Taf. 81
Lit.: siehe Bosl, S. 33/34 und KD Stadt und Lk. Fürth!

vom Berg Taf. 95
Reichsstadt Rbg. W.: Schrag

v.Berg, gen. Schrimpf Taf. 13
1817 bayer. Anerkennung des alten Adels.
Lit.u.W.: Siebmacher (Hz.: 2 bl. Büffelhörner, jedes belegt mit der geschachten Spange)

Bergauer Taf. 87
Reichsstadt Nürnberg. W.: Kiener

v.Berlepsch Taf. 65
Hessdorf, evangelische Pfarrkirche: Grabstein der Maria Juliana von Schenk zu Schweinsberg, geb. v.B., † 1754.
Lit.: KD Gemünden./W.: Hildebrandt

Berler Taf. 17
Reichsstadt Rbg. W.: Schrag

v.Berlichingen Taf. 129
Alter schwäbisch-fränkischer Adel; Stammhaus a. d.Jagst; Götz v.B., der „Ritter mit der eisernen Hand", † 1562; Berlichingen-Grabmäler, bzw. Totenschilde zu Mengersdorf (evangelische Pfarrkirche), Rothenburg (Franziskanerkirche), Hofstetten (katholische Pfarrkirche) und Ansbach (Schwanenritterkapelle). (in Württemberg: Schönthal/Jagst).
Lit.: Schumm, KD Stadt und Lk. Bayreuth; KD Stadt Rothenburg (kirchliche Bauten); KD Lk. Pegnitz; KD Gemünden; Däschlein; GHB Bay. III./ W.: für die Überlassung einer Wappenabbildung danke ich Frh. Hans v.Berlichingen, Jagsthausen. (Hz.: sitzender Wolf, der ein junges Lamm im Rachen hält)

Berlin v.Wäldershub Taf. 84
Reichsstadt Dinkelsbühl; seit Mitte des 16. Jh. im Besitz von Wäldershub bei Crailsheim. Grabinschriften und Wappen der B. in der St. Georgskirche zu Dinkelsbühl. W. auch auf einem Hornburg-Epitaph in der Jakobskirche zu Rothenburg.
Lit.: Alberti, Bd. I; KD Stadt und Lk. Dinkelsbühl./W.: Alberti

Bermeter Taf. 112
Reichsstadt Rothenburg. W.: Weigel

Bernbeck Taf. 85 (Nr. 5)
Reichsstadt Windsheim. W.: Siebmacher (Hz.: oberhalber Bär)

Bernbeck, Taf. 85 (Nr. 7)
Reichsstadt Rbg. W.: Schrag

Berndorf siehe Somigliano!

v.Bernerdin Taf. 128
Evangelische Pfarrkirche Schwabach, Grabstein für Helene Katharina v.B., geb. Freiin v.Handl, † 1657.
Lit.: KD Stadt und Lk. Schwabach./W.: Siebmacher

v.Bernhausen Taf. 6
Buchenhüll (bei Eichstätt), Seitenaltar mit W. des Kustos Joh. Marquard v.B. (1661-1686). – Eichstätt, Mortuarium: Grabsteine für die Kanoniker Wolf Dominikus v.B., † 1674, und Marquard Anton v.B., † 1699.
Lit.: KD Eichstätt (Bez.A.); KD Eichstätt (Stadt)./ W.: frdl. Mitteilung von Frh. Albrecht v.Eyb, Schloß Neuendettelsau

v.Bernheim Taf. 45
Fränkischer Adel; im 16. Jh. auch nach Schlesien, in die Mark Brandenburg und die Niederlausitz. Nach Alberti, Bd. I, 1638 im Mannesstamm erloschen, nach Siebmacher 1635 mit dem Würzburger Domherrn Johann Christoph v.B., nach Kneschke vermutlich 1762 mit Johann v.B., kursächsischer Major in Naumburg.
Lit.: Kneschke, Bd. 1; Alberti; Siebmacher; Bechtolsheim./ W.: Siebmacher

Bernholt von Eschau Taf. 83
Fränkischer Adel; Eschau i.Ufr.; Amtmänner in der Grafschaft Rieneck vom 15.-17. Jh.; erloschen mit Anton Friedrich Frh.v.B. 1775
Lit.: Knesche, Bd. 1; Siebmacher./W.: Siebmacher und nach dem Wappenbuch der Grafen v.Seckendorff, Obernzenn. (Hz.: wachsender Löwe)

Bernkopff Taf. 85
Reichsstadt Nürnberg. W.: Kiener

v.Bettendorf Taf. 131
Oberpfälzischer Adel, dann auch am Mittelrhein, in Schwaben, im Unterelsaß und in Franken (Kanton Odenwald).
Lit.: Gotha 1926; GHB. Bay. IV./W.: Siebmacher (Hz.: silberner Ring, oben mit 7 schwarzen Hahnenfedern besteckt)

v.Bettschart Taf. 107
Stammen aus dem Kanton Schwyz; die Grafen v.B. besaßen das Patrimonialgericht Eckenhaid (bei Erlangen) in der 1. Hälfte des 19.Jh.
Lit.: KD Lk. Lauf; Siebmacher; GHB Bay. III./ W.: hier ist nur das Stw. nach Siebmacher abgebildet

v.Betzenstein Taf. 3
Betzenstein, Lk. Pegnitz; das Bamberger Ministerialengeschlecht genannt zwischen 1187 und 1301.
Lit.: Voit, Adel./W.: Siebmacher

Betzold Taf. 102
Reichsstadt Nürnberg. W.: Kiener

v.Beulwitz Taf. 34
Thüringer Adel; Schloß Schnarchenreuth und die Rittersitze Joditz und Isaar zeitweilig im Besitz der v.B.; 1699 Neuhaus bei Naila; 1864 Neuhaus erneut verliehen; 1615-1728 Schloß und Gut Gottsmannsgrün; 1817 Rittergut Unterkotzau; 1785 Rittergut Hofeck durch Heirat an die v.Plotho.
Lit.: Seiffert; Kneschke, Bd. 1; KD Stadt und Lk. Hof./W.: Seiffert

Beuntner Taf. 103
Reichsstadt Nürnberg; W. des Melchior B. bei Kiener

v.Beust Taf. 25
Adel der Mark Brandenburg; auch in Sachsen. Rittergut Reitzenstein 1721 an den markgfl. Grenadierhauptmann Moritz August v.B.; 1791 an eine Erbengemeinschaft.
Lit.: Seiffert; Siebmacher./W.: Hildebrandt

Beyhelschmidt Taf. 29
Reichsstadt Dinkelsbühl; 1549 Georg B. Stadtamtmann.
Lit.u.W.: Weissbecker

Bezold - v.Bezold Taf. 121
Aus Gollachostheim, kamen in Rothenburg in den Rat. Über die vielen Bezold-Grabmäler siehe KD Stadt Rothenburg (kirchliche Bauten).
Lit.; GHB Bay. Bd. X./W.: Siebmacher und Schrag (W. von 1591 und 1843)

v.Biberehren Taf. 104
Fränkischer Adel im Kanton Odenwald; Pfarrkirche zu Erlach (Ochsenfurt): Grabstein des Philipp v.B., † 1561 und der Anna v.B., geb. v.Rosenberg (begr. zu Röttingen, † 1542), des Philipp v.B., † 1552 vor Metz und dessen Bruders Albrecht v.B., † 1570 als Letzter seines Geschlechts.
Lit.: KD Bez.A.Ochsenfurt; bei Kneschke wird Sebastian v.B., † 1569, als Letzter angegeben./ W.: Siebmacher (das gleiche W. führten die v.Feldbrecht und die v.Dietenhofen)

v.Bibra Taf. 105
Stammburg bei Meinungen; Lorenz v.B. 1495-1519 und Konrad v.B. 1540-1544 Fürstbischof v.Würzburg. Heinrich v.B. 1759-88 Fürstabt (Bischof) von Fulda. Wasserburg Irmelshausen seit 1376 im Besitz des Geschlechts, Schloß Adelsdorf seit 1696. Reichsfreiherrn 1698.
Lit.: Kolb; Münchner Kalender 1916; Mayer, S.7; GHB Bay. I und VIII; Freeden, S.43; Bechtolsheim./W.: Siebmacher (Hz.: offener g. Flug, jederseits mit einem Biber belegt)

v.Bickenbach Taf. 21 und 24
Stammsitz in Hessen; nach dem Erlöschen der v. Homburg kam die Homburg 1381 an die v.B. Verkauf an das Bistum Würzburg 1469. Die fränkische Linie ist 1497 erloschen.
Lit.: KD Bez.A. Gemünden./W.: Siebmacher

Bidermann Taf. 123
Reichsstadt Nürnberg. W.: Kiener

v.Bielriet Taf. 53
1287 verkauft der Schenk v.Limpurg die alte Veste Bielriet seinem Schwager, dem Küchenmeister Lupold II v.Rothenburg. Die Nachkommen übernahmen den Namen der Burg als Familiennamen.
Lit.: Weigel, S. 36/37./W.: Weigel

v.Bieswang Taf. 96
Bieswang bei Pappenheim; ein Zweig nach Mecklenburg ausgewandert. Dort 1783 erloschen mit Hauptmann Christian Heinrich v.Bischwang.
Lit.u.W.: Siebmacher

Bilgram Taf. 60
Reichsstadt Nürnberg. W.: Kiener

Bilsacher Taf. 141
Reichsstadt Nürnberg. W.: Kiener (vergl. W. und Farben der Pilsacher bei Siebmacher!)

Biner Taf. 59 (Nr. 4)
Reichsstadt Nürnberg. W.: Kiener

Biner Taf. 59 (Nr. 3)
Reichsstadt Weißenburg. W.: Raab

v.Birkenfels Taf. 130
Fränkischer Adel im Kanton Altmühl; Stammsitz bei Ansbach; Adelssitz Lehrberg bei Ansbach vom 13. Jh. bis zum Erlöschen des Geschlechts 1532 im Besitz der v.B.
Lit.: Brügel, Onoldina, H 1; Kneschke, Bd. 1./W.: Siebmacher (Hz.: silberner Ring)

Birkensee siehe Teuffel

Bischoff Taf. 143
Reichsstadt Nürnberg. W.: Kiener

Blankenfels siehe Plankenfels

v.Blankenstein Taf. 130
Wappen der v.Bl. auf dem Grabmal des Joh.Seb.v.Berbißdorf, † 1675, in der evangelischen Pfarrkirche zu Wassertrüdingen

Blarer v.Wartensee Taf. 68
Wappen d.Bl.v.W. auf dem Grabstein des Alexander v.Eyb, † 1750, in der katholischen Pfarrkirche zu Arberg.
Lit.: KD Lk. Feuchtwangen./W.: Alberti

v.Blassenberg siehe Henlin und Guttenberg

Blech Taf. 115
Reichsstadt Nürnberg. W.: Kiener

Böckler Taf. 93
Reichsstadt Windsheim. W.: Siebmacher

v.Bocksberg Taf. 94
W.d.v.B. wurde in das vermehrte W. der Rieter v. Bocksberg aufgenommen. Begründer der Linie war Endres Rieter († 1488), der in 1. Ehe Veronika, Tochter des Egidius Rehm zu Bocksberg heiratete.
Lit.u.W.: Siebmacher

v.Boineburg zu Lengsfeld Taf. 11
Beheimatet in Hessen, Sachsen, Bayern und den Niederlanden. In Bayern die Ludwigsche Linie des Hauses zu Lengsfeld. W.d.v.B. in der Pfarrkirche zu Schmölz und an den Schlössern Schmölz und Redwitz a.d.Rodach.
Lit.: Siebmacher; KD Lk. Kronach./Stw.: Siebmacher (Hz. des Stw.: 2 Büffelhörner in den Farben des Schildes; sonst liegt das Wappen auf einem silb.-schw. gevierteten doppelköpfigen Adler; siehe ausf. Siebmacher!)

v.Boller Taf. 62
Geadelt von König Max I. v.Bayern 1816. Schloß Zell von 1816-1840 im Besitz des eichstätt. Hofkammerrats Friedrich v.B.
Lit.: KD Bez.A. Hilpoltstein./W.: Siebmacher

Bonacker Taf. 73
Fränkisches Geschlecht; Ulrich B. zu Weißenburg siegelt 1363; Conrad B.v.Hausen, Stadtrichter zu Eichstätt 1443.
Lit.u.W.: Siebmacher (Hz.: die Schildfigur mit den Krallen nach oben)

Boreß Taf. 152
Reichsstadt Nürnberg. W.: Kiener

v.Borié Taf. 153
Ursprüngl. Beaurieux (Flandern); 1753 Frh.v.B. unter den Ganerben der Salzburg (bei Neustadt/Saale); Schloß zu Bad Neuhaus 1767 für Frh.v.B. errichtet.
Lit.: Siebmacher; KD Neustadt/Saale./W.: Siebmacher

Bosch Taf. 85
Reichsstadt Dinkelsbühl; Wolfgang B. 1521 Stadtamtmann.
Lit.u.W.: Weissbecker

Böschen Taf. 150
Reichsstadt Nürnberg. W.: Kiener

Bosse (Posse) v.Flachslanden Taf. 98
Fränkischer Adel (siehe Siebmacher!)./W.: Siebmacher (Hz.: der Stierkopf; weitere Hz. siehe bei Siebmacher unter „Posse")

v.Botenlauben Taf. 63
Grabmal des Minnesängers Otto v.B. (aus dem Geschlecht der Henneberg) und seiner Gemahlin in der ehemaligen Klosterkirche zu Frauenroth in der Rhön.
Lit.: Buhl, S. 74 ff; Unbek. Bay. 1955./W.: Siebmacher

Botenstein Taf. 34
Reichsstadt Nürnberg.W.d.Dr.Lienhart B.bei Kiener

Bothmer, Frh.u.Grf.   Taf. 133
Altes Adelsgeschlecht aus Hannover und Braunschweig; Herrenstand in der evangelischen Pfarrkirche Thurnau mit W. Künsberg-Bothmer. (in der vorliegenden Sammlung ist nur das Stw. abgebildet!).
Lit.: KD Stadt und Lk. Kulmbach; GHB Bay. II und X./W.: Siebmacher

Boxberger   Taf. 96
Reichsstadt Nürnberg. W.: Kiener

v.Brackenlohr   Taf. 12
Fränkischer Adel; Kanton Steigerwald. Die Linien zu Geubach, Retzstadt und Coburg sind erloschen.
Lit.u.W.: Siebmacher

Brand von Neidstein   Taf. 43
Stammsitz Brand bei Marktredwitz, erstmals 1221 genannt. 1466 wird Burg Neidstein bei Etzelwang an den Ritter Hans Prantner verpfändet. Bis heute im Besitz der Familie.
Lit.: Brand (siehe dort ausführliche Familiengeschichte!); GHB Bay. II und IX./W.: Für die Überlassung einer Wappenzeichnung habe ich Herrn Ministerialdirigenten Dr. Philipp Th.Frh.v.Brand zu danken

v.Brandenstein   Taf. 87
Altes Adelsgeschlecht aus Thüringen; in Hessen, Württemberg und Franken. In Bayern wurde Wilhelm Ernst v.Br. zu Sachsgrün 1832 bei der Adelsklasse eingetragen. Besaßen im 19. Jh. das Rittergut Korbersdorf. — W. in der evangelischen Pfarrkirche zu Buch am Forst, in der evangelischen Pfarrkirche Lauenstein und am Ostflügel des Schlosses zu Unternschreez.
Lit.: Siebmacher; Münchner Kalender 1915; KD Lk. Wunsiedel; KD Lichtenfels; KD Stadt und Lk. Bayreuth./W.: Münchner Kalender 1915

v.Brandis   Taf. 42
Adelsstand bis 1687 nachweisbar. Christian Heinrich v.Br., geb. 1789, Herr auf Untererlbach (bei Spalt). 1788 Schloß Theilenberg (bei Spalt) im Besitz der v.Br. (dann an v.Podewils).
Lit.: Lk Schwabach; Kneschke, Bd. 2./W.: Siebmacher

v.Braun   Taf. 126
Georg H. Braun aus Nürnberg 1711 von Kaiser Joseph geadelt.
Lit.u.W.: Siebmacher

Braun   Taf. 45
Reichsstadt Nürnberg. W.: Kiener

v.Braunsbach   Taf. 32
Braunsbach, Lk. Fürth; Ministerialen v.Br. bezeugt

von 1242-1349. Marquard v.Br. 1309 Bürger zu Nürnberg.
Lit.: Siebmacher; KD Stadt und Lk Fürth./W.: Siebmacher

Brebizky (Brebis)   Taf. 53
Reichsstadt Rothenburg. W.: Schrag

Brechter   Taf. 5
Reichsstadt Rothenburg. W.: Weigel

Brechtl   Taf. 45
Reichsstadt Nürnberg. W.: Kiener

v.Bredenwind   Taf. 89
Nordgauischer Adel; Hilpoltstein, kath. Pfarrkirche: Grabstein für Nicklas v.Br., † 1484.
Lit.: Siebmacher; KD Bez.A. Hilpoltstein./W.: Siebmacher

v.Breitenstein   Taf. 1
Über das alte Adelsgeschlecht der v.Br. und seine Burgen Breitenstein und Königstein (Oberpfalz) siehe ausführlich Schwemmer (Breitenstein-Königstein). Erloschen 1666 mit Heinrich v.Br. — Epitaphien der v.Br. in den Kirchen Königstein, Eschenfelden und Edelsfeld.
W.: Siebmacher (Hz.: Spitzhut, mit Pfauenbusch besteckt)

v.Brenden   Taf. 100
Dienstmannen der Bischöfe von Würzburg. Erloschen mit Martin v.Br., Kapitular in Würzburg, 1525.
Lit.u.W.: Siebmacher (Hz.: die Schildfigur)

Brentano de Mezzegra   Taf. 60
Klosterkirche zu Rebdorf/Eichstätt: Epitaph des Propstes Franz Br.d.M., † 1800. 1846 verlieh König Ludwig I.v.Bayern Namen und Wappen dieser Familie an einen Augsburger Privatier.
Lit.: Siebmacher; KD Stadt Eichstätt./W.: Siebmacher

v.Bressen   Taf. 22
Reichsstadt Nürnberg. W.: Kiener

Brettwitz   Taf. 134
W.d.Salome Br.v.Gerlach (Franziskanerkirche Rothenburg).
Lit.u.W.: Weissbecker

Breuning   Taf. 153
W.des Paulus Br. bei Kiener (Reichsstadt Nürnberg)

Brieff   Taf. 134
Reichsstadt Nürnberg. W.: Kiener

v.Brietzge Taf. 27
Wappen des Deutschordensritters Franz Damian v. Br., † 1703, im Schloß zu Ellingen (Epitaph in der dortigen Schloßkirche)

Brobst Taf. 121
Reichsstadt Nürnberg. W.: Kiener

Bröbst Taf. 75
Reichsstadt Nürnberg. W.: Kiener

v.Brockdorff Taf. 82
Stammen aus Holstein; dänische Grafen 1672; Reichsgrafen 1706. – 1739 läßt Susanna Elisabeth Gräfin v.Brockdorff für ihre Tochter das Schloß Unterleiterbach errichten (bei Staffelstein).Die Gräfin war eine geborene v.Schaumberg und brachte ihrem Gemahl, Cay Bertram v.Br., 1706 Schloß Schney in die Ehe. Um 1770 gründete Wilhelm Christian Grf.v.Br. in Schney eine Porzellanmanufaktur.
Lit.: Siebmacher; KD Lk. Staffelstein; KD Lichtenfels./W.: Siebmacher

Brodsorg Taf. 48
Reichsstadt Windsheim; Melchior Br. seit 1613 Bürgermeister.
Lit.: Chronik Windsheim./W.: Siebmacher (bei Weissbecker ist die halbe Lilie blau!); nach einer korrigierten Zeichnung im German. Nationalmuseum Nürnberg (Alter Siebmacher)

v.Brömbsen Taf. 59
Dietrich v.Br., Ratsherr zu Lüneburg 1659, von König Karl II.v.England zum Ritter geschlagen. 1667 als Reichshofrat in die fränkische Ritterschaft aufgenommen; Wohnsitz Burggrub; † 1671, begr. in Schweinfurt. Sein Sohn Nikolaus 1688 Reichsfreiherr, starb unvermählt in Frankfurt/Main.
Lit.u.W.: Siebmacher

Brottsorg Taf. 45
Reichsstadt Rothenburg. W.: Schrag

v.Bruckberg Taf. 43
Bruckberg bei Ansbach; Reichsministerialen, bis Anfang des 15. Jh. nachweisbar. Grablege im Münster zu Heilsbronn.
Lit.: Bosl, S. 37/38; H.H. Hofmann./W.: Bosl, Siebmacher

v.Brunn Taf. 140
Elsässischer Adel; Lamprecht v.Br., Bischof von Straßburg, nach Bamberg transferiert 1374, resigniert 1399; Johann v.Br., 56. Bischof von Würzburg, † 1440.
Lit.: Frankenland, Heft 8, 1962; Kolb; Kist; Engel./W.: Siebmacher; Kneschke

Bubenleber Taf. 112
Reichsstadt Rothenburg. W.: Schrag

Büchelberg Taf. 145
Reichsstadt Dinkelsbühl; 1487 Ambrosius B., Altbürgermeister und Stadtamtmann.
Lit.u.W.: Weissbecker

v.Buchenau Taf. 64
Altes Adelsgeschlecht aus dem Stift Fulda; erloschen 1815. Anna Juliana Caroline v.B., Gattin des letzten Rieter v.Kornburg, † 1782, beigesetzt in der Rietergruft zu Kalbensteinberg. Porträts des Ehepaares in der evangelischen Pfarrkirche zu Kornburg.
Lit.: Putz, KD Stadt und Lk. Schwabach; Siebmacher./W.: Siebmacher; für die Überlassung von Siegelabdrucken habe ich Graf Seckendorff, Obernzenn, zu danken

v.Buchholz zu Helfenberg Taf. 132
1608 wird das Gut Falbenthal bei Gunzenhausen als Ritterlehen an Hans v.B.z.H. verliehen. 1609 übernahm es sein Schwiegersohn Chr.v.Lichtenstein. Buchholz-Grabdenkmal in der ehemaligen Klosterkirche Heidenheim (im Hahnenkamm).
Lit.: KD Bez.A. Gunzenhausen./W.: Alberti

Büchlein Taf. 106
Reichsstadt Nürnberg. W.: Kiener

Buchner Taf. 97
Reichsstadt Nürnberg; erloschen 1673. 1838 wurde der Regierungsrat Wilhelm Heinrich B. von König Ludwig I.v.B. mit einem ähnlichen Wappen in den Adelsstand erhoben.
Lit.u.W.: Siebmacher

Buirette v.Oehlefeld Taf. 136
Adelsbestätigung des aus dem Hennegau stammenden Geschlechts 1691; Freiherrn 1771. Die Aachener Linie in Franken ansässig mit den Gütern Wilhelmsdorf, Strahlenfels und Rathsberg. 1758 kam das v.Lynckersche Adelspalais in Erlangen an den markgfl. Kammerherrn K.W. Buirette v.O.; Daniel B.v.O., geb. 1803, bevollm. Minister am Fränk. Kreise.
Lit.: Kneschke, Bd. 2; KD Stadt und Lk. Erlangen./W.: Siebmacher

v.Bünau Taf. 84
Sächsischer Adel; Besitz in Franken: 1791 Schloß Althaidhof (bei Pegnitz); 1609 Schloß Thurn (bei Forchheim); 1611 der Ansitz Brand bei Eschenau, Büg und Forth (bei Erlangen). Das Adelspalais in Erlangen kam 1768 an die v.Tuboeuf. Grabdenkmal für Heinrich v.B. auf Ramsenthal und Crottendorf († 1677) in der evangelischen Filialkirche zu Glashütten b.Bayr.

Lt.: KD Lk. Pegnitz; KD Stadt und Lk. Forchheim; KD Stadt und Lk. Bayreuth; KD Erlangen./
W.: Siebmacher

Burckart Taf. 122
Reichsstadt Nürnberg. W.: Kiener

v.Burgau Taf. 131
Schwäbischer Adel; Frh. 1702; erloschen 1841;
eines Stammes und Wappens mit den v.Knöringen.
Ehemalige Klosterkirche in Heidenheim (Hahnen-
kamm): Grabdenkmal für Abt Konrad v.Burgau,
† 1372.
Lit.: KD Lk. Gunzenhausen; Alberti; Siebmacher./
W.: Alberti (Hz.: Ring auf Kissen)

Burggrafen v. Nürnberg siehe Markgrafen v.Ans-
bach/Bayreuth! (burggräfl. W.: schwarzer, rotge-
krönter Löwe in Gold, rot-silb. gefeldert. Schild-
rand)

Burgmilchling siehe Schutzbar!

Burzel (keine Abbildung)
Reichsstadt Whm; Das farblich unklare W. bei
Siebmacher (alt) zeigt eine Dreiteilung des Schildes durch eine aufsteigende Spitze: oben links und
rechts je ein Stern, unten eine Sonne

Busch Taf. 93
Reichsstadt Dinkelsbühl. W.: Weissbecker

v.Buseck Taf. 97
Rheinländischer Adel; Christoph Franz v.B., Fürstbischof v.Bamberg, regierender Fürst bis 1802,
† 1805.
Lit.: Kist, S. 172/173; GHB Bay. VI./W.: Kist

Büß(en) Taf. 109
Reichsstadt Nürnberg. W.: Kiener

v.Buttendorf Taf. 2
Burg in der Nähe von Bruckberg bei Ansbach.
Stammesgenossen der v.Leonrod. Grabsteine aus
dem 15.Jh. im ehem. Münster zu Heilsbronn bei
Ansbach.
Lit.: Haag, Heilsbronn; Bosl./W.: Siebmacher

v.Buttlar Taf. 136 (Nr. 2 und 3)
Fränkischer Adel; Stamm A: Buttlar (Buttler),
preuß. Frh. 1882; Stamm B: Treusch von Butt-
lar-Brandenfels, westfälische Bestätigung des Freiherrnstandes 1812. – Besitz in Franken: Burg
Adolphsbühl, Adelsberg, 1688-96; Adelssitz Reichenbach (bei Wassertrüdingen), 1613 an Jobst v.
B. als markgfl. Mannlehen; das Gebäude des Land-
ratsamtes Gunzenhausen wurde aus zwei Häusern
vereinigt, die 1621 von den Erben des Amtsmanns
Jobst v.B. verkauft wurden.
Lit.: GHB-Starke 1952./W.: Siebmacher

Butz Taf. 54
Reichsstadt Weißenburg. W.: Raab

v.Calatin Taf. 39
1819 erhob König Max I.v.Bayern die drei legiti-
mierten Töchter des Grafen v.Pappenheim nebst
deren Mutter Maria Eder in den Adelstand (Calatin
ist der älteste Geschlechtsname der Pappenheim).
Lit.u.W.: Siebmacher

v.Calw Taf. 78
Ursprünglicher fränkischer Adel; seit dem 12.Jh. in
zwei Nebenlinien: v.Löwenstein (das alte Geschlecht ist nicht mit den späteren Fürsten gleichen Namens zu verwechseln!) und v.Vaihingen.
Erloschen im 14. Jh.
Lit.u.W.: Alberti

Cammerer siehe Kammerer!

Cammermeister Taf. 67
Ratsfähiges Geschlecht der Reichsstadt Nürnberg;
(auch Camerarius genannt). Philipp Camerarius,
† 1624, erster Prokanzler der Univ. Altdorf. Erloschen 1741.
Lit.: Aign, Imhoff; Bechtolsheim; (siehe auch
Kneschke!)./W.: Imhoff

von der Cappel Taf. 21
Über das Adelsgeschlecht der v.d.Cappel zu Haß-
lach siehe ausführlich Seiffert. Erloschen 1634.
Epitaphien aus dem 16. bzw. 15.Jh. in den Pfarr-
kirchen zu Burggrub und Neukenroth.
Lit.: Seiffert; KD Lk. Kronach./W.: Kneschke und
Alberti (Hz.: Schwarz gekleideter Mannesrumpf;
schwarzer Spitzhut, weißer Stulp mit 3 Federn besteckt: rot-weiß-blau)

Cappler von Ödheim Taf. 2
Fränkischer Adel, Kanton Odenwald; (Beiname
Bautz); Württemb. Freiherrn.
Lit.: Münchener Kalender 1919./W.: Münchener
Kalender 1919 (Hz.: 2 Büffelhörner wie Schild-
figur)

Carspach siehe Karspach!

v.Castell, Fst.u.Grf. Taf. 11
Ältestes blühendes Dynastengeschlecht in Franken;
Grafentitel seit 1205! Linien Castell-Castell und
Castell-Rüdenhausen (Fürstentitel für den Erst-
geborenen jeder Linie seit 1901).
Lit.: GHB Bay. IX; Castell; Bechtolsheim./W.:
Siebmacher (Hz.: gekrönter spitzer Stulphut in
den Farben des Schildes (aber 6 Plätze), besteckt
mit 3 Pfauenfedern. Häufig wird über dem W. der
Fürstenhut abgebildet)

v.Christanz Taf. 10
Schlüsselberger Ministerialen; Sitz: Christanz, Lk.
Pegnitz. Stammes- und Wappengenossen der Groß
v.Trockau und Groß von Rabenstein; erloschen
zwischen 1604 und 1613.
Lit.: Voit, Adel./W.: Siebmacher

Christian Taf. 148
Reichsstadt Nürnberg. W.: Kiener

Chur Taf. 33
Reichsstadt Dinkelsbühl; Christ.Friedr.Ch., Spital-
schreiber; 1788.
Lit.u.W.: Weissbecker

Clement Taf. 30
Reichsstadt Nürnberg. W.: Kiener

Conrad Taf. 53
Reichsstadt Dinkelsbühl; im 18.Jh. im Inneren
Rat.
Lit.u.W.: Weissbecker

Conradi Taf. 53
Reichsstadt Rothenburg. W.: Schrag

v.Crailsheim Taf. 2
Eines der ältesten Adelsgeschlechter im fränkisch-
schwäbischen Raum; im 16.Jh. erwarben die v.Cr.
die Adelssitze zu Neuhaus (bei Höchstadt/Aisch),
Walsdorf, Großbirkach, Altenschönbach, Fröh-
stöckheim, Sommersdorf (bei Dinkelsbühl) und
Rügland (bei Ansbach).
Lit.: als Literatur sei empfohlen: Sigmund Frh.v.
Crailsheim, Die Reichsfreiherrn von Crailsheim,
2 Bde., München 1905; GHB Bay. I, II, IX; Bechtolsheim./W.: Siebmacher (Hz.: 2 Hörner wie
Schildfigur, dazwischen ein rotes Kissen mit g. Quasten)

v.Cramon Taf. 130
Mecklenburger Adel; Grabstein für Frh.v.Cramon,
† 1719, in der Stiftskirche zu Himmelkron.
W.: nach Vogt (das Wappen auf dem Grabstein
ist seitenverkehrt!)

Creglinger Taf. 28
Adelsgeschlecht; auch unter den Rothenburger Geschlechtern; erloschen 1519; W.u.Grabdenkmäler
in Rothenburg; Jakobskirche und Franziskanerkirche.
Lit.: KD Stadt Rothenburg (kirchliche Bauten)./
W.: Alberti (Hz. nach Siebmacher: roter Mannesrumpf mit goldgestülpter Mütze)

v.Cronheim Taf. 99
Fränkischer Adel aus Cronheim bei Gunzenhausen
Mfr.; Totenschild des Wilhelm v.Cr., † 1485, in der
Schwanenritterkapelle zu Ansbach. Erloschen mit
Hans Georg v.Cr. im 16.Jh.

Lit.: Ried./W.: Siebmacher

Cronnagel Taf. 154
Reichsstadt Dinkelsbühl; 1732 Joh.Matth.Cr. des
geh. Rats Spitalpfleger.
Lit.u.W.: Weissbecker

v.Dacheröden Taf. 112
Thüringer Adel; Schloß Rohensaas zu Beginn des
17. Jh. im Besitz der v.D.
Lit.: H.H.Hofmann; Kneschke, Bd. 2./W.: Alberti

v.Dachsbach siehe Haider v.D.

v.Dalberg Taf. 14
Kämmerer von Worms; 1654 Freiherrn; Ende des
17.Jh., Neuzugang im Kanton Rhön-Werra.
Lit.: Siebmacher; GHB Bay. I./W.: Siebmacher

Dalner I Taf. 73
Reichsstadt Nürnberg. W.: Kiener

Dalner II Taf. 32
Reichsstadt Nürnberg. W.: Kiener

Dandorffer Taf. 65
Reichsstadt Nürnberg. W.: Kiener

v.Dankelmann Taf. 71
Westfälischer Adel; 1835-39 Besitz von Schloß
Altenmuhr bei Gunzenhausen.
Lit.: Siebmacher; Stark; Bechtolsheim./W.: Sieb-
macher

v.Danngrieß Taf. 114
Johann Ulrich D., Sohn des Exulanten Leonhard
D., heiratete in 2. Ehe Emerentia Magdalena v.Ball-
horn und wurde 1669 in den Reichsfreiherrnstand
erhoben. Grabdenkmäler v.Danngrieß/v.Ballhorn
an der Stadtkirche zu Windsbach.
Lit.: Kübele; Schwabach, Häusergeschichte; Bechtolsheim./W.: Alberti

von der Deck Taf. 138
Fränkisches Geschlecht; das W. der erloschenen
Familie ist im vermehrten Schild der Frh. v.
Schaumberg enthalten.
Lit.u.W.: Siebmacher

Decker Taf. 106
Reichsstadt Nürnberg. W.: Kiener

Degler Taf. 31
Reichsstadt Nürnberg. W.: Kiener

Deichsler Taf. 19
Reichsstadt Nürnberg; die evangelische Kirche zu
Mögeldorf/Nbg. vom 14.-16.Jh. Grablege des alten
Geschlechts.

Lit.: Beyer./W.: Kiener

Deinhart Taf. 92
Reichsstadt Nürnberg./W.: d. Martin D. bei Kiener

v.Dernbach, Grf. gen. Graul Taf. 39
Hessischer Adel; Frh.und Grf.; Peter Philipp v.D.,
Fürstbischof v.Bamberg, † 1683. Mit Johann Otto
Grf.v.D. stirbt 1697 die gräfliche Linie aus. Die
Witwe des letzten Grafen heiratete Rudolf Franz
Erwein Grf.v.Schönborn.
Lit.: Alberti; Kist; Kreisel; Bechtolsheim; Kolb./
W.: Kist

Derrer Taf. 152
Ratsfähiges Geschlecht der Reichsstadt Nürnberg;
erwarben das Reichslehen Unterbürg b.Nbg. von
den Groland. Erloschen mit Veit D. 1706.
Lit.: Imhoff./W.: Siebmacher (Das Derrerbuch
von 1620 im Staatsarchiv Nürnberg)

Deschler Taf. 88
Reichsstadt Nürnberg. W.: Kiener

v.Dettelbach Taf. 67
Fränkischer Adel; Kanton Steigerwald (bis 1560,
dann nach Ostpreußen).
Lit.: Kneschke./W.: Alberti

Deuber Taf. 66
Reichtsstadt Nürnberg. W.: Kiener

Deucher (Adel) Taf. 133
Fränkischer Adel; bamberger Lehensträger. Erloschen im 16. Jh.
Lit.: Kneschke; Siebmacher./W.: Siebmacher (Hz.:
bl. Brackenkopf mit silbernem Halsband)

Deuerlein (Adel) Taf. 5
Über die Rittergeschlechter Deuerlein und Erlangen siehe ausführlich Deuerlein (Literaturverzeich-
nis).
W.: Siebmacher

Dichtel Taf. 34
Reichsstadt Nürnberg. W.: Kiener

v.Diebach Taf. 153
Diebach, Lk. Rothenburg; im 14. Jh. Edelknechte
v.D. genannt.
Lit.: Lk. Rothenburg (Kurzinv.)./W.: Siebmacher

Diedrich Taf. 116
Reichsstadt Nürnberg. W.: Kiener

Dieffenbrucker Taf. 37
Reichsstadt Nürnberg. W.: Kiener

v.Diemar Taf. 2
Fränkischer Adel; Kanton Rhön-Werra; Adelssitz
Deberndorf 1712 an die v.D., 1756 geht der Besitz
aus dem Nachlaß des 1754 gestorbenen General-
feldmarschalls Ernst Hartmann Frh.v.D. an den
Markgrafen v.Ansbach über. Epitaph für den Gene-
ralfeldmarschall in der evangelischen Kirche zu
Zautendorf.
Lit.: Kneschke; KD Stadt und Lk. Fürth./W.:
Alberti (Hz.: 2 Hörner wie Schildfigur, dazwischen
roter Pfeil)

Dienst Taf. 149
Reichsstadt Windsheim. W.: Siebmacher

v. Dietenhofen: W. siehe von Biberehren!

Dietherr von Anwanden Taf. 89
Reichsstadt Nürnberg; die Linie D.v.Schwaig ist
1709 erloschen, die Hauptlinie 1819. Die D.v.A.
gehörten zu den gerichtsfähigen Familien der
Reichsstadt.
Lit.u.W.: Imhoff (Hz. nach Siebmacher: der oberhalbe Wolf)

Dietmair Taf. 77
Reichsstadt Nürnberg. W.: Kiener

Dietrich Taf. 118
Reichsstadt Dinkelsbühl; 1671 Joh. D., Spitalpfle-
ger.
Lit.u.W.: Weissbecker

Dillherr von Thumenberg Taf. 31
Reichsstadt Nürnberg; 1590 erwarb die Familie
den Thumenberg (zu Nürnberg). Die Nürnberger
Linie erlosch 1758 (die Henneberger Linie 1669).
Lit.u.W.: Imhoff; Siebmacher (siehe dort auch ausführlich die Beschreibung der Wappenvermehrung!)

Dintner Taf. 24
Reichsstadt Nürnberg; W.: Imhoff; auch im Lehenbuch des Fürstentums Öttingen

Ditfurth von Obertheres Taf. 2
Hessischer und fränkischer Adel; 1855 gab Frh.
Franz Wilh.v.D. die Sammlung „Fränk. Volkslie-
der" heraus.
Lit.: Kneschke; Siebmacher; GHB Bay. III;
Dünninger./W.: Siebmacher

Ditterich v.u.z.Erbmannszahl Taf. 107
Geadelt 1786; Erbmannszahl war bamberg. Lehen.
Lit.u.W.: Siebmacher; GHB Bay. I und VIII

v.Dobeneck Taf. 151
Ostfränkischer Adel; eines Stammes mit den Vas-

mann und Falkenstein.
Lit.: Siebmacher; Dobeneck, GHB Bay. II und VI./
W.: Siebmacher

Döderlein Taf. 107
Reichsstadt Weißenburg. W.: Raab

v.Dölau Taf. 58
Verwandte der v.Ellrichshausen. Zur Herkunft des
Geschlechts siehe Kneschke, Bd. 2!
W.: Alberti

v.Dollnstein Grf. siehe v.Hirschberg, Grf. (Taf. 92)

v.Dondorf Taf. 125
Fränkischer Adel (auch Donndorf, Tanndorf).
Donndorf, bei Bayreuth, als Sitz des Geschlechts
seit 1398 nachgewiesen; 1465 an die v.Weiher. Im
15.Jh. auch im Besitz von Gossenreuth und Mengersreuth.
Lit.: KD Stadt und Lk. Bayreuth./W.: Siebmacher
(der in der Schlacht bei Nördlingen 1634 gefallene
Marx Sigmund v.D. führte dieses Wappen)

Döner (Doner) Taf. 105
Reichsstadt Dinkelsbühl; im 14./15. Jh. auch in
Württemberg reich begütert.
Lit.: Alberti./W.: Siebmacher (Die Wappenfigur
ist wohl naturfarben zu zeichnen)

Dopel Taf. 149
Reichsstadt Nürnberg. W.: Kiener

v.Dornberg Taf. 16
Über Herkunft und Ausbreitung des alten bayer.
Dynastengeschlechts siehe Kneschke, Bd. 2! 1288
fielen Stadt und Stift Ansbach aus dem Besitz der
ehemaligen staufischen Untervögte v.D. an die
Öttingen. 1331 kam der Besitz an die Hohenzollern (Markgrafschaft Ansbach). Die Schildauftei-
lung des heutigen Stadtwappens v.Ansbach erinnert an das alte Dornberg-Wappen.
Lit.: H.H. Hofmann; Schuhmann./W.: Siebmacher

v.Dottenheim Taf. 95
Fränkischer Adel; Stammsitz bei Uffenheim; wa-
ren auch in Württemberg begütert.
Lit.: Alberti; Kneschke./W.: Alberti (Hz.: nach
Siebmacher: hermelingestülpter flacher roter Hut,
darauf der Widder)

Dotzler Taf. 53
W. des Dr. Peter D. bei Kiener; Reichsstadt Nürnberg

Dracht (Tracht) Taf. 12
Reichsstadt Nürnberg. W.: Kiener

Dradel Taf. 79
Reichsstadt Nürnberg. W.d.Dr.jur. Philipp Dradel
bei Kiener.

Dratzieher Taf. 77
Reichsstadt Nürnberg. W.: Kiener

Drechsel v.Deufstetten Frh.u.Grf. Taf. 92
Stammen aus Dinkelsbühl; dort unter den ratsfähigen Familien. Frh. 1731; 1817 Grafenstand für die
ältere Linie.
Lit.u.W.: Siebmacher; GHB Bay. I und VI

Drechsel Taf. 93
Reichsstadt Dinkelsbühl. Vergleiche das W. des
Ratsgeschlechts mit dem der späteren Adelsfami-
lie!
W.: Weissbecker

Drechsel Taf. 111
Reichsstadt Nürnberg. W.: Kiener

v.Druffel Taf. 42
Preußischer Adelsstand 1804; Schloß Kühlenfels
1855 durch Heirat an die v.Druffel. Im Mannesstamm erloschen 1937.
Lit.: KD Lk. Pegnitz; Rühl; Kneschke./W.: Siebmacher

Drümmer Taf. 30
Reichsstadt Nürnberg; W.d. Dr. Drümmer bei
Kiener

Dülner Taf. 87
Reichsstadt Nürnberg. W.d. Paulus D. bei Kiener

Dümmler Taf. 56
Reichsstadt Rothenburg. W.: Schrag

v.Dungern (keine Abbildung)
Reichsadel 1699 für Otto W. Dungern, fürstl. ba-
den-durlach. Rat und Oberamtmann; immatr. im
Königreich Bayern bei der Freiherrnklasse 1877;
im Besitz von Schloß Oberschwappach bei Haßfurt, Ufr. (W.: geviertet mit von Gold über Grün
geteiltem Herzschild, darin ein goldgekrönter
und bewehrter schwarzer Adler).
Lit.u.W.: siehe ausführlich GHB Bay. Bd. VII

v.Dürckheim Taf. 137
Rheinländischer Adel; eigentlich Eckbrecht von
D.; 1764 Reichsgrafen. 1763 ging Schloß Thürnho-
fen bei Feuchtwangen an die (Reichsgrafen) von
D.-Montmartin über.
Lit.: KD Lk. Feuchtwangen: GHB Bay. I und
VIII./W.: Siebmacher

Dürer Taf. 128
Das W. von Albrecht Dürer wurde nach der Farb-

zeichnung bei Kiener gestaltet. Lit. siehe Neubecker!

Dürner von Dürn Taf. 14
Alter oberpfälzischer Adel; aus Dürn b. Riedenburg; erloschen mit Georg Adam D.v.D., fürstl. eichstätt. Erbmarschall und Pfleger zu Titting, † 1603.
Lit.: KD Stadt Eichstätt, Siebmacher./W.: Siebmacher (Hz.: 2 bl. Hörner mit g. Querbalken). Bei Siebmacher ist eine weitere Familie dieses Namens angegeben

Dürner von Dürn Taf. 95
Alter oberpfälzischer Adel; Stammsitz bei Helfenberg. Ulrich 1461 Abt zu Plankstetten.
Lit.u.W.: Siebmacher (Hz.: grüner Lindenbaum)

Dürr Taf. 54
Reichsstadt Rothenburg. W.: Schrag

Dürr Taf. 44
Geschlecht aus Wunsiedel; 1541 Wappenbrief für Johann D. (siehe ausführlich bei Siebmacher!)

Dürriegel siehe Türriegel

v.Dürrwangen Taf. 4
Dürrwangen bei Dkb. im 13. Jh. Sitz eines Edelgeschlechts (bis 1433). Wohl Stammgenossen der v.Reichenau und v.Farrenbach.
Lit.: Lehner./W.: Weigel (über die verschiedenen Hz. siehe Siebmacher!)

v.Dury Taf. 35
Schnaittach, katholische Pfarrkirche: Grabstein für den Festungskommandanten Maximilian v.D., Herr auf Ober- und Unterschönreith, † 1783.
Lit.: KD Lk. Lauf./W.: Siebmacher

v.Ebeleben Taf. 1
Mitwitz, evangelische Pfarrkirche: Grabtafeln für mehrere Mitglieder der v.E. zu Pillmersreuth (1. Hälfte des 17. Jh.).
Lit.: KD Lk. Kronach./W.: freundliche Mitteilung des Pfarramtes Mitwitz (W-Zeichnung nach d.W. in der katholischen Schloßkapelle)

Eber Taf. 102
Reichsstadt Nürnberg. W.d. Leupold Eber bei Kiener

v.Eberbach Taf. 101
Clas Heinrich v.E., 1595 Ganerbe zum Rothenberg (über Schnaittach).
Lit.u.W.: Siebmacher (Hz.: der Eber wachsend)

Eberhard Taf. 101
Bedeutendes ratsfähiges Geschlecht in Rothenburg

und Dinkelsbühl. Leitname Burkart.
Lit.: Schaper./W.: Schrag

Ebersbach Taf. 84
Reichsstadt Dinkelsbühl; 1707 Johann Math. E. Bürgermeister und Ober-Hospitalpfleger.
Lit.u.W.: Weissbecker

v.Ebersberg, gen.Weyhers Taf. 44
Fränkischer Adel; Ludwig v.E. 1447 Domdechant zu Würzburg; Heinrich 1544 Domherr zu Würzburg. Erloschen mit dem hessischen Generalleutnant Gustav Alexander v.E. gen.W., 1847.
Lit.u.W.: Siebmacher

v.Eberstein Taf. 49
Alter fränkischer Adel; der Stammsitz befand sich in der Rhön. Grabdenkmäler aus dem 15. und 16. Jh. in der Schwanenritterkapelle zu Ansbach, in den Kirchen zu Mühlfeld (bei Mellrichstadt) und Weisbach (bei Neustadt/Saale).
Lit.: Kneschke, Bd. 3 (siehe dort ausführliche Angaben über die einzelnen Linien); Münchener Kalender 1916; KD Bez.A. Mellrichstadt; KD Neustadt/Saale; Däschlein./W.: Münchener Kalender 1916. (Hz.: bl. gekleideter Rumpf einer Mohrin)

Ebner von Eschenbach Taf. 25
Ratsfähiges Geschlecht der Reichsstadt Nürnberg; seit 1508 Beiname „von Eschenbach" nach dem Familiengut bei Hersbruck. (nicht identisch mit der gleichnamigen österreichischen Familie!). 1824 Aufnahme in die bayer. Freiherrnklasse.
Lit.u.W.: Imhoff; GHB Bay. I und IX; Hirschmann; Patriziat

Eccard Taf. 142
Reichsstadt Whm. W.: Siebmacher

Echter von Mespelbrunn Taf. 132
Peter Echter ließ um 1564 das bekannte Schloß Mespelbrunn errichten. Sein Sohn war Julius E.v. M., Fürstbischof v.Würzburg, Gründer der Univ. Würzburg, † 1617. Erloschen 1665. Schloß Mespelbrunn und das Echter-Wappen gingen an die Erben, die Grafen v.Ingelheim über.
Lit.: H.H. Hofmann; Bechtolsheim; Kolb./W.: Alberti

Eck(en) Taf. 125
Reichsstadt Nürnberg. W.: Kiener

Eckart auf Mörlach Taf. 41
Adelsdiplom 1748 für den kurmainz. Hofgerichtsrat Franz Peter E. – Frh. 1784-1785 ging Schloß Mörlach b.Hilpoltstein an den Husarenoffizier K.J. v.E. über. Seine einzige Tochter heiratete den General du Mulin (Stammeltern der Grafen du Mulin-Eckart)

Lit.: Frankenland, Heft 2, 1963; Kneschke, Bd. 3./
W.: Siebmacher

v.Eckersberg   Taf. 151
Christoph v.E., Amtmann zu Selb, † 1603; dessen
Sohn Georg Heinrich 1613 Hauptmann zu Wun-
siedel, erwarb das Rittergut Pilgramsreuth.
Lit.u.W.: Siebmacher

Egen   Taf. 14
Reichsstadt Dinkelsbühl. W.: Weissbecker

Eger   Taf. 31
Reichsstadt Nürnberg. W.: Kiener

Egerstörffer   Taf. 137
Reichsstadt Nürnberg. W.: Kiener

v.Egloffstein   Taf. 85
Eines der ältesten fränkischen Adelsgeschlechter.
Stammsitz in der Fränkischen Schweiz. Erstmals
1180 genannt. – Frh. und Grf. – Aus der Familie
sind zahlreiche Domherren Deutschordens-Kom-
ture, Äbtissinnen und auch Bischöfe von Bamberg
und Würzburg hervorgegangen.
Lit.: Egloffstein, Chronik; Voit, Adel; GHB Bay.
I und VI; Egloffstein, Schlösser; Kolb; Bechtolsheim./W.: Siebmacher (Hz.: der Bärenkopf; das
gevierte gräfliche Wappen siehe bei Siebmacher,
Die Wappen des bayerischen Adels)

Egner   Taf. 15
Reichsstadt Nürnberg. W.d. Wolfgang E. bei Kiener

v.Ehenheim   Taf. 2
Fränkisch-schwäbischer Adel; Stammgenossen der
v.Ochsenfurt, Goldstein v.Gattenhofen und Weid-
ner v.Michelbach. Erloschen 1598 (oder 1645?)
Lit.: Alberti; Kneschke, Bd. 3 (Kneschke bringt
eine Familie v.Ebenhein oder Enheim und eine v.
Ehenheim); KD Lk. Uffenheim; Bechtolsheim./
W.: Alberti; Siebmacher (Hz.: silberner Schaft mit
schwarzem Hahnenbusch)

Ehinger   Taf. 142
Ratsfähiges Geschlecht der Reichsstadt Nürnberg;
kommt aus Ulm (Grabsteine im Ulmer Münster).
Lit.: Imhoff; Alberti./W.: Siebmacher

v.Ehrenberg   Taf. 71
Rheinischer und fränkischer Adel; Philipp Adolf
v.E., Fürstbischof von Würzburg, † 1631.
Lit.: Kneschke; Siebmacher; Kolb./W.: Siebmacher

v.Eich   Taf. 51
Johann v.E., Bischof v.Eichstätt, † 1464. Das
Epitaph des Bischofs zu St. Walburg in Eichstätt
entspricht nicht dem hier – nach Siebmacher –
gezeichneten Wappen: geviertet; 1 und 3 im Spit-

zenschnitt geteilt; 2 und 4 eine Rose.
Lit.: KD Stadt Eichstätt

Eichler von Auritz   Taf. 43
Oberlausitzer Adel; in Franken im 18. Jh. im Besitz der Rittergüter Falbenthal (bei Gunzenhausen), Dennelohe und Oberschwaningen (Kanton
Altmühl), Adlitz bei Erlangen; Frh. 1712.
Lit.: Kneschke, Bd. 3; Bechtolsheim./W.: Siebmacher

Eiselen   Taf. 111
Reichsstadt Dinkelsbühl. W.: Weissbecker

Eisen I   Taf. 52
Reichsstadt Whm. W.: Siebmacher

Eisen II   Taf. 30
Reichsstadt Whm. W.: Siebmacher

Eisenhard   Taf. 20
Reichsstadt Rothenburg. W.: Schrag

v.Eisenhofen   Taf. 138
Altbayerischer Adel; erloschen mit dem Deutsch-
ordenskomtur Wolfgang v.E., † 1516 (oder 1526?)
Epitaph in der Schloßkirche zu Ellingen.
Lit.: KD Bez.A. Weißenburg./W.: Siebmacher

Eisenwanger   Taf. 66
Reichsstadt Nürnberg. W.: Kiener

Eisvogel   Taf. 67
Ratsfähiges Geschlecht der Reichsstadt Nürnberg;
erloschen 1420.
Lit.u.W.: Imhoff

Elbsen   Taf. 94
Reichsstadt Nürnberg. W.: Kiener

v.Ellrichshausen   Taf. 17 (Stw.)
Altes schwäbisches Adelsgeschlecht; Grabmal des
Ritters Wilhelm v.E., Mitglied des Schwanenritter-
ordens, † 1482, in der Ritterkapelle des ehemaligen Münsters zu Heilsbronn.
Lit.: Haag, Heilsbronn; Gotha 1938./W.: Siebmacher (Hz.: gekrönter Helm; Hals und Kopf eines
goldgehörnten Steinbocks, mit der Schildfigur belegt)

v.Ellrodt   Taf. 55
Philipp Andreas E., fürstl.brandenb.-kulmb. Kreis-
gesandter, 1747 geadelt, 1759 Frh., 1762 Reichs-
graf. Schloß Neudrossenfeld.
Lit.: Siebmacher; KD Stadt und Lk. Kulmbach./
W.: Siebmacher

v.Elm   Taf. 5
Fränkischer Adel; das halbe Dorf Rimpach vom

Hochstift Würzburg zu Lehen. Erloschen 1444 mit Wilhelm v.E.
Lit.u.W.: Siebmacher

v.Elterlein Taf. 110
Reichsstadt Nürnberg. W.: Kiener (siehe auch Buch des Lk. Gunzenhausen!)

v.Eltershofen Taf. 4
Stammhaus an der Jagst (Elpershofen). Eberhard v.E. zu Ipsheim, markgrfl. brandenbg.-kulmb. Rat und Amtmann zu Hoheneck, † 1606.
Lit.: Kneschke, Bd. 3./W.: Siebmacher und Kneschke

Elwanger Taf. 83
Reichsstadt Nürnberg./W.: Kiener und Siebmacher

v.Embs (Ems) Taf. 96
Vasallen der Grafen v.Graisbach. Über die v.E. zu Berolzheim siehe ausführlich Carben. Aus der Familie stammte – nach Kneschke – die letzte Äbtissin des 1807 aufgehobenen Damen-Klosters zu Düssern bei Duisburg.
Lit.: Carben; Kneschke, Bd. 3./W.: Siebmacher (Hz.: Schildfigur)

Endter Taf. 69
Reichsstadt Nürnberg; Wolfgang E. geadelt 1651; der bekannte Buchhändler Johann Martin E. geadelt 1743 (vermehrtes Wappen hier abgebildet).
Lit.: Imhoff./W.: Siebmacher

Enig Taf. 86
Reichsstadt Weißenburg. W.: Raab

Ensmann Taf. 123
Reichsstadt Dinkelsbühl; 1721 Jos. Xaver E., Mitglied des Inneren Rats, Spitalpfleger.
Lit.u.W.: Weissbecker

Entsee siehe Truchseß v.Entsee!

v.Erbach, Grf. Taf. 32
Rheinländischer Adel; Reichsgrafen 1532.
Lit.: GHB Bay. Bd. I und IX./W.: Siebmacher

Erckel Taf. 142
Reichsstadt Nürnberg. W.: Siebmacher

Erdinger Taf. 41
Reichsstadt Nürnberg. W.: Kiener

v.Erffa, Frh. Taf. 73
Thüringischer Adel. In der 1. Hälfte des 19. Jh. geht Schloß Ahorn bei Coburg von den v. Baumbach an die v.E. über. – Grabdenkmäler aus dem 17. und 18. Jh. in der St. Gumbertuskirche zu Ansbach und der Andreaskirche zu Weißenburg.

Lit.: Kneschke, Bd. 3; KD Bez.A. Weißenburg; KD Stadt und Lk. Ansbach./W.: Alberti (Hz.: gekrönter Helm mit 6 Fähnchen)

Erhard Taf. 118
Reichsstadt Rothenburg. W.: Schrag

v.Erlangen Taf. 5
Dienstmannen der Reichsministerialen v.Gründlach. Ihr Ansitz befand sich im Bereich des Hauses Bayreuther Str. Nr. 8 in Erlangen. Um 1400 ausgestorben. Über den Zusammenhang der Geschlechter v.Erlangen und Deuerlein siehe Literaturangaben unter Deuerlein!./W.: Deuerlein

Erlanger Taf. 36
Reichsstadt Nürnberg. W.: Kiener

Erlbeck von Sinning Taf. 45
Sinning (Bez.A. Neuburg/Donau). Ab 1350 Besitzungen zu Obernsittenbach (= Kirchensittenbach bei Hersbruck). 1569 kauft Jobst Tetzel den Edelmannssitz zu Kirchensittenbach von Klaus Erlbeck.
Lit.: Schwemmer, Kirchensittenbach; Kneschke; Siebmacher./W.: Siebmacher

Erlbeck Taf. 90
Reichsstadt Nürnberg. W.: Kiener

Erler Taf. 123
Reichsstadt Nürnberg. W.: Kiener

v.Erlingshofen Taf. 100
Fränkischer Adel; Stammsitz bei Weißenburg; wohl eines Geschlechts mit den v.Pechthal. Christoph v.E. zu Bechthal kommt noch 1539 vor. Der Kreuzgang des Klosters Rebdorf/Eichstätt enthielt einst Grabsteine der v.E. (vergl. auch v. Heideck!)
Lit.: KD Stadt Eichstätt; Kneschke, Bd. 3; Lehner./W.: Siebmacher (Hz.: zwei silb.-schwarz geteilte Büffelhörner)

Ermreicher Taf. 130
E., gen. Mülstein; in Nürnberg und in der Oberpfalz gesessen. (siehe ausführlich bei Siebmacher!)
W.: Siebmacher

v.Erthal Taf. 12
Stammsitz des alten Adelsgeschlechts im ehem. Gericht Hammelburg, Ufr. – Franz Ludwig v.E., Fürstbischof von Würzburg, † 1795. – Wasserschloß Leuzendorf, Lk. Ebern, ab 1589 im Besitz der v.E.; in der Pfarrkirche Erthal-Epitaphien.
Lit.: Mayer; Siebmacher; Bechtolsheim; Kolb./W.: Siebmacher

v.Eschenau Taf. 86
Stammsitz bei Erlangen; bedeutendes Reichs-
dienstmannengeschlecht im Dienste der Hohen-
staufen. Im 14. Jh. Burgmannen des Hochstifts
Bamberg.
Lit.: Bosl./W.: Bosl; Siebmacher

v.Eschenbach Taf. 135
Rittergeschlecht aus (Wolframs-) Eschenbach und
auch Pleinfeld. Zu dieser Familie gehört der Dichter des Parzival, Wolfram v.E. (ca. 1170-1220). Um
1400 ist die Familie noch unter der Nürnberger
Bürgerschaft nachweisbar.
Lit.: Siebmacher; Stark; Bumke; Kurz./W.: Siebmacher

Eschenloher Taf. 152
Reichsstadt Nürnberg. W.: Siebmacher

v.Esel Taf. 104
Die Edelfreien v.E. seit 1281 in Illesheim nach-
weisbar. 1498 veräußern sie ihren Besitz an die
v.Gailingen und die v.Birkenfels. (vergleiche ihr
Wappen mit dem der Gailingen).
Lit.: KD Lk. Uffenheim./W.: Siebmacher

Esler Taf. 104
Ratsfähiges Geschlecht der Reichsstadt Nürn-
berg.
Lit.: Imhoff; Lemmel./W.: Imhoff

v.Espelbach Taf. 17
Reichsstadt Dinkelsbühl; 1497 Hans v.E., Mitglied
des Rats; 1506 starb Jacob v.E.
Lit.u.W.: Weissbecker (bei Siebmacher wird die
Familie zu den Lehensleuten des Hochstifts Würzburg gezählt. W.: die drei silbernen Schrägbalken
liegen auf einem blauen, bzw. roten Schild. Hz.:
silbern gestülpter roter Spitzhut, auf dem Knopf
3 Federn: blau, silbern, rot)

Eßlinger Taf. 59
Reichsstadt Nürnberg. W.: Kiener

Etlinger v.Haimhof Taf. 38
Nordgauischer Adel; Haimhof bei Regensburg.
Lit.u.W.: Siebmacher

v.Euerhausen Taf. 108
Stammsitz bei Ochsenfurt. Auch in Württemberg
begütert gewesen.
Lit. u. W.: Alberti (Hz. Einhornrumpf)

Eusenheim siehe Heußlein

v.Eyb Taf. 56
Eines der ältesten Adelsgeschlechter Frankens.
Stammsitz einst bei Ansbach. Erbkämmerer der
Markgrafschaft Ansbach; Erbschenken des Bistums

Eichstätt. Gabriel v.E., † 1535, und Johann Mar-
tin, † 1704, Bischöfe v.Eichstätt; Martin v.E.,
1580 zum Bischof von Bamberg gewählt, resig-
nierte 1583. – Reichsfreiherrn 1694. In Franken
im Besitz der Schlösser Neuendettelsau und
Rammersdorf (in Württemberg Schloß Dörzbach).
Lit.: Münchener Kalender 1916; GHB Bay. I und
VII; freundliche Mitteilung von Frh.Albrecht v.
Eyb, Neuendettelsau; Brügels; Onoldina, Heft 3./
W.: Siebmacher (Hz.: ein wachsender Pfau mit g.
Halsband)

Faber Taf. 75
Reichsstadt Nürnberg. W.: Kiener

v.Faber (-Castell) Taf. 115
Über den Ort Stein bei Nürnberg und die Familie
v.Faber siehe ausführlich Hirschmann, Stein!
Lit.: GHB Bay. II und IX (Grafen Faber-Castell)./
W.: Siebmacher (Stw!)

v.Fabrice Taf. 117
Geadelt 1731; hießen früher Fabricius.
Lit.u.W.: Siebmacher

v.Fabris Taf. 52
Stammen aus dem Venetianischen. Adelsbrief von
Kfst. Karl Theodor 1782.
Lit.u.W.: Siebmacher

v.Falkenhausen Taf. 64
Die illegitimen Kinder des Ansbacher Markgrafen
Carl Wilhelm Friedrich und der Elisabeth Wünsch
(1737 „Madame von Georgenthal" bei Haundorf
im Lk. Gunzenhausen) wurden 1747 in den Freiherrnstand erhoben mit dem Namen „von Falkenhausen". Durch markgräfl. Dekret wurde Schloß
Wald bei Gunzenhausen 1751 der Familie als
„Kunkellehen" überlassen. : Stamm A: Trautskirchen; Stamm B: Wald.
Lit.: Stark; GHB Bay. Bd. IV./W.: Siebmacher

von Falkenstein I
Ostfränkischer Adel; auch Vasmann genannt;
Stamm- und Wappengenossen der v.Dobeneck
(W.: siehe bei v.Dobeneck!)

v.Falkenstein II Taf. 64
Johann Heinrich v.F., 1714 Direktor der Ritter-
akademie in Erlangen; 1730 nach Schwabach;
brandenburg.-ansbach. Hofrat; † 1760 in Schwabach.
Lit.u.W.: Siebmacher

Falkner v.Sonnenburg Taf. 64
Kurbayer. Adel; Diplom 1724 für Johann Mich.
Falckner.
Lit.: Kneschke; GHB Bay. Bd. I und VIII./W.:
Siebmacher

v.Farrenbach Taf. 4
Stamm- und Wappengenossen der v.Dürrwangen
und v.Reichenau. Nach Siebmacher Ortsadel von
Burgfarrenbach bei Fürth.
W.: Siebmacher (Hz.: 2 Hörner wie Schild, be-
steckt mit schwarzen Hahnenfedern)

v.Faulhaber Taf. 24
Fränkischer Adel; Kanton Odenwald; Johann Ludwig v.F., vermählt 1595 mit Catharina v.Erthal,
Letzter seines Stammes. (die Familie ist nicht identisch mit der des Münchner Kardinals v.Faulha-
ber: GHB Bay. III).
Lit.: Kneschke./W.: Koerner

Faust von Stromberg Taf. 13
Franz Georg F.v.Str., 1675 Domicellar in Bam-
berg; Kapitular 1683, † 1728.
Lit.u.W.: Siebmacher

v.Fechenbach Taf. 101
Fränkischer Adel; Kantone Rhön-Werra und Odenwald; Frh. 1522; Georg Karl v.F., letzter Fürstbischof v.Würzburg (1795-1803), von 1805-1808
auch Bischof von Bamberg, † 1808. Im Mannesstamm erloschen mit Philipp Hugo Götz Oswald
Frh.v.F. 1892.
Lit.: Kolb; Kist./W.: Siebmacher (Hz.: 2 Hörner,
das eine silber-schwarz, das andere schwarz-silber
geteilt)

v.Feder Taf. 69
Geadelt 1797. W.: Siebmacher

Fehr Taf. 113
Reichsstadt Schweinfurt. W.: Siebmacher (ein
weiteres, nicht vollständiges Wappen einer Familie
Fehr wurde in der vorliegenden Sammlung nicht
gebracht)

v.Feilitzsch Grf.u.Frh. Taf. 3
Vogtländischer Adel; eines Stammes mit den v.d.
Heydte, v.Röder und v.Zedwitz. Stamm A (Treu-
en, vorm. Kürbitz); Stamm B (Feilitzsch und Tro-
gen); Stamm C (Unt.-Hartmannsreuth, Gutenfürst
und Heinersgrün).
Lit.: GHB Bay. I, II, VIII und X./W.: Siebmacher
(Hz.: von Silber, Rot und Schwarz geteilter offener Flug, dazwischen ebenso geteilter Hut)

v.Feldbrecht
W.: siehe v.Biberehren!
Lit.: siehe ausführlich bei Siebmacher (anderes
Wappen: eine gestürzte eingebogene Spitze)

Feldner Taf. 57
Reichsstadt Weißenburg. W.: Raab

v.Fellendorf Taf. 25
Schlüsselberger Dienstleute; nachgewiesen 1302-
1373. W.: wie Modschiedel
Lit.u.W.: Voit, Adel

Fend Taf. 115
Reichsstadt Schweinfurt. W.: Siebmacher

v.Fers Taf. 12
Auch Fersch; Reichsstadt Nürnberg. W.: Kiener

Fersich Taf. 64
Reichsstadt Nürnberg. W.: Kiener

Fetzer von Buchschwabach Taf. 14
Reichsstadt Nürnberg; stammen aus Ulm; gehörten
in Nürnberg zu den gerichtsfähigen Geschlechtern.
Dr.Karl Joh.F. 1752 geadelt. Die Linie Buch-
schwabach ist 1765 mit Generalmajor Philipp
Jacob Franz v.F. erloschen.
Lit.: Imhoff; Kneschke./W.: Imhoff (Hz. nach
Siebmacher: wachsende bl. gekleidete männliche
Figur, die in den ausgestreckten Händen je einen
Fetzen Tuch hält)

v.Feuchtwangen Taf. 62
Konrad v.F., 1290-1296, und Siegfried v.F., 1303-
1311, Hochmeister des Deutschen Ritterordens.
Lit.: Brügel, Onoldina./W.: Siebmacher

Feuchtwanger Taf. 151
Reichsstadt Dinkelsbühl. W.: Weissbecker

v.Feuerbach Taf. 83
Der bedeutende Strafrechtler Paul Johann Anselm
F., † 1833, erhielt 1808 den bayer. Ritterstand
mit Transmissionsrecht.
Lit.u.W.: Siebmacher; GHB Bay. III

Feuerlein Taf. 84
Reichsstadt Weißenburg. W.: Raab (siehe auch
Siebmacher, Wappen des bayer. Adels)

Feurer Taf. 26
Reichsstadt Nürnberg. W.des Dr. Feurer bei Kiener

v.Fick Taf. 69
Ritterkanton Odenwald; Freiherren 1769.
Lit.u.W.: Siebmacher

v.Finckler Taf. 67
Gelehrtenfamilie; Georg Ernst, † 1759, Syndikus
der Reichsstadt Nürnberg, Adelsdiplom 1743.
Lit.u.W.: Siebmacher

Finoldt Taf. 57
Reichsstadt Nürnberg. W.: Kiener

v.Finsterlohe Taf. 11
Götz und Heinrich v.F. erwarben von den Hohen-
lohe das Dorf Laudenbach, das bis zum Erlöschen
der Familie 1586 im Besitz des Geschlechts blieb.
W. in Rothenburg, Franziskanerkirche und Aub,
Pfarrkirche.
Lit.: KD Stadt Rothenburg, kirchliche Bauten; KD
Bez.A. Ochsenfurt; Siebmacher./W.: Siebmacher

Fischer Taf. 106
Reichsstadt Nürnberg. W.: Kiener

Fischer Taf. 87
Reichsstadt Nürnberg. W.d. Dr. Hieronymus F. bei
Kiener

v.Fladungen Taf. 41
Fränkischer Adel; Stammsitz in Unterfranken; er-
loschen wohl 1514 mit Hans v.Fl.
Lit.u.W.: Siebmacher

Flaischmann Taf. 120
Reichsstadt Nürnberg. W.d. Ulrich Fl. bei Kiener

Flasch Taf. 135
Reichsstadt Nürnberg. W.: Siebmacher (bei Imhoff
etwas anders)

Flechsler Taf. 105
Reichsstadt Nürnberg. W.: Kiener

Flechtner Taf. 110
Reichsstadt Whm. W.: Siebmacher

Flentzen Taf. 117
Reichsstadt Nürnberg. W.: Kiener

Flexdorfer (Flechsdorfer) Taf. 44
Ratsfähiges Geschlecht der Reichsstadt Nürnberg;
1450 mit Peter F. erloschen.
Lit.u.W.: Imhoff (Hz.: Mannesrumpf mit Spitzhut, Farben wie Schild)

Flock Taf. 119
Reichsstadt Nürnberg. W.d.Dr. Erasmus Fl. bei
Kiener

Flöser Taf. 145
Reichsstadt Nürnberg. W.d.Dr. Flöser, Pütner genannt, bei Kiener

v.Flotow Taf. 14
Mecklenburg. Adel: Rittergut Korbersdorf gehörte
ab 1787 der Familie von Charlotte v.Flotow.
(anfang des 19. Jh. an die v.Brandenstein).
Lit.: KD Lk Wunsiedel und Stadtkreis Marktredwitz./W.: Siebmacher

Flück(en) Taf. 72
Reichsstadt Nürnberg. W.: Kiener

Fogel Taf. 36
Reichsstadt Nürnberg. W.: Kiener

Fogel II Taf. 71
Reichsstadt Nürnberg. W.: Kiener

Fogler Taf. 11
Reichsstadt Nürnberg. W.: Kiener

Foid Taf. 49
Reichsstadt Nürnberg. W.: Kiener

v.Forster Taf. 117
Bayerischer Adelsstand 1816. Mögeldorf/Nürn-
berg, evangelische Pfarrkirche: Totenschild für
den 1914 gefallenen Feldarzt Dr.Walter v.F.
Lit.: GHB Bay. I und VIII; Kneschke./W.: nach
dem Totenschild

Forster Taf. 151
Reichsstadt Nürnberg. W.d. Dr. Jörg F. bei Kiener

Forstmeister v.Lebenhan Taf. 54
Fränkischer Adel; Neustadt/Saale, Karmelitenkirche: Grabstein des Sigmundt F. zum Lewenhain,
† 1582, und seiner beiden Frauen. Erloschen mit
Melchior Adolph v.Rotenkolben, genannt F.v.L.,
1629.
Lit.: KD Neustadt/Saale; Siebmacher./W.: Siebmacher

Forter Taf. 96
Reichsstadt Nürnberg. W.: Kiener

Förtsch von Thurnau Taf. 25
Ministerialen der Andechs-Meranier, dann der
Hohenzollern. Grabdenkmäler des Geschlechts
in Thurnau, evangelische Pfarrkirche; in Peesten,
evangelische Pfarrkirche; in Seßlach, katholische
Pfarrkirche; in Altenkunstadt, katholische Pfarrkirche; in Lichtenfels, katholische Stadtpfarrkirche; in Aschbach, evangelische Pfarrkirche und in
Himmelkron, ehemalige Stiftskirche. Erloschen
1564 mit Georg F. zu Peesten.
Lit.: Voit, Adel; H.H. Hofmann; KD Stadt und Lk.
Kulmbach; KD Lk. Staffelstein; KD Lk. Lichtenfels; Mayer./W.: Siebmacher; Voit. (Hz. nach
Siebmacher: 2 schwarze Bärentatzen, belegt mit
2 goldenen Balken)

Frachtus (keine Abbildung)
Reichsstadt Nürnberg. W.d. Laurentius Fr. bei
Kiener: ein Mann, der auf einem Löwen reitet
und ihm den Rachen aufreißt. Der Reiter trägt
eine Augenbinde.

Franck Taf. 149
Reichsstadt Nürnberg. W.: Kiener
Die Frank v.Ettmannsdorf (Opf.) führten ein nahezu gleiches Wappen (Siebmacher)

v.Franckenstein Taf. 145 und 146
Altes Adelsgeschlecht aus dem Odenwald; Reichsfreiherrn 1670; 1662 verkauften die Seckendorff ihren Besitz zu Ullstadt an die v.Fr. Anstelle der alten Wasserburg baute Joh. Dientzenhofer das neue Schloß; weitere Ausgestaltung des Schlosses durch den Bamberger Fürstbischof v.Franckenstein 1742. – Johann Philipp Anton v.Fr., Fürstbischof von Bamberg, † 1753.
Lit.: H.H. Hofmann; GHB Bay. I und VII; Bechtolsheim./W.: freundliche Mitteilung v.Frh.v.Franckenstein, MdL

Frank Taf 120
Reichsstadt Dinkelsbühl; Hieronymus Fr., 1680 Spitalpfleger./W.: Lit.u.W.: Weissbecker

Frantz Taf. 132
Reichsstadt Nürnberg. W.: Kiener

v.Fraunberg Taf. 103
Alter bayerischer Adel; Josef Maria Frh.v.Fr., Bischof von Augsburg, zum Erzbischof von Bamberg nominiert 1824, † 1842. – Die Linie von Fraunberg vom Haag zu Prunn (Altmühltal) erlosch 1567.
Lit.: Kist; Prunn, Amtlicher Führer./W.: Kneschke; Siebmacher

Frauntraut Taf. 78
Totenschild des ehemaligen Stadtschreibers von Schwabach, † 1587, in der Stadtkirche zu Schwabach.
W.: nach dem Totenschild. (Wappenbrief v.Kaiser Karl V. im Stadtarchiv Schwabach)

Freer Taf. 73
Reichsstadt Dinkelsbühl; Dr. Marquard Fr., Dr. med., starb 1512. – Epitaph in der St. Georgskirche.
Lit.u.W.: Weissbecker

Freidel (Freudel) Taf. 17
Reichsstadt Nürnberg; stammen aus Ulm (siehe ausführlich bei Siebmacher!). W.der Fr. auf der Gruftplatte der Kress v.Kressenstein in der Kirche zu Kraftshof bei Nürnberg.
Lit.u.W.: Siebmacher

v.Freudenberg Taf. 1
Bayerischer Adel; Besitz in Franken; 1452 Artelshofen (Pegnitztal), vor 1480 Burg Grünsberg (bei Altdorf); 1343-1600 Burg Rupprechtstein (Pegnitztal), zeitweilig auch Burg Lichtenstein

(bei Hersbruck).
Lit.: H.H. Hofmann; Rühl; Schwemmer, Hersbruck; KD Lk. Hersbruck. Siehe auch v.Brand!./W.: Alberti; (über die letzte Namensträgerin siehe GHB Bay. X); Siebmacher (Hz.: 2 Hörner, silb.-rot und rot-silb. geteilt)

Frey Taf. 11
Reichsstadt Nürnberg; Agnes Frey, Gemahlin v. Albrecht Dürer, entstammte diesem Geschlecht. (Dürer wurde auch im Begräbnis der Frey auf dem Johannisfriedhof beigesetzt).
Lit.u.W.: Imhoff (bei Siebmacher: von Pelzwerk und Schwarz geviert)

v.Freyberg Taf. 132
Lit. siehe ausführlich Kneschke, Bd. 3! Johann Anton v.Fr.-Eisenberg, Fürstbischof v.Eichstätt 1736-1757. An ihn und an zahlreiche Kanoniker des Geschlechts erinnern W. und Grabdenkmäler in Eichstätt und in vielen Kirchen des Umlandes.
Lit.: Kneschke, Bd. 3; GHB Bay. I und VII; KD Eichstätt./W.: hier ist – nach Kneschke – das Stw., das die Eisenberger Linie führt, abgebildet.

Freyer Taf. 111
Reichsstadt Weißenburg. W.: Raab

Freyhart Taf. 76
Reichsstadt Dinkelsbühl. W.: Weissbecker

Frick v.Frickenhausen Taf. 145
Frickenhausen a. Main; Vasallen der Fürstbischöfe v.Würzburg, dann der Grafen v.Oettingen. Conrad Fr.v.Fr. zu Berolzheim, † 1387.
Lit.: Carben./W.: Siebmacher; Lehenbuch der Grafschaft und des Fürstentums Öttingen

v.Fridwitzhofen Taf. 10
Aus Fribertshofen bei Beilngries; 1544 hatte Bastian v.Fr. einen Herrensitz zu Meckenhausen.
Lit.: Siebmacher; KD Bez.A. Hilpoltstein./W.: Siebmacher

Frisius Taf. 48
Reichsstadt Nürnberg. W.: Kiener

Fromund Taf. 82
Reichsstadt Nürnberg; Hans Fr. war zwischen 1560 und 1567 Pfleger auf Burg Reicheneck (bei Hersbruck).
Lit.u.W.: Siebmacher

v.Fronhofen Taf. 48
Ritterkanton Rhön-Werra; Herrnberchtheim, Lk. Uffenheim, evangelische Pfarrkirche: Epitaphien der Familie aus dem 15. und 16. Jh.
Lit.: siehe ausführlich Siebmacher; KD Lk. Uffenheim./W.: Siebmacher

v.Frundsberg Taf. 155
Eichstätt, Mortuarium, Grabstein des Johann v.Fr.,
Kanonikus zu Eichstätt und Augsburg, † 1529.
Lit.: KD Stadt Eichstätt./W.: Hildebrandt

Fuchs Taf. 89
Reichsstadt Nürnberg. W.d. Dr. Fuchs bei Kiener

Fuchs von Bimbach u.Dornheim Taf. 86
Alter fränkischer Adel; Freiherrn 1699; Stamm-
güter mit Bimbach, Neudorf, Burgpreppach und
Schweinshaupten. – Johann Georg Fuchs von
Dornheim, Fürstbischof von Bamberg, † 1633.
Lit.: GHB Bay. II und IX; Bechtolsheim/W.: Sieb-
macher (Hz.: sitzender Fuchs)

Fuchs von Kannenberg Taf. 135
Fränkischer Adel; Kanton Baunach; Erloschen –
nach Alberti – 1543 zu Gundelsheim (bei Neckars-
ulm).
Lit.: Alberti./W.: Alberti (Hz.: Rumpf eines Mön-
ches, Gesicht und Tonsur rot; silbernes Gewand,
silb. Gugel und rote Pfahlstreifen)

Fuchs von Rügheim
Stamm- und Wappengenossen der Fuchs v. Bimbach (W. siehe Taf. 86!). Georg F.v.R., Fürstbischof von Bamberg, † 1561.
Lit.: Kist

Fuchs von Walburg Taf. 86
Fränkisches Geschlecht, das sich vor allem in der
Oberpfalz niederließ. Über diese alte Adelsfa-
milie siehe bei Siebmacher! W., bzw. Grabsteine:
evangeische Pfarrkirche Hain, evangelische Pfarr-
kirche Schmölz, evangelische Pfarrkirche Küps;
Lentersheim, Kirche: Grabstein für Anna Sabine,
† 1701.
Lit.: KD Lk. Kronach und Siebmacher./W.:
Siebmacher (Hz.: hockender Fuchs auf Kissen)

v.Fuchstatt Taf. 5
Fränkischer Adel (Ufr.); Lehensleute der Abtei
Fulda.
Lit.u.W.: Siebmacher

v.Fuchsstein Taf. 7
Chorwand der evangelischen Pfarrkirche zu Hersbruck: Grabmal für Melchior Balthasar v.F., †
1497. Die Familie zählt zum Adel der Oberpfalz.
Lit.: Siebmacher./W.: gezeichnet nach dem Grabmal; Farben nach Siebmacher

Füger Taf. 30
Reichsstadt Whm. W.: Siebmacher

v.Fugger (Augsburg) Taf. 46
Ahnherr ist der Weber Hanns F.; Grafen 1530; Linie Fugger-Babenhausen Fürsten ab 1803. Stw.

von 1473. – In St.Sebald/Nürnberg Fugger-Epi-
taph von 1497 für Peter Fugger v.Augsburg;
Lit.: KD Stadt Nürnberg; Siebmacher; GHB Bay.
I, III, VI./W.: Siebmacher

v.Fulbach (Faulbach) Taf. 37
Stammsitz in Ufr.; Kanton Baunach; Grabdenkmäler: Pfarrkirche Mürsbach, Lk. Ebern. Die Familie
wird 1588 bereits zu den erloschenen Geschlechtern gezählt.
Lit.: Kneschke; Mayer./W.: Siebmacher (Hz. wie
Kammerer)

Funck(en) Taf. 110
Reichsstadt Nürnberg. W.: Kiener

Fürbringer Taf. 87
Gehörten in Rothenburg zu den ratsfähigen Ge-
schlechtern. Auch in Nürnberg gesessen. 1557 ist
das Burggut Diebach im Besitz des Sigmund F.
Von dessen Erben 1651 an M. Pantzer. Evangeli-
sche Pfarrkirche Diebach: 6 Grabsteine der F.
Lit.: KD Lk. Uffenheim; KD Lk. Rothenburg
(Kurzinv.)./W.: bei Schrag; silb. Windhund in
Schwarz; bei Siebmacher: W.von 1417, schwarzer
Windhund in Silber. In beiden Vorlagen trägt der
Hund ein r. Halsband.

Fürer von Haimendorf Taf. 48
Ratsfähiges Geschlecht der Reichsstadt Nürnberg;
Schloß Haimendorf am Moritzberg bei Lauf seit
1476 im Besitz der Familie.
Lit.u.W.: Imhoff; GHB Bay. II; Hirschmann, Patri-
ziat

Fürleger Taf. 58
Reichsstadt Nürnberg; W.: Siebmacher
Lit.: siehe auch Imhoff und KD Stadt Nürnberg!
Geschlechts- und Wappenbuch der Familie (ange-
legt 1527) im Staatsarchiv Nürnberg

Fürnberger Taf. 143
Reichsstadt Nürnberg. W.: Kiener

v.Furtenbach Taf. 18
Gehörten zu den gerichtsfähigen Familien Nürn-
bergs. Bonaventura v.F. erwarb 1515 das Schloß-
gut Reichenschwand (Verkauf 1815 an v.Axt-
helm). Zahlreiche Totenschilde in der evangeli-
schen Pfarrkirche zu Reichenschwand.
Lit.: KD Lk. Hersbruck; Imhoff; GHB Bay. V;
Hirschmann, Patriziat./W.: Stw. nach Imhoff
(Hz.: offener blauer Flug, belegt mit dem silb.
Schrägfluß)

Fütterer Taf. 32
Ratsfähiges Geschlecht der Reichsstadt Nürnberg.
Erloschen mit Jakob F. zu Enderndorf und Harr-
lach 1586.

Lit.: Imhoff; Scheuerlein/Ulsamer./W.: Imhoff

Gabler Taf. 141
Reichsstadt Nürnberg. W.: Kiener

v.Gagern Taf. 140
Stammhaus auf Rügen; 1872 erwarben die Frh.v.
G. Schloß Neuenbürg (bei Höchstadt/Aisch).
Lit.: GHB Bay. III und X; H.H. Hofmann, Herzo-
genaurach./W.: freundliche Mitteilung des Frh.
v.Gagern, Neuenbürg

v.Gailingen Taf. 1
Ansitz des Geschlechts war die östlich v. Illesheim
(Lk. Uffenheim) gelegene Burg Röllinghausen.
1498 veräußerten die v.Esel ihren Besitz zu Illes-
heim an die v.G. und die v.Birkenfels. Bis 1375
gehörte Schloß Wald dem berüchtigten Raubritter
Eppelein (=Ekkelein) v.G., ein weiterer Ansitz war
Trainmeusel bei Streitberg./W.: Siebmacher (Hz.:
silb.-schwarz geteilte Hörner). Wappen- und Stam-
mesgenossen der Schoder v.Tief, und der Esel v.
Illesheim. Die Esel ergänzten den gemeinsamen
Schild durch das „redende" Beizeichen; (siehe aus-
führlich Siebmacher)
Lit.: KD Lk. Gunzenhausen; KD Lk. Uffenheim;
(Über Eppelein v.G., † 1381, siehe Neue Deutsche
Biographie, Bd. 6, 1964 und Weickmann)

de Gall Taf. 68
Reichsstadt Nürnberg. W.d. Niclas de Gall bei
Kiener

Gammersfelder von Solar Taf. 41
Gerichtsfähiges Geschlecht der Reichsstadt Nürn-
berg; erloschen 1740.
Lit.u.W.: Imhoff und Siebmacher

Gampert Taf. 97
Reichsstadt Whm. W.: Siebmacher

v.Ganzhorn Taf. 35
1668 Verkauf des Rittergutes Hohlach (Lk. Uffenheim) an Dr. Christian Wilhelm v.G. aus Würzburg
(geadelt 1654).
Lit.: KD Lk. Uffenheim; Siebmacher./W.: Siebmacher

Gartner I (wie Kötzler; Taf. 40)
Reichsstadt Nürnberg. W.: Kiener

Gartner II Taf. 40
Reichsstadt Nürnberg.W.: Kiener (so auf einer
Bronzeplatte in der Stadtkirche zu Schwabach)

Gastgeb Taf. 79
Reichsstadt Nürnberg. W.d. Dr. Johann Gastgeb
bei Kiener

Gebhardt Taf. 147
Reichsstadt Nürnberg. W.d.Dr. G. bei Kiener

v.Gebsattel Taf. 96
Altes fränkisches Adelsgeschlecht; Stammsitz bei
Rothenburg o.T.; Viktor Emil Frh.v.G., † 1874,
Hofmeister der Königin Amalie v.Griechenland.
– Johann Philipp v.G., Fürstbischof v.Bamberg
1599-1609.
Lit.: Kist; GHB Bay. I und VII./W.: Siebmacher
(Hz.: die Schildfigur)

Geiger Taf. 152
Reichsstadt Nürnberg. W.: Kiener (hier ist nur
das alte Familienwappen abgebildet. Kiener bringt
auch das vermehrte W.: 1 und 4 eine Geige;
2 und 3 ein Posthorn)

v.Geilsdorf (Gailsdorf) Taf. 89
Fränkischer Adel; 1609 erwarb Christoph v.G. den
Rittersitz Hofeck. Nach Aussterben dieser Linie
fiel er 1618 wieder an den Markgrafen zurück.
Albrecht v.G. ließ 1500 der evangelischen Kirche
St. Lorenz zu Hof zwei Gruftkapellen anfügen.
Das mittlere Schloß zu Friesen (bei Kronach)
fällt 1731 nach dem Tod des Johann Franz v.G.
an das Hochstift Bamberg heim.
Lit.: KD Lk. Kronach; KD Stadt und Lk. Hof;
Seiffert./W.: Siebmacher

Geisendörfer, gen. Grösser Taf. 23
Alte Adelsfamilie; soll aus Böhmen zu den Burggrafen v.Nürnberg gekommen sein. Auch in Rothenburg und Windsheim (siehe Grösser!). Mehrere
Grabdenkmäler in Rothenburg.
Lit.: Kneschke; KD Stadt Rothenburg, kirchliche
Bauten./W.: Siebmacher (Hz.: roter Mannesrumpf,
der mit beiden Händen einen Stein über dem Kopf
hält; weitere Hz. siehe Siebmacher)

Gelchsheimer Taf. 20
Reichsstadt Windsheim. W.: Siebmacher

Gellinger Taf. 123
Reichsstadt Nürnberg. W.: Kiener

Gelnauer Taf. 108
Reichsstadt Nürnberg. W.: Kiener

Geltner Taf. 55
Reichsstadt Rothenburg. W.: Schrag

v.Gemmingen Taf. 5
Altes schwäbisches Adelsgeschlecht; in Bayern
1843 bei der Freiherrnklasse eingetragen. Johann
Konrad v.G., † 1612, Fürstbischof von Eichstätt
Lit.: GHB Bay. I, V und X; Schöler./W.: Sieb-
macher

Genger   Taf. 102
Reichsstadt Nürnberg. W.: Kiener

Genning   Taf. 83
Reichsstadt Weißenburg. W.: Raab

Georgini   Taf. 94
Reichsstadt Nürnberg. W.: Kiener

v.Gera   Taf. 28
Reichsstadt Nürnberg. W.: Siebmacher

Gerer   Taf. 31
Reichsstadt Nürnberg. W.d. Hanns Gerer bei Kiener

Gerug   Taf. 109
Reichsstadt Nürnberg. W.: Kiener

Geßner   Taf. 70
Reichsstadt Rothenburg. W.: Schrag

Geuder von Heroldsberg   Taf. 35
Ratsfähiges Geschlecht der Reichsstadt Nürnberg; Stamm A: Geuder, gen. Rabensteiner (Wappenvereinigung mit den 1693 erloschenen Rabensteinern v. Dölau); Stamm B: Geuder v.Heroldsberg.
Lit.: Imhoff; Gotha 1938; GHB Bay. III./W.: Imhoff

Geuschmid   Taf. 1
Ratsfähiges Geschlecht der Reichsstadt Nürnberg; das Wappen ging an die Pfinzing v.Henfenfeld über.
Lit.: Imhoff./W.: Imhoff

Gewandschneider   Taf. 91
Reichsstadt Nürnberg; geadelt 1595; erloschen 1707.
Lit.: Imhoff./W.: Imhoff; Siebmacher

v.Geyer   Taf. 65
1707 geadelt; Prädikat „zu Lauf"

Geyer von Giebelstadt   Taf. 97
Fränkischer Adel; Stammsitz bei Ochsenfurt; Sitze: Reinsbronn, Neunkirchen, Giebelstadt und Ingolstadt bei Würzburg. Florian Geyer v.G., eine der bedeutendsten Persönlichkeiten des Bauernkrieges, † 1525. Erloschen 1708 mit Reichsgraf Heinrich Wolfgang G.v.G.
Lit.: Alberti; Kneschke; KD Bez.A. Ochsenfurt./W.: Alberti (Hz. nach Siebmacher: Der Widderkopf auf bl.-silb. Wulst)

Geyß   Taf. 110
Reichsstadt Rothenburg. W.: Schrag

v.Giech   Taf. 138
Stammburg in der Fränkischen Schweiz; 1680 Frh.; 1695 Reichsgrafen; Schloß Thurnau (bei Kulmbach) von 1551-1731 im geteilten Besitz der v.G. und v.Künsberg (ab 1731 reichsgräfl. Giech'-sche Standesherrschaft Thurnau). Im Mannesstamm erloschen 1938 mit Friedrich Carl Grf.v.G.
Lit.: KD Stadt und Lk. Kulmbach; Voit, Adel; GHB Bay. II und VIII./W.: Siebmacher (Hz.: ein gekrönter weiblicher Rumpf zwischen zwei rot und silber übereck geteilten Hörnern)

Gieser   Taf. 126
Reichsstadt Nürnberg. W.: Kiener

v.Gilg   Taf. 63
Reichsstadt Nürnberg. W.d. Dr. Niclaus v.G. bei Kiener

Gilg   Taf. 44 (Nr. 9)
Reichsstadt Windsheim. W.: Siebmacher (Hz.: wie Gütle)

Gilg   Taf. 44 (Nr. 11)
Reichsstadt Nürnberg. W.: Kiener

Glaßnapf   Taf. 135
Reichsstadt Nürnberg. W.: Kiener. Kaufen 1345 den Herrensitz Harlach (nach Siebmacher)

v.Gleichen (gen. v.Rußwurm)   Taf. 85
Thüringischer Adel; Kanton Rhön-Werra; Wappenvereinigung mit den erloschenen v.Rußwurm 1732.
Besitz: Schloß Greifenstein ob Bonnland, Ufr.
Lit.: siehe ausführlich Kneschke; GHB Bay. V und X./W.: (Stw) Siebmacher

v.Gleissenthal   Taf. 12
Altes Adelsgeschlecht aus Meissen; um 1600 im Besitz von Bieberswöhr (Lk. Pegnitz).
Lit.: Siebmacher; KD Lk. Pegnitz./W.: Siebmacher

Gleßelmann   Taf. 53
Reichsstadt Nürnberg. W.: Kiener

Glockengießer
siehe Anmerkungen bei Rosenhart!

v.Gnottstadt   Taf. 89
Stammsitz bei Ochsenfurt; 1533 im Mannesstamm erloschen.
Lit.: Alberti; Kneschke./W.: Alberti (Hz. nach Siebmacher: die Schildfigur, ein Rüde)

Goldochs   Taf. 98
Reichsstadt Dinkelsbühl. W.: Alberti

v.Goldstein   Taf. 6
Schwedischer Kriegsoberst; während des 30jährigen Krieges im Besitz von Obermögersheim bei Dinkelsbühl, Gattenhofen bei Rothenburg und Pflaumfeld (Lk. Gunzenhausen).

Lit.: Alberti; KD Stadt und Lk. Dinkelsbühl; Stark
W.: Alberti (Hz.: 2 Hörner in den Farben des
Schildes)

Golter Taf. 91
Reichsstadt Nürnberg. W.: Kiener

Gopp v.Moritzeck (Goppe v. Marczek) Taf. 68
Adelsgeschlecht im Kanton Rhön-Werra.
Lit.: Kneschke./W.: Siebmacher

Gorian Taf. 110
Reichsstadt Nürnberg. W.: Kiener

Gößwein Taf. 16
Reichsstadt Nürnberg. W.: Imhoff

Göttling Taf. 30
Reichsstadt Rothenburg. W.: Schrag

v.Gottsfeld Taf. 138 (Nr. 10 und 11)
Fränkischer Adel; Stammsitz im Lk. Pegnitz; er-
loschen im 16. Jh.
Lit.: KD Lk. Pegnitz. W.: Siebmacher

Gottsmann von der Büg Taf. 95
Adelsgeschlecht, eines Stammes und Wappens mit
den Türriegel v.Riegelstein; nach dem Erlöschen
der Familie 1611 erben die v.Bünau die Güter Büg,
Brand, Forth und Thurn.
Lit.: Egloffstein, Schlösser; KD Stadt und Lk. Erlangen./W.: Siebmacher

Grabner Taf. 144
Ratsfähiges Geschlecht der Reichsstadt Nürnberg;
erloschen 1458.
Lit.u.W.: Imhoff

Graf (Grav) Taf. 57
1320 und 1335 nennen sich Mitglieder der Nürnberger Bürgerfamilie Graf nach Wolfsberg. Über
den Erwerb von Gräfenberg (Lk. Forchheim) siehe ausführlich Haller/Eichhorn!
Lit.: KD Lk. Pegnitz./W.: Imhoff und Siebmacher

Graf Taf. 106
Reichsstadt Dinkelsbühl; 1701 Joh. Graf, Bürger-
meister zu Dinkelsbühl. Joh. Ulrich Graf führt das
W. etwas verändert.
Lit.u.W.: Weissbecker

v.Gräfenberg siehe v. Wolfsberg!

v.Graisbach Taf. 6
Die Grafen v.Graisbach — Lechsgemünd gehören
zu den ältesten bayer. Adelsgeschlechtern. Das
Wappen von 1217 zeigte über dem sechsmal von
bl. und g. geteilten Schild einen roten Löwen. Später wurde der Löwe im Schild weggelassen.

Lit.u.W.: Siebmacher; Tyroller; Guttenberg

Graitz Taf. 110
Reichsstadt Nürnberg. W.: Kiener

Granetel siehe Gronedel

Graser Taf. 54
Ratsfähiges Geschlecht der Reichsstadt Nürnberg;
1470 erloschen. Die Wappenzeichnungen bei Siebmacher und bei Kiener sind ähnlich.
Lit.u.W.: Imhoff

Grasser Taf. 30
Reichsstadt Weißenburg. W.: Raab

v.Gravenreuth Taf. 108
Alter oberfränkischer Adel; Stammsitz bei Wun-
siedel; Frh. und Grf.
Lit.: GHB Bay. Bd. I und V./W.: Siebmacher

Grebner Taf. 114
Reichsstadt Nürnberg. W. d. Hanns Gr. bei Kiener

v.Greifenstein siehe v.Schlüsselberg

v.Greiffenklau Taf. 49
Rheinländischer Adel; Frh. 1664; Johann Philipp
v.Gr. 1699-1719 Fürstbischof von Würzburg; Karl
Philipp v.Gr. 1749-54 Fürstbischof von Würz-
burg.
Lit.: Siebmacher; Kolb./W.: Siebmacher

Greffenreuter Taf. 13
Reichsstadt Nürnberg. W.: Kiener

Greusing (Adel) Taf. 102
Fränkischer Adel; Lehensleute des Hochstifts
Würzburg; um 1500 erloschen.
Lit.u.W.: Siebmacher (Hz.: der Eberkopf)

Griebel v.Stockau Taf. 30
Stockau bei Neuburg/Donau; 1611 im Besitz des
Adelssitzes zu Hausen bei Greding; Hausen, katholische Kirche: Grabstein der Magdalena Gr.v.St.,
† 1613.
Lit.: KD Bez.A. Hilpoltstein; Lehner./W.: Siebmacher

Grieninger Taf. 118
Reichsstadt Rothenburg. W.: Schrag

v.Griesingen Taf. 16
Vasallen der Grafen v.Berg, später der Burggrafen
von Nürnberg; waren belehnt mit Altenmuhr (bei
Gunzenhausen); das untere Schloß zu Berolzheim
kam nach dem Tode von Hans v.Gr. um 1408 an
die v.Holzingen.
Lit.: Carben./W.: Siebmacher

v.Grögling Grf. siehe Grf.v.Hirschberg!

Groland v.Oedenberg Taf. 51
Ratsfähiges Geschlecht der Reichsstadt Nürnberg;
Oedenberg bei Lauf hatte die Familie nach den
Pfinzing in Besitz. Nach dem Tode von Gabriel
Paul Gr. 1720 fiel das Lehen an Eichstätt zurück.
Lit.: KD Lauf/Pegnitz; Imhoff; siehe auch KD
Stadt Nürnberg./W.: Imhoff

v.Grone Taf. 20
Eschenau, Kirche: Totenschild für den brandenb.-
kulmbach. Kammerherrn Christian Friedrich v.
Grone, † 1767, und seine Gemahlin.
Lit.u.W.: freundliche Mitteilung von Herrn Hei-
matpfleger Gabbert, Uttenreuth bei Erlangen

Gronedel Taf. 32
Reichsstadt Nürnberg. W.: Siebmacher
Lit.: siehe ausführlich bei Siebmacher (Hz.:
scharzer Stern)

Gropp Taf. 48
Reichsstadt Schweinfurt. W.: Siebmacher

Groschupff Taf. 67
Reichsstadt Rothenburg. W.: Schrag

Groß Taf. 41
Ratsfähiges Geschlecht der Reichsstadt Nürnberg;
Reichsschultheiß Konrad Groß stiftete 1331 das
Heilig-Geist-Spital zu Nürnberg; erloschen 1589
mit Sebastian Gr.
Lit.u.W.: Imhoff

Groß v.Meckenhausen Taf. 24
Stammsitz Meckenhausen bei Hilpoltstein; ehemalige Klosterkirche Münchaurach: Grabstein des
Abtes Konrad Groß, † 1426.
Lit.: Gesch. Münch.; Siebmacher./W.: Siebmacher (1); Wappenbuch der Grf. v. Seckendorff (2)

Groß von Trockau Taf. 10
Altes fränkisches Adelsgeschlecht; Stammsitz
Trockau (Lk. Pegnitz) seit 1316; Heinrich Gr.v.
Tr., † 1501, Fürstbischof von Bamberg. Zahlreiche
Epitaphien von Kanonikern aus der Familie in
Eichstätt; immatrikuliert im Königreich Bayern
bei der Freiherrnklasse 1813.
Lit.: GHB Bay. Bd. I und VII; Kist; KD Stadt
Eichstätt./W.: Voit, Adel (Hz.: nach Siebmacher:
2 Hörner in den Schildfarben, besteckt mit silb.
Federn; über die leichten Abwandlungen der Hz.
bei den v.Christanz und v.Pferdsfeld siehe Sieb-
macher)

Grösser, Rothenburg, siehe Geisendörfer!

Grösser Taf. 24
Reichsstadt Windsheim. W.: Siebmacher (Hz.: ro-
settenartige Hz.)

Gruber Taf. 23
Reichsstadt Nürnberg. W.: Siebmacher

v.Grumbach Taf. 18
Edelfreies Geschlecht im Bistum Würzburg, nach-
weisbar seit 1099, ausgestorben 1243. Erben: die
Grafen v.Rieneck-Rothenfels.
Lit.: NDB, Berlin, 7.Bd. 1966, S. 211./W.: Sieb-
macher

v.Grumbach Taf. 112
Seitenlinie der v.Wolfskeel, die 1328 von Grf. Lud-
wig v.Rieneck die Veste Grumbach erwarb und
sich danach benannte. Das „Fränkische Herzogs-
schwert" in der Schatzkammer der Münchner
Residenz ließ Fürstbischof Johann v.Gr., Würzburg, † 1466, erneuern (mit Grumbach-Wappen).
Pfarrkirche zu Rimpar: Grabsteine des 15. und 16.
Jh. – Erloschen mit der älteren Hauptlinie 1613.
(Die v.Wolfskeel ließen ihr Wappen (Hz.) 1496
abändern)
Lit.: Kreisel; Siebmacher; Kolb./W.: Siebmacher
(Hz.: runder roter Hut mit Hermelinstulp, oben 2
geschlossene Flügel, von Schwarz und Hermelin
schräg geteilt; gelegentlich ganz schwarze Flügel)

von der Grün Taf. 15
Stammes- und Wappengenossen der (fränk.) v.Wil-
denstein, v.Reitzenstein, v.Radeck, v.Sack. Über
ihre Besitzungen im Frankenwald siehe Seiffert.
Ende des 16. Jh. ist das Geschlecht verarmt.
Lit.: Seiffert./W.: Siebmacher

**v.Grundherr zu Altenthann
und Weiherhaus** Taf. 82
Ratsfähiges Geschlecht der Reichsstadt Nürnberg;
Schloß Weiherhaus wurde 1761 anstelle eines
älteren Ansitzes errichtet. Dr. Werner v.Gr. war der
erste Botschaften der Bundesrepublik Deutschland
in Griechenland. Das Grundherr-Wappen wurde
1968 in das Gemeindewappen von Schwaig bei
Nürnberg übernommen.
Lit.: Imhoff; Pressemeldung Nürnberger Nachrichten 17.7.1961; AL 17. Jg. 1968, Heft 2/3; GHB
Bay. I und VIII; Hirschmann, Patriziat./W.: Imhoff
(Hz.: die Schildfigur)

v.Gründlach Taf. 81
Großgründlach bei Erlangen; bedeutendes Reichsministerialengeschlecht; Gründer des Klosters
Frauenaurach 1267; Leopold v.Gr., † 1303, Bischof v.Bamberg; aus den v.Gründlach sind die v.
Berg, die v.Mayenthal und die v.Tann hervorgegangen. 1315 übertrug der Bischof v.Bamberg die Lehen der Gründlach auf deren Erbin Margarete v.

Brauneck-Hohenlohe, geb.v.Gr.
Lit.: Bosl; H.H. Hofmann, Herzogenaurach; H.H.
Hofmann; außerdem sei empfohlen: H.Frh. Haller
v.Hallerstein, Die Reichsministerialen v.Gründlach
und v.Berg-Hertingsberg, AL 14.Jg. 1965, Heft
1/2./W.: wie das der v.Berg (nach Siebmacher)

Grüner   Taf. 37
Reichsstadt Nürnberg. W.: Kiener

Grünwinkler   Taf. 118
Reichsstadt Dinkelsbühl. W.: Weissbecker

Gueteder   Taf. 122
Reichsstadt Nürnberg. W.: Kiener

Gugel von Diepoltsdorf   Taf. 47
Ratsfähiges Geschlecht der Reichsstadt Nürnberg;
die Nürnberger Linie ist 1804 erloschen; die
bayerische Linie wurde von Kaiser Joseph I. in
den Freiherrnstand erhoben. 1872 gingen die
Gugel'schen Güter zu Diepoltsdorf bei Lauf durch
Heirat an die v.Loefen über.
Lit.: Imhoff; Rühl; GHB Bay. III und X; Hirschmann, Patriziat./W.: Imhoff

Gugler   Taf. 75
Reichsstadt Nürnberg. W.d.Dr. G. bei Kiener

Güllen (Gille)   Taf. 34
Nicolaus Gille, Bürger zu Nürnberg, erhielt 1618
einen Wappenbrief. Rittermäßiger Adelsstand für
zwei Brüder Gille 1687 mit „v.Güllen".
Lit.: Siebmacher./W.: hier ist nur das Stw. abgebildet. Das W. von 1687 wurde durch zwei Ritterfigu-
ren vermehrt

v.Gulpen   Taf. 146
Der niederländische Theologe Matthias v.G. 1464-
75 Dekan des Gumbertusstiftes zu Ansbach.
Lit.: Däschlein; KD Stadt und Lk. Ansbach./
W.: Däschlein

Gundelfinger   Taf. 131
Reichsstadt Nürnberg; aus der Ehe des Hans Imhoff, † 1341, mit Anna G. stammen alle noch
lebenden Imhoff ab. Einigen Imhoff-Linien wurde
das Wappen der G. als Wappenvermehrung beige-
fügt.
Lit.: Imhoff./W.: Imhoff

v.Gundelsheim   Taf. 8
Schwäbisch-fränkischer Adel; Kanton Altmühl; er-
loschen 1680.
Lit.: Kneschke./W.: Alberti

Gundlach   Taf. 119
Reichsstadt Nürnberg. W.: Kiener

Günther v.Brennhausen   Taf. 40
Hans G. 1635 Kommandant und Oberamtmann zu
Königshofen, erlangte den Adelsstand und er-
hielt vom Bischof von Würzburg das Lehen Brenn-
hausen. 1681 fiel das Lehen heim.
Lit.u.W.: Siebmacher

Günther v.Defersdorf   Taf. 82
Freiherrn 1818; Schloß Defersdorf zeitweise im
Besitz der v.G.
Lit.: Lehner, S. 104./W.: Siebmacher

v.Gütingen   Taf. 17
Dorfgütingen bei Feuchtwangen; ein Zweig der
v.Ellrichshausen.
Lit.u.W.: Alberti

v.Gütle   Taf. 44
Oberredwitz kam 1780 von den v.Hendrich an
Hofrat Joh.Chr. v.Gütle; von diesem 1790 an Otto
v.Plotho; (geadelt 1777).
Lit.: KD Lk. Wunsiedel und Stadtkreis Marktredwitz./W.: Siebmacher (Hz.: silberne Lilie zwischen
2 bl. Hörnern)

Gutmann   Taf. 124
Reichsstadt Weißenburg. W.: Raab

v.Guttenberg   Taf. 50
Eines der ältesten Adelsgeschlechter Frankens; ursprüngl. Ministerialen der Grafen v.Andechs-
Meranien; Stammburg im Frankenwald; Reichsfreiherrn 1700.
Lit.: siehe ausführlich Voit, Adel; außerdem zu
empfehlen: H.Kunstmann, Schloß Guttenberg und
die oberfränkischen Burgen des Geschlechts, Würzburg 1966; W.Engel, Lebens- und Kulturbilder aus
der Geschichte des fränkischen Geschlechts v.G.,
Würzburg 1958. GHB Bay. I und VIII; Kolb (Hz.
nach Siebmacher: niederer hermelingestülpter roter Hut, daraus 5 schwarze Kolben wachsend)

Haas   Taf. 105
Reichsstadt Weißenburg. W.: Raab

v.Haberkorn   Taf. 153
Fränkischer Adel; im 15. und 16. Jh. in den Bür-
gerstand der Städte; erloschen wohl im 18. Jh.
Lit.: siehe ausführlich Kneschke./W.: Raab

v.Haberland   Taf. 94
Albrecht v.H. 1615 auf Konradsreuth (bei Hof).
Ab 1601 in Stein bei Berneck nachweisbar.
Lit.: Siebmacher; Kunstmann, Burgen in Ofr./W.:
Siebmacher

v.Habermann   Taf. 120
Reichsadel 1741; 1749 Kanton Rhön-Werra und
1773 Kanton Steigerwald. Ab 1749 im Besitz von

Schloß Unsleben. Bayer. Anerkennnung des Freiherrnstandes 1862.
Lit.: GHB Bay. Bd. VII; KD Neustadt/Saale; Bechtolsheim./W.: Siebmacher

v.Habern   Taf. 146 (Nr. 6 und 7)
Fränkischer Adel; stellte im 15. und 16. Jh. mehrere Domherren zu Würzburg.
Lit.u.W.: Siebmacher (Hz.: die beiden Beile)

v.Habsberg siehe v.Sulzbach!

Hack von Suhl, gen. Thill   Taf. 14
Ratsfähiges Geschlecht der Reichsstadt Nürnberg; stammt aus Brabant; erloschen 1771 mit Gustav Gabriel (sein Totenschild in der Pfarrkirche zu Hersbruck).
Lit.: Imhoff; KD Lk. Hersbruck./W.: Kiener

v.Hageln   Taf. 140
Schwäbischer Adel; Marquard v.H., † 1324, Bischof von Eichstätt.
Lit.: Siebmacher; Lk. Schwabach./W.: Siebmacher

Hagen   Taf. 56
Reichsstadt Windsheim. W.: Siebmacher

v.Hagen   Taf. 143 (Nr. 8 und 9)
Die Söhne Johann Gottl. und Justus Jacob des Obereinnehmers Friedrich H. zu Bayreuth 1738 geadelt. (siehe ausführlich Siebmacher)./W.: Siebmacher

Nachtrag zu v.Hagen:
Bei Siebmacher (Gritzner) finden sich auch noch folgende Notizen: 1837 wurden Erhard Christ.H., Bürgermeister zu Bayreuth, und dessen Vettern Georg und Heinrich mit dem Beinamen „von Hagenfels" durch König Ludwig in den Adelsstand erhoben. Das W. ist das einer 1719 in Böhmen geadelten Familie.
Beide Wappen wurden auf Taf. 143 abgebildet

Hagenauer   Taf. 97
Reichsstadt Nürnberg. W.: Kiener

Haider v.Dachsbach   Taf. 96
Ansitz bei Neustadt/Aisch.
Lit.u.W.: Siebmacher (Hz.: Schildfigur)

Haider zu Ultfeld   Taf. 15
Evangelische Pfarrkirche Langenzenn: Bronzeepitaph für Jorg v.Hohenstain, gen.Haider zu Ultfeld, † 1491.
Lit.: KD Stadt und Lk. Fürth./W.: Siebmacher (Hz.: bärtiger schwarzgekleideter Mannesrumpf, mit silbergestülptem schwarzen Spitzhut)

Haig siehe Haug!

Hain   Taf. 75
Reichsstadt Windsheim. W.: Siebmacher

v.Hainach
Wappengenossen der v.Seckendorff (siehe dort!). Ritterkanton Baunach; erloschen 1680 in Hunoldshausen.
Nach Kneschke zeigt das Wappen im Gegensatz zum W.des v.Seckendorff einen grünen verschlungenen Zweig in Gold!
Lit.: Kneschke

v.Hainold   Taf. 154
Fränkischer Adel; evangelische Pfarrkirche Mistelgau: Grabmal des Ritters Heinrich H., † 1482 (unweit der Kirche Burgstall des ehemaligen Rittersitzes). Erloschen mit Hans Christoph im 16.Jh.
Lit.: KD Stadt und Lk. Bayreuth./W.: Siebmacher

Hainoldt   Taf. 104
Reichsstadt Nürnberg. W.: Kiener

Halbentauer   Taf. 33
Reichsstadt Nürnberg. W.: Kiener

Halbirdt   Taf. 38
Reichsstadt Nürnberg. W.: Kiener

Haldermannstetten siehe Stettner!

Haller v.Bamberg
(Sporhaller)   Taf. 138 (Nr. 1 und 2)
Ratsfähiges Geschlecht der Reichsstadt Nürnberg; auch Münzmeister genannt. Stammen aus Bamberg.
Lit.: Imhoff; H.Frh.v.Haller. Die Haller zu Bamberg und zu Nürnberg; 96. Bericht des Hist.Ver. Bamberg 1959, S. 119 ff./W.: Imhoff; Siebmacher (hier werden auch die verschiedenen W. beschrieben und abgebildet)

Haller von Hallerstein   Taf. 22
Eine der ältesten ratsfähigen Familien Nürnbergs; 1528 Erlaubnis durch Kaiser Karl V. zur Führung des Beinamens „von Hallerstein" (Name und Wappen einer erloschenen Familie); Freiherrnstand 1790; seit 1764/66 ist Schloß Großgründlach bei Erlangen ein Stammsitz des Geschlechts in Franken.
Lit.: Imhoff; H.H. Hofmann; GHB Bay. I und VII; Hirschmann, Patriziat; Haller, Eichhorn./W.: Stw. nach Imhoff und Hallerbuch (im Familienarchiv)

Haller v.Raitenbuch   Taf. 54
Altbayerisches Geschlecht; evangelische Pfarrkirche zu Wöhrd/Nbg.; Epitaph für Wolfgang Dionys. Haller v.R. († 1639), Exulant in Nürnberg.
Lit.u.W.: Siebmacher, KD Stadt Nürnberg

v.Haltmayr   Taf. 114
1821 erhob König Max I.v. Bayern den Eichstätter Domherrn Johann H. in den Adelsstand.
Lit.u.W.: Siebmacher

Halwachs   Taf. 97
Reichsstadt Nürnberg; 1448-1463 im Besitze des Kugelhammers, Röthenbach b.St.W.
Lit.: Imhoff./W.: Kiener

v.Ham   Taf. 133
Reichsstadt Nürnberg. W.: Siebmacher

Hämberg   Taf. 7
Stammsitz bei Eichstätt; Georg H., Richter zu Ingolstadt, dort 1496 als Letzter seines Geschlechts gestorben.
Lit.u.W.: Siebmacher

Hammerbacher   Taf. 145
Reichsstadt Windsheim. W.: Siebmacher

Händel v.Gobelsburg   Taf. 68
Um 1661 errichtete der österreichische Exulant Baron H.v.G. ein kleines Schloß in Theilenberg. Die Familie war 1655 eingewandert und besaß zwischen 1660 und 1675 auch das Schlößchen Unterreichenbach (bei Schwabach).
Lit.: Lk. Schwabach; KD Stadt und Lk. Schwabach./W.: Siebmacher

Harder   Taf. 90
Reichsstadt Nürnberg. W.: Kiener

v.Hardheim   Taf. 127
Stammsitz bei Wertheim; auch in Württemberg begütert.
Lit.u.W.: Alberti

Hardt v.Wöllenstein   Taf. 95
Fränkische Familie aus dem Würzburger Raum; Reichsadel 1762.
Lit.: Alberti; siehe ausführlich Kneschke./W.: Alberti

Harsdorf v.Enderndorf   Taf. 127
Ratsfähiges Geschlecht der Reichsstadt Nürnberg; Georg Philipp H., † 1658, ist der Gründer des „Pegnesischen Blumenordens". Freiherrn 1841; Enderndorf (Lk. Gunzenhausen) wurde im 18. Jh. erworben; Stammsitz der Frh.v.H. ist heute das Neue Schloß zu Fischbach bei Nürnberg.
Lit.: Imhoff; Stark; GHB Bay. I und VII; Hirschmann, Patriziat./W.: Imhoff

v.Harteneck   Taf. 132
Württembergischer Adel. W.: Alberti

v.Hartenfels siehe v.Neidstein!

v.Hartenstein   Taf. 141
Reichsministerialen auf Burg Hartenstein bei Hersbruck.
Lit.: siehe ausführlich Brand!; Bosl./W.: nach dem Siegel des Ruprecht v.Hertenstein 1268; Farben nach Siebmacher

Harter v.Prackenfels und Rasch   Taf. 90
Stammsitze des Geschlechts bei Altdorf. Urk. im 14.Jh.
Lit.: Lehner; Siebmacher./W.: Siebmacher (vergleiche mit d.W. der Nürnberger Harder! Hz.: der Brackenkopf)

Hartesam   Taf. 139
Reichsstadt Nürnberg. W.d.Dr. Christ. H. bei Kiener

Hartlaub   Taf. 42
Reichsstadt Schweinfurt. W.: Siebmacher

Hartmann   Taf. 117
Reichsstadt Rothenburg. W.: Schrag

Harttung   Taf. 27
Reichsstadt Weißenburg. W.: Raab

v.Hartung   Taf. 27
Hartung zu Dietersdorf; oberpfälzischer Adel; 1508 Adelsbrief und Wappenbestätigung.
Lit.u.W.: Siebmacher

Has   Taf. 105
Reichsstadt Nürnberg. W.: Kiener

v.Haßlach W. siehe v.d.Cappel

Haßolt   Taf. 52
Reichsstadt Nürnberg. W.: Kiener

v.Hatzfeld   Taf. 134
Stammsitz bei Battenberg/Hessen; Fürsten 1641. Franz v.H., † 1642, Fürstbischof von Bamberg und Würzburg
Lit.u.W.: Kist; Alberti; Kolb (hier ist als Herzschild bereits das Allianzwappen Hatzfeld-Wildenberg angegeben)

Haubenthaler   Taf. 152
Reichsstadt Nürnberg. W.: Kiener

Hauer   Taf. 120
Reichsstadt Nürnberg. W.: Kiener

Haug v.Rotenstein
Lit.: Sitzmann, Über die Hauger und ihr Wappen; in: Ostmärkische Heimat, Beilage zur Oberfränkischen Zeitung, 14. Jg., Bayreuth 1937, S. 49-58.
– Haig/Hauger, Ministerialen de Haug und später

v.Rotenstein, die auch Bürger zu Bamberg und Forchheim waren.
Lit.: Voit/Adel./W. der v.Rotenstein siehe dort!

Haug Taf. 109
Reichsstadt Nürnberg. W.: Kiener

v.Hausen Taf. 93
Stammsitz Weipoldshausen bei Weißenburg; einst Grundherren in Georgensgmünd; markgräfl. Beamte im Lk. Roth; Wolfgang v.H., † 1613, Bischof v.Regensburg.
Lit.: Lk. Schwabach; Siebmacher./W.: von den bei Siebmacher gebrachten W. wurde die Vorlage nach Hundt ausgewählt. Diese Angabe wurde allerdings auf Taf. 73 des „Abgestorb.bayer. Adels" berichtigt: Demnach sei die Schildfigur als „Hindin" = Wild anzusprechen und nicht als Widder!

Hausen Taf. 12
Reichsstadt Rothenburg. W.: Siebmacher

v.Hausen Taf. 107
Reichsstadt Nürnberg. W.: Kiener

Haut v.Adelsdorf (Ottelsdorf) Taf. 143 (Nr. 11)
Adelsdorf bei Forchheim; im Zinsbuch von 1528 des Klosters Schlüsselau wird die Nonne Katerina Heuttin genannt (mit d.W. der Haut zu Adelsdorf). Cordula Hirschvogel (1461-1521) vermählt mit Stefan Haut v.Adelsdorf. – 1443 Heinz Haut, gen. Heidecker; Hans Haut noch 1506 genannt.
Lit.: Schaper, S. 160; Siebmacher./W.: Siebmacher (Hz.: zwei runde silb. gestülpte rote Hüte aufeinander, der obere gestürzt)

Haut, gen. Heidecker Taf. 143 (Nr. 12)
siehe Haut v.Adelsdorf!

Hayd Taf. 123
Ratsfähiges Geschlecht der Reichsstadt Nürnberg, um 1500 erloschen.
Lit.u.W.: Imhoff

v.Haxthausen Taf. 139
Braunschweiger Adel; Bad Neuhaus, Schloßkapelle; W.d.v.H.
Lit.: KD Neustadt/Saale./W.: Siebmacher

Hebenstreit Taf. 147
Reichsstadt Nürnberg. W.d.Dr.H. bei Kiener

Heberer Taf. 70 (Nr. 3)
Reichsstadt Schweinfurt. W.: Siebmacher

Heberer Taf. 70 (Nr. 4)
Reichsstadt Weißenburg. W.: Raab

Hechtlen Taf. 57
Reichsstadt Dinkelsbühl. W.: Weissbecker

Heffner Taf. 3
Reichsstadt Nürnberg. W.d.Dr. Joh. Heffner bei Kiener

Hegner v.Altenweyher Taf. 54
Ratsfähiges Geschlecht der Reichsstadt Nürnberg; besaß im 16.Jh. Gut Altenweyher bei Vilseck. Um 1600 wohl aus Nürnberg verzogen.
Lit.u.W.: Imhoff

Hehr Taf. 67
Reichsstadt Nürnberg. W.: Kiener (die Vögel sind violett zu zeichnen)

Heidebach (Heubach) Taf. 110
Unterfränkisches Geschlecht.
Lit.u.W.: siehe ausführlich Siebmacher (Hz.: einköpfiger Storch zwischen geschlossenem Flug)

v.Heideck Taf. 3
Eine der bedeutendsten fränkischen Adelsfamilien; Wechselnamen v.Erlingshofen und v.Arnsberg (Altmühltal). Hadubrand baute sich im Süden der Abenberger Grafschaft die Burg Heideck und nennt sich 1192 erstmals danach. Über den Aufstieg des Geschlechts und seinen endgültigen Niedergang im 17. Jh. siehe die grundlegende Arbeit von Deeg!
Lit.u.W.: Deeg (Hz.: Kopf und Hals eines Straußen, mit einem Hufeisen im Schnabel)

v.Heidenheim Taf. 29
Schwäbischer Adel; mehrere Mitglieder Kanoniker im Stift Eichstätt. Das W. der Familie befindet sich auch in der ehemaligen Klosterkirche zu Heidenheim bei Gunzenhausen. Erloschen im Mannesstamm 1789.
Lit.: Siebmacher./W.: Siebmacher

v.Heidingsfeld
Stamm- und Wappengenossen der v.Wolfskeel.
Lit.: siehe ausführlich Siebmacher

v.Heimburg Taf. 1
Stammesgenossen der v.Breitenstein (siehe dort!). Besaßen auch Burg Henfenfeld bei Hersbruck.
Lit.: siehe Schwemmer, KD Hersbruck./W.: Siebmacher

Heinrichen v.Grassmannsdorf Taf. 121
Geadelt 1760. W.: Siebmacher

v.Helbe Taf. 100
Fränkischer Adel; nachgewiesen im 14. Jh.
Lit.u.W.: siehe ausführlich Siebmacher

Helchner Taf. 91
Reichsstadt Nürnberg. W.: Imhoff

Helchner Taf. 133
Reichsstadt Dinkelsbühl; 1447 siegelt Hans H;
1497 siegelt Peter H.
Lit.u.W.: Weissbecker

Held Taf. 74 (Nr. 2)
Reichsstadt Rothenburg. W.: Schrag

Held Taf. 74 (Nr. 4)
Reichsstadt Dinkelsbühl. W.: Weissbecker

Held, gen. Hagelsheimer Taf. 148
Reichsstadt Nürnberg; 1752 bestimmte Marie
Löffelholz, geb. Held, als letztes Familienmitglied
ihr Vermögen für eine Wohltätigkeitsstiftung.
Lit.: Imhoff./W.: Kiener

v.Heldritt Taf. 8
Fränkisch-thüringischer Adel; Stammhaus bei Co-
burg; mehrere Mitglieder am Coburger Hof.
Lit.: Kneschke./W.: Siebmacher

v.Helfenstein Taf. 106
Schwäbisches Grafengeschlecht; Schwanenritterkapelle zu Ansbach: Totenschild des Grafen Ludwig v.H., † 1496.
Lit.: Däschlein; Kerler./W.: nach dem Totenschild

Helmut Taf. 116
Reichsstadt Nürnberg. W.: Kiener

Helweg Taf. 129
Reichsstadt Nürnberg. W.: Kiener

v.Hendrich Taf. 68
1724 kauft der hochfürstl. sächsische Rat Georg
Paul v.H. auf Ahorn Schloß Oberredwitz. 1780
kommt das Gut an Joh.Chr. v.Gütle.
Lit.: KD Lk. Wunsiedel und Stadtkreis Marktredwitz./W.: Siebmacher (Ledebur, Preuß. Adels-
lexikon, gibt ein anderes Wappen an)

v.Henfenfeld Taf. 3
Burg und Herrschaft H. bei Hersbruck waren im
Besitz dieser einst bambergischen Ministerialenfa-
milie. 1372 verkaufte Ulrich v.H. die Burg an die
von Breitenstein.
Lit.: Henf./W.: Siebmacher

Henlin v.Blassenberg
Wappengenossen der v.Guttenberg. Ursprünglich
Ministerialen der Grafen v.Andechs-Meranien.
Stammen von den Plassenberg mit dem Rosensie-
gel ab; 1239 Henlein v.Plassenberg; später Gutten-
berg-Henlein und Guttenberg-Kirchleus. – Erloschen 1856.

Lit.: Voit/Adel

v.Henneberg Taf. 68
Bedeutendes Gaugrafengeschlecht des Grabfeld-
gaus; Stammburg Henneberg in Thüringen; Philipp
Grf.v.H., Bischof v.Bamberg, † 1487. Erloschen
1583 mit Graf Georg Ernst v.Henneberg-Schleu-
singen (Linien Henneberg-Römhild u. Schleusingen)
Lit.: Frankenland, 1964, Heft 3/4./W.: Stw. nach
Siebmacher; Richenthal (Hz. nach Siebmacher gekrönter Frauenrumpf (mit Zopf), der einen gekrönten Spitzhut trägt, belegt mit der Schildfigur
und besteckt mit einem Pfauenbusch); Kist

Hentzen Taf. 46
Reichsstadt Nürnberg. W.: Kiener

v.Heppenstein Taf. 47
Fränkischer Adel; Reichsritter 1745; Freiherrn
1790.
Lit.u.W.: Siebmacher

Herbilstadt Taf. 25
Fränkischer Adel; Lehen vom Bistum Würzburg,
von der Abtei Fulda etc. Erloschen mit Veit
Ulrich 1608.
Lit.u.W.: Siebmacher (Hz.: geschlossener Flug, wie
die Schildfigur)

Herbst Taf. 136
Reichsstadt Windsheim. W.: Siebmacher

Herdegen Taf. 120
Reichsstadt Nürnberg. W.: Kiener

Herdegen v.Culm Taf. 147
Stammsitz bei Bayreuth; evangelische Pfarrkirche
zu Gesees: Grabdenkmal für N.v.Herdegen, †1539
Lit.: KD Stadt und Lk. Bayreuth; siehe auch ausführlich Siebmacher!./W.: Siebmacher

v.Herel Taf. 65
1822 wird Leonhard v.H. in Nürnberg eingetragen.
Lit.u.W.: Siebmacher

Herling Taf. 45
Reichsstadt Windsheim. W.: Siebmacher

Hermann Taf. 93
Reichsstadt Dinkelsbühl. W.: Weissbecker

Heroldt Taf. 154
Reichsstadt Nürnberg. W.: Kiener

Herrnbauer Taf. 40
Reichsstadt Rothenburg. W.: Schrag

v.Hertenberg Taf. 85
Stammsitz bei Eger; über die v.H. zu Schönbrunn
siehe ausführlich KD Lk. Wunsiedel und Stadtkreis
Marktredwitz!
W.: Siebmacher (Hz.: die Schildfigur)

Hertz I Taf. 127
Reichsstadt Nürnberg. W.: Kiener
Das Stammregister der Familie (von 1485-1685)
im Familienarchiv der Freiherrn Ebner v.Eschen-
bach

Hertz II Taf. 60
Reichsstadt Nürnberg. W.: Kiener

Heß Taf. 116
Reichsstadt Nürnberg. W.: Kiener

Heß Taf. 106
Reichsstadt Nürnberg. W.d. Dr.Joh. Heß bei Kiener

v.Heßberg Taf. 54
Alter fränkischer Adel; Stammburg bei Hildburg-
hausen. Reichsfreiherrn 1700 (Linie Schnodsenbach).
Lit.: siehe ausführlich GHB Bay. Bd. III und V;
Bechtolsheim./W.: Siebmacher; über den Würzburger Bischof Albrecht v.Heßberg (1372-1376) und
die Familie siehe Kolb!

v.Hettersdorf Taf. 40
Fränkisches Geschlecht; Kanton Rhön-Werra; auch
in Württemberg. In Bayern 1816 bei der Freiherrnklasse eingetragen.
Lit.: Alberti; Kneschke./W.: Siebmacher

v.Hetzelsdorf Taf. 26
Dienstmannen der von Schlüsselberg. Erloschen
1634. Brand bei Eschenau im 14./15. Jh. Besitz
der v.H.; besaßen im 14. Jh. das Patronat zu Beerbach (Lk. Lauf). In der evangelischen Kirche: Totenschilde der Hetzelsdorfer aus dem 14. und 15.
Jh.
Lit.: KD Lk. Lauf; Voit, Adel./W.: Voit, Adel

Hetzer Taf. 89
Reichsstadt Nürnberg. W.: Kiener

Heugel Taf. 144
Reichsstadt Nürnberg; Kaufmannsfamilie./W.: Imhoff; Kiener

Heugel II Taf. 37
Reichsstadt Nürnberg. W.: Kiener

Heußlein v.Eußenheim Taf. 53
Fränkischer Adel; Kanton Gebürg und Steigerwald;
katholische Pfarrkirche zu Neunkirchen a. Brand:
Grabmal für Philipp Heinrich H.v.E., † 1694.

Schloßkirche Ellingen: Epitaph für Marsilius H.v.
E., † 1702, Deutschordensritter. — Im Mannes-
stamm erloschen 1870.
Lit.: siehe ausführlich Dichtel!; Kneschke; KD
Stadt und Lk. Forchheim; KD Bez.A. Weißen-
burg; Bechtolsheim./W.: Siebmacher (Hz.: niederer
Hut, besteckt mit 5 schwarzen Hahnenfedern)

v.Heydenab (Heidenab) Taf. 138
Bayreuth. Adelsgeschlecht.
Lit.: Kneschke; Alberti; Kunstmann, Burgen in
Ofr.; GHB Bay. I und VIII./W.: Alberti

v.d.Heydte Taf. 3
siehe v.Zedtwitz! (Hz.: wie v.Feilitzsch, Flug nur
schräggeteilt, Hut dazwischen ähnelt einem Turm)

Heyen Taf. 141
Reichsstadt Windsheim. W.: Siebmacher

Hiersching Taf. 92
Reichsstadt Rothenburg. W.: Schrag

Hilbrandt Taf. 111
Reichsstadt Nürnberg; W.d. Hanß H. bei Kiener

Hilderich v.Varell
siehe v.Varell

Hiller Taf. 146
Reichsstadt Weißenburg. W. Raab

Hilpoltstein
siehe Stein v. Hilpoltstein

Hiltmar Taf. 153
Fränkischer Adel; zu Nesselnbach und Ober- und
Niederampfrach; mehrere Domherren zu Würzburg
und Bamberg.
Lit.u.W.: Siebmacher

Hiltner Taf. 39
Reichsstadt Nürnberg. W.des Dr.Joh. H. bei Kiener

Hiltprant zu Erespach Taf. 10
Lehensleute des Bistums Eichstätt; Philipp H.,
Pfleger zu Hirschberg, 1544, Letzter seines Ge-
schlechts.
Lit.u.W.: Siebmacher

Hinderhöfer Taf. 127
Reichsstadt Nürnberg. W.des Dr.H. bei Kiener

v.Hirnheim (Hürnheim) Taf. 100
Stammsitz bei Nördlingen; eines der ältesten Rit-
tergeschlechter Schwabens. Eberhard v.H., † 1560,
Fürstbischof v.Eichstätt. Sechs unterschiedliche
Wappen für die einzelnen Linien. Erloschen wohl
mit der Nonne Maria Scholastika v.H., † Chiemsee

1692.
Lit.: Kneschke; Siebmacher./W.: Siebmacher; Lehenbuch der Grafschaft Öttingen (über die verschiedenen W. der einzelnen Linien siehe Siebmacher; Hz. des Hauptstammes: 2 silberne Hörner, besteckt mit Pfauenfedern)

Hirsch auf Gereuth   Taf. 92
Bankier Jakob H. erwirbt 1814 das Rittergut Gereuth mit Schenkenau. Geadelt 1818 von König Max I. von Bayern. 1859 wurde das Gut weiterverkauft.
Lit.: KD Lk. Staffelstein; Siebmacher./W.: Siebmacher

v.Hirschaid   Taf. 93
Schlüsselberger Dienstmannen; besaßen vom 15. Jh. ab für 200 Jahre einen Ansitz zu Behringersmühle.
Lit.: siehe ausführlich Voit, Adel; Frankenland Heft 12, 1969./W.: Voit, Adel

v.Hirschberg   Taf. 92
Seit ca. 1160 Grafen v.Grögling und v.Dollnstein, seit Beginn des 13. Jh. Grafen v.H. Über das Verhältnis der Grafen v.H. zu den Bischöfen v.Eichstätt siehe ausführlich KD Stadt Eichstätt. Erloschen zu Beginn des 14. Jh.
W.: Siebmacher

v.Hirschberg   Taf. 91
Altes bayer. Adelsgeschlecht; – Ritterkanton Gebürg; Stamm A: Ebnath-Schwarzenreuth; Stamm B: Schwarzenbach; Freiherrn und Grafen.
Lit.: GHB Bay. II und X./W.: Siebmacher (Hz. des Stw.: gekrönt, r.-w. gestücktes Geweih)

v.Hirschlach   Taf. 92
Stammsitz im Lk. Gunzenhausen; urkundlich erstmals 1208; im 14. Jh. waren zwei Mitglieder des Geschlechts Äbte des Klosters Heilsbronn. Erloschen 1533 mit Karl Schenk v.H. Dem gleichen Geschlecht entstammen die Schenken v.Arberg, v.Leutershausen und v.Lochhof.
Lit.: Stark./W.: Siebmacher

Hirschmann   Taf. 91
Reichsstadt Weißenburg. W.: Raab

Hirschvogel   Taf. 65
Ratsfähiges Geschlecht der Reichsstadt Nürnberg; erloschen 1550.
Lit.: siehe ausführlich Schaper!./W.: Siebmacher

v.Höchstadt, Grf. siehe Stahleck!

Höchstetter   Taf. 27
Reichsstadt Rothenburg. W.: Schrag

Höchstetter   Taf. 27
Reichsstadt Weißenburg. W.: Raab

Hoelein v.Steinau   Taf. 17
Fränkischer Adel; Kanton Rhön-Werra; Ulrich H., † 1555, Domherr zu Würzburg und Eichstätt.
Lit.u.W.: Siebmacher (Hz.: bl. Spitzhut mit 5 silbernen und roten Federn besteckt; Stulp wie der Schild)

Hofer (keine Abbildung)
Reichsstadt Dinkelsbühl; die Wappenzeichnung bei Siebmacher (ohne Farben) entspricht dem Wappenschild der Schechs v.Pleinfeld; Hz.: Mannesrumpf mit Kapuze

Hoffmann   Taf. 103
Reichsstadt Nürnberg. W.d. Jacob H. bei Kiener

Hoffmann   Taf. 136
Reichsstadt Nürnberg. W.d.Dr. Jeron. H. bei Kiener

Hoffmann   Taf. 28
Reichsstadt Rothenburg. W.: Schrag

Hoffmann   Taf. 133
Reichsstadt Rothenburg. W. des Mauritius H.; † 1698, bei Schrag

Hoffmann I   Taf. 55
Reichsstadt Windsheim. W.: Siebmacher

Hoffmann II   Taf. 103
Reichsstadt Windsheim. W.: Siebmacher

Hoffmann III   Taf. 28
Reichsstadt Windsheim. W.: Siebmacher

Hofmann   Taf. 120
Reichsstadt Dinkelsbühl; 1705 Joh. Andr.H., Ratsherr.
Lit.u.W.: Weissbecker

v.Hohburg   Taf. 128
Reichsstadt Nürnberg. W.: Siebmacher

Hohenberger   Taf. 119
Reichsstadt Rothenburg. W.: Schrag

Hohenbuch   Taf. 56
Reichsstadt Rothenburg. W.: Schrag

v.Hohenburg (Hohenberg)   Taf. 20
Lit.: siehe bei Siebmacher!./W.: Siebmacher; über den Würzburger Bischof Albrecht v.H. (1345-49) siehe Kolb!

v.Hohenfels Taf. 20
Stammgenossen der v.Ehrenfels; Geschlecht der Oberpfalz.
Lit.u.W.: Siebmacher

v.Hohenhausen Taf. 89 (Stw.)
Ursprünglich aus Pommern; 1798 Schloß Mörlach bei Hilpoltstein an den kurfürstlich bayer. General-lieutenant Julius Frh.v.H. und Hochhaus.
Lit.: Kneschke; GHB Bay. I und X; Frankenland, Heft 2, 1963./W.: Siebmacher

Hohenlohe, Frst. Taf. 81 (Stw.)
Über die fränkische Linie des bedeutenden Fürstenhauses, das Haus Hohenlohe-Schillingsfürst siehe 1) K.O.v.Aretin, Das Fürstentum Hohenlohe-Schillingsfürst, in „Unbekanntes Bayern", Bd. 5, München 1960. 2) Franz Prinz zu Sayn-Wittgenstein, Fürstenhäuser und Herrensitze, München 1961. 3) Hubert Prinz zu Hohenlohe-Schillingsfürst und Friedrich Karl Erbprinz zu Hohenlohe-Waldenburg, Hohenlohe — Bilder aus der Geschichte von Haus und Land, Mainfränkische Hefte, Heft 44,1965; GHB Bay. I und VI; Kolb./W.: Siebmacher

v.Hohenstain siehe Haider v. Ultfeld!

v.Hohenstaufen (Herzöge v.Schwaben) Taf. 82
Über die Hohenstaufen-Grabdenkmäler zu Klosterlangheim und Ebrach siehe KD Lk. Lichtenfels und Mayer.
Die drei herschauenden Löwen im W. finden sich erstmals im Reitersiegel Heinrichs v.Hohenstaufen im Jahre 1216. Die Farbgebung folgt den ältesten Nachweisen. Das Geschlechtswappen der H. zeigte ursprünglich nur einen schwarzen Löwen in Gold.
Lit.u.W.: KD Lk. Lichtenfels; Mayer; Stadler; freundliche Mitteilung des Staatsarchivs Bamberg. (Anmerkung: Das Hohenstaufenwappen symbolisiert im bayerischen Staatswappen den Regierungsbezirk Schwaben. Über seine Verwendung in der Klosterheraldik siehe Schröder!)

v.Hohenstein Taf. 19
Ministerialengeschlecht auf Burg Hohenstein bei Hersbruck.
Lit.: AL Sonderheft Burg Hohenstein 1956; KD Lk. Hersbruck./W.: Siebmacher

v.Hohenzollern Stw. Taf. 11
Lit. zum Staatswappen siehe Bürger! Lit. zum Stw.: Bischoff, Stillfried, Zingeler (Hz.: Brackenrumpf, zunächst gold, dann in den Farben des Schildes)

v.Holbach Taf. 49
Totenschild des Dietrich v.H., † 1493, in der Ritterkapelle des ehemaligen Münsters zu Heilsbronn.

Lit.: Haag, Heilsbronn; Siebmacher./W.: Siebmacher (Hz.: 2 Flügel; eine andere Hz.: runder roter Hut, Stulp mit 2 schwarzen Flügeln besetzt)

Höltzel Taf. 155
Reichsstadt Nürnberg. W.: Kiener

Holtzhauser Taf. 52
Reichsstadt Nürnberg. W.: Kiener

v.Holz Taf. 133
Eines der ältesten Rittergeschlechter in Schwaben. Über die Streitigkeiten um das Erbe der im 17. Jh. erloschenen v.Absberg siehe u.a. Alberti!./W.: Alberti

Holzberger Taf. 93
Reichsstadt Nürnberg. W.: Kiener

v.Holzingen Taf. 74
Fränkisch-schwäbischer Adel im Kanton Altmühl. 1345 verkaufte Fritz v.H. seinen gleichnamigen Stammsitz an das Bistum Eichstätt. Ihr Erbbegräbnis hatte die Familie in der Stefanskapelle des Klosters Wülzburg. Die ältere Linie ist 1839 erloschen.
Lit.: siehe ausführlich Kneschke!; Carben./W.: Siebmacher (Hz.: der Löwe wachsend zwischen 2 roten Hörnern)

v.Holzschuher Taf. 152
Ratsfähiges Geschlecht der Reichsstadt Nürnberg; ein Stammsitz des Geschlechts der Holzschuher „von Harrlach" ist Schloß Artelshofen im Pegnitztal. 1819 bei der Freiherrnklasse im Königreich Bayern eingetragen.
Lit.: Imhoff; GHB Bay. I und VII; Bechtolsheim; Schwemmer; Thalheim./W.: (Stw.): Imhoff

v.Hompesch Taf. 19
Über den Besitz des Joh.Wilh.v.H. im Eichstätt des 18. Jh. siehe KD Stadt Eichstätt!
W.: Siebmacher

Hön Taf. 98
Reichsstadt Nürnberg. W.d. Georg Hön bei Kiener

Hopfer Taf. 113
Reichsstadt Nürnberg. W.: Kiener

v.Hoppingen Taf. 21
1447 Jobst v.H., gen. Sorg, gesessen zu Sachsen bei Ansbach.
Lit.: siehe ausführlich Lehner!./W.: Siebmacher (Hz.: 2 rote Ringe)

Hörl Taf. 31
Reichsstadt Nürnberg. W.d. Dr. Joh.H. bei Kiener

Horlacher   Taf. 151
Reichsstadt Windsheim. W.: Siebmacher

Horn (Hörnler, Tafler)   Taf. 151
Reichsstadt Nürnberg. W.: Imhoff

Hornburg   Taf. 128
Reichsstadt Rothenburg; gegen 1600 ausgestorben.
Über Grabdenkmäler der H. siehe ausführlich KD
Stadt Rothenburg, Kirchliche Bauten.
W.: Schrag

Horneck   Taf. 126
Reichsstadt Nürnberg. W.d. Dr. Seboldt H. bei
Kiener

Horneck von Weinheim   Taf. 145
(Sturmfeder-Horneck)
Pfälzischer Adel; die Familie besaß in Oberfranken
die Güter Thurn, Wiesenthau, Strullendorf und
Burggaillenreuth, sowie Maroldsweisach, Ufr. Zum
Übergang des Erbes an die Grafen Bentzel-Sternau
siehe Egloffstein, Schlösser, S. 187!; GHB Bay.
II und IX

v.Hornstein   Taf. 100
Alter schwäbischer Adel; Stammhäuser bei Sig-
maringen. Der 1711 gewählte Deutschordens-
Komtur Carl Heinrich v.H. ließ Schloß Ellingen
erbauen.
Lit.: KD Stadt und Bez.A. Weißenburg; Kneschke;
GHB Bay. I und VII./W.: Siebmacher

Hornung   Taf. 66
Reichsstadt Windsheim. W.: Siebmacher

Hornung   Taf. 42
Reichsstadt Rothenburg. W.: Schrag

Hornung   Taf. 97
Reichsstadt Nürnberg. W.: Kiener

Horst   Taf. 92
Reichsstadt Rothenburg. W.: Schrag

Höß   Taf. 76
Reichsstadt Nürnberg. W.d.Dr. Joh. H. bei Kiener

Hötzel   Taf. 89
Reichsstadt Nürnberg. W.: Kiener

Hübner   Taf. 137
Reichsstadt Nürnberg. W.: Kiener (Totenschild
im Mainfränkischen Museum Würzburg)

Hübschmann v.Entsee   Taf. 71
Fränkischer Adel; Grabsteine aus dem 13. Jh. in
der Ritterkapelle des ehemaligen Münsters zu
Heilsbronn.

Lit.: Siebmacher; KD Stadt und Lk. Ansbach./W.:
Siebmacher

Hüller   Taf. 49
Reichsstadt Nürnberg. W.: Imhoff (Hz.nach Siebmacher: ein wachsender goldener Lilienstab)

Hüls   Taf. 66 (Nr. 4)
Reichsstadt Nürnberg. W. d.Dr. H. bei Kiener

Hüls von Rathsberg   Taf. 66 (Nr. 10)
Der Hof Rathsberg (bei Erlangen) kam 1616 an die
H.v.R., die das heutige Schloß erbauen ließen. Er-
loschen im Mannesstamm 1765.
Lit.: KD Stadt und Lk. Erlangen./W.: Siebmacher

Hundbiß von Waltrams   Taf. 97
Alter schwäbischer Adel; über die Hundbiß-Grab-
steine in Eichstätt siehe KD Stadt Eichstätt!; GHB
Bay. III und X./W.: Siebmacher

Hundertpfunt   Taf. 131
Reichsstadt Nürnberg. W.d.Tobias H. bei Kiener

Hundt zu Lautterbach   Taf. 72
Alter bayerischer Adel; Wiguleus H. gab das erste
„Stammbuch des bayer. Adels" 1585 heraus. Freiherrn 1681; Grf. 1703. Grabdenkmäler in Eichstätt. Erloschen im Mannesstamm 1957. Hans Belli
v.Pino, Adoptivsohn des letzten H.z.L., führt seit
1955 den Namen „Graf v.Hundt zu Lautterbach".
Lit.: KD Stadt Eichstätt; Siebmacher./W.: Siebmacher; GHB Bay. II. u. X

Husel   Taf. 84
Reichsstadt Rothenburg. W.: Schrag

Hußwedel   Taf. 129
Reichsstadt Rothenburg. W.: Schrag

Hütlein   Taf. 153
Reichsstadt Nürnberg. W.d. Jacob H. bei Kiener

v.Hutten   Taf. 17
Eines der ältesten Adelsgeschlechter Frankens. Hu-
manist Ulrich v.H., geb. 1488 auf der Steckel-
burg bei Fulda, † 1523 auf der Insel Ufenau im
Zürichsee; Christoph Franz v.H., † 1729, und
Moritz v.H., † 1552, Fürstbischöfe von Würzburg,
bzw. Eichstätt. — Kirche zu Maria-Sondheim im
Werngrund Grab- und Gedächtniskirche der Fa-
milie.
Lit.: Kolb; Unbek.Bay.; GHB Bay. II und X (Hz.:
Linie Stolzenberg: rotgekleideter Mannesrumpf,
der eine Mütze mit schwarzen Hahnenfedern trägt;
Linie Steckelberg: offener Flug mit der Schildfigur)

v.Hüttenbeck (Hüttenbach) Taf. 19
Der erste Burgmann auf dem Burggut zu Osternohe (bei Lauf) ist Engelhard H. vor 1331. Ein Jorg
H. besaß das Burggut noch 1470. 1413 ist Wolff-
hard H. zu Henfenfeld gesessen.
Lit.: Kunstmann, Osternohe; Lehner./W.: Siebmacher

Hütter Taf. 127
Reichsstadt Nürnberg. W.: Kiener

Igler Taf. 105
Reichsstadt Nürnberg. W.: Kiener

v.Imhoff Taf. 110 (Nr. 8 und 9)
Ratsfähiges Geschlecht der Reichsstadt Nürnberg;
teilte sich im 13. Jh. in zwei Linien: 1) Hofer von
Lobenstein in Württemberg, 2) Ulm, Augsburg
und Nürnberg. – Die Nürnberger Linie 1871 in die
Freiherrnklasse im Königreich Bayern aufgenommen (siehe auch Gundelfinger!)
Lit.u.W.: Imhoff; GHB Bay. VII; Jahnel; Hirschmann, Patriziat; Beckh

Im Landt Taf. 119
Reichsstadt Nürnberg. W.: Kiener

v.Ingelheim Taf. 13
Alter rheinischer Adel; Freiherrn und Grafen; An-
selm Franz v.I., † 1749, Fürstbischof von Würz-
burg. Erbten im 17.Jh. Schloß Mespelbrunn, den
Besitz der Echter v.Mespelbrunn, Wappenvereini-
gung mit dem der Echter.
Lit.: Alberti;Kolb; v.Freeden; Kneschke; GHB Bay.
I und VII./W.: hier ist nur das Stw. abgebildet. Das
Echterwappen siehe Taf. 132!

Ingram Taf. 103
Reichsstadt Nürnberg; ratsfähiges Geschlecht./W.;
Kiener

v.Insingen
Eine Nebenlinie der Küchenmeister v.Nordenberg.
Lit.: Weigel./W.: siehe bei Nordenberg

Irnsinger Taf. 27
Reichsstadt Nürnberg. W.: Kiener

Irtenberger Taf. 88
Reichsstadt Nürnberg. W.d. Thomas I. bei Kiener

v.Isenburg Taf. 4 (Stw.)
Altes rheinisches Grafengeschlecht. Zwei Linien
im Fürstenstand. Sondernohe, katholische Pfarr-
kirche: Grabstein der Fürstin Fr.D. v.Isenburg-
Birstein, † 1816.
Lit.: Siebmacher; KD Stadt und Lk. Ansbach./
W.: Siebmacher

v.Isselbach Taf. 107
Niederländisches Geschlecht; Wilhelm Friedrich
Frh.v.I. 1730 Hauptpfleger zu Hilpoltstein. Sein
Wappen am Chorgestühl der katholischen Pfarrkir-
che.
Lit.: Siebmacher; KD Bez.A. Hilpoltstein./W.:
Siebmacher

Jacob von Hollach Taf. 56
Fränkisches Geschlecht; rittermäßiger Adel 1717
für Gallus Jacob. Aufnahme in die fränkische
Reichsritterschaft, Kanton Odenwald. Gallus J.
erwarb die Güter Hollach (=Hohlach) und Walkers-
hofen (beide Lk. Uffenheim).
Lit.: GHB Bay. Bd. V 1953./W.: GHB Bay. Bd. V;
Siebmacher

Jagstheimer, gen.Spies Taf. 39
Reichsstadt Rothenburg; im Mannesstamm erloschen 1571. Über Stiftungen und Wappen des Geschlechts in Rothenburg siehe KD Stadt Rothenburg, kirchliche Bauten.
W.: Siebmacher

v.Jagstheim (Jaxheim, Jaxtheim) Taf. 147
Altes fränkisches und schwäbisches Adelsge-
schlecht. Kanton Steigerwald und Odenwald.
Grabdenkmäler in der Kirche St.Gumbertus zu
Ansbach, im ehemaligen Münster zu Heilsbronn
und in der evangelischen Pfarrkirche zu Eysölden.
Lit.: Kneschke; Haag, Heilsbronn; KD Stadt und
Lk. Ansbach; KD Bez.A. Hilpoltstein; Bechtols-
heim./W.: Alberti

v.Jahrsdorf Taf. 12
Fränkischer Adel; Stammsitz bei Hilpoltstein. Die
v.J. besaßen Zell ab 1477 bis um 1650. Katholische Kirche zu Zell: Grabstein des Hans v.J., †
1497.
Lit.: KD Bez.A. Hilpoltstein. Kneschke./W.: Siebmacher

Jammitzer Taf. 83
Reichsstadt Nürnberg. W.: Kiener
Lit.: Mulzer; Kuhr

Janebach Taf. 107
Reichsstadt Nürnberg. W.: Kiener

Jansen v.d.Stock Taf. 60
Altenglischer Adel; aus den Niederlanden kam Jo-
hann Martin J.v.d.St. nach Kurbayern. Dessen Li-
nie im 19. Jh. erloschen. Heideck, katholische
Friedhofskirche: Grabstein des Martin J.v.d.St.,
† 1712.
Lit.: Siebmacher; KD Bez.A. Hilpoltstein./W.:
Siebmacher

Jenisch Taf. 45
Augsburger ratsfähiges Geschlecht. — Beerbach
bei Lauf, evangelische Pfarrkirche: Totenschild des
Ferdinand Jenisch, † 1667, mit Beischilden Haller
und Koler. (ebenso Wappenscheiben in der Kirche).
Lit.: KD Lauf/Pegnitz./W.: Siebmacher

Johann Taf. 56
Reichsstadt Nürnberg. W.: Kiener

Jordan Taf. 33
Reichsstadt Weißenburg. W.: Raab

v.Jöstelsberg (Jöbstelberg) Taf. 38
Exulantenfamilie aus der Steiermark; in Hemho-
fen, Lk. Höchstadt/Aisch, erbauten 1715 die Frh.
v.J., Erben der Truchseß von Röttenbach, ein
Schloß (1727 an die Winkler v.Mohrenfels). Die
Familie ist 1731 in Franken erloschen.
Lit.: H.H. Hofmann; Siebmacher; Bechtolsheim./
W.: Siebmacher (Stw.)

Juncker Taf. 113
Reichsstadt Nürnberg. W. Kiener

Kabußhaubt Taf. 43
Reichsstadt Nürnberg. W.: Kiener

v.Kada Taf. 9
Reichsstadt Nürnberg. W.: Siebmacher

v.Kageneck Taf. 16
Eichstätt, Domkirche: Epitaph für Weihbischof
Wendelin v.Kageneck, † 1781.
Lit.: KD Stadt Eichstätt; GHB Bay. II./W.: nach
einer Wappenzeichnung im Schloß zu Ellingen

Kalb Taf. 99
Grabsteine in der Ritterkapelle des Münsters zu
Heilsbronn
Lit.u.W.: Haag, Heilsbronn (siehe auch Siebma-
cher!)

Kalb v.Waltershausen Taf. 98
Auf Schloß Waltershausen lebte Charlotte v.Kalb,
geb. Marschalk v.Ostheim. An ihre Hochzeit 1783
in Schloß Dankenfeld, Lk. Haßfurt, erinnert noch
eine Inschrift am Schloßgebäude.
Lit.: Mayer; Freeden./W.: Siebmacher

Kalbenberger Taf. 20
Evangelische Pfarrkirche. Kalbensteinberg (bei
Gunzenhausen): Schild des Chunrat Kalbenberger,
† 1340

Kalbensperger Taf. 98
Reichsstadt Nürnberg. W.: Kiener

Kaler Taf. 28
Reichsstadt Nürnberg. W.: Kiener

Kaltenhäuser Taf. 146
Reichsstadt Nürnberg. W.: Kiener

Kamerer Taf. 96
Reichsstadt Weißenburg. W.: Raab

Kameytzky v.Elstibors Taf. 9
Böhmischer Adel; Ansbach, St. Gumbertuskirche:
Wappenstein des Georg Felix K.v.E., † 1695; Grab-
steine des Albrecht Friedrich, † 1674, und des
Wilhelm K.v.E., † 1684. — Erloschen 1758 mit
Frh.Friedrich Hermann August K.v.E. in Harbke,
Kr. Haldensleben.
Lit.: Rimpau; KD Stadt und Lk. Ansbach./W.:
Rimpau

Kammerer (v.Cammern) Taf. 37
Reichsstadt Nürnberg; Lehensleute des Hochstifts
Würzburg; erloschen mit Sebald v.C., 1678.
Lit.u.W.: Siebmacher (Hz.: ein goldenes Monds-
viertel mit den Spitzen nach oben; die Spitzen mit
schwarzen Hahnenbüschen besteckt)

Kammermeister siehe Cammermeister!

v.Kammerstein Taf. 62 und 129
Bedeutendes Reichsministerialengeschlecht im
Raume Schwabach. Siehe ausführlich bei Bosl. —
Das Wappen des Landrichters Ramung v.K. (13.
Jh.) zeigt drei silberne Räder pfahlweise in Rot
(Totenbuch der Minoriten zu Regensburg). Siebmacher bringt ein anderes Wappen für eine „nie-
deradelige Linie der Familie" (siehe Taf. 62!). Dieses W. bringt auch Kiener für den Schultheiß zu
Nürnberg, Seifridt v.K., 1309. — Das Ingram'sche
Wappenbuch führt ein drittes Kammerstein-Wap-
pen an: Spitzenteilung von Gold und Blau. — Bei
dem auf Taf. 62 abgebildeten Wappen (nach Siebmacher) ist die Ähnlichkeit mit dem der v.Feucht-
wangen auffällig!

Kaner Taf. 101
Reichsstadt Nürnberg. W.: Kiener

Kanl Taf. 121
Reichsstadt Nürnberg. W.d. Caspar Kanl bei
Kiener

Kantzler Taf. 124
Reichsstadt Nürnberg. W.: Kiener

Karcher Taf. 34
Reichsstadt Rothenburg. W.: Schrag

Karg von Bebenburg Taf. 127
Bestätigung des Reichsadels 1621 (geadelt 1615).

Nicht zu verwechseln mit dem alten fränkischen Adelsgeschlecht der v.Bebenburg! Zur Entstehung des Familiennamens siehe ausführlich Kneschke, Bd. V.!
W.: Weigel (Hz. nach Siebmacher: rotgekleideter Frauenrumpf, statt der Arme silberne Flügel; das W. entspricht bei Siebmacher dem der Bebenburg)

Karl   Taf. 78
Reichsstadt Nürnberg. W.: Kiener

v.Karspach   Taf. 8
Fränkischer Adel; Stammhaus bei Rothenfels; um 1580 erloschen. Nicht zu verwechseln mit den Wolf von Karspach!
Lit.: Kneschke./W.: Kneschke

Käser   Taf. 136
Reichsstadt Dinkelsbühl. W.: Weissbecker

v.Kastl, Grf.   Taf. 48
W. des bedeutenden Grafengeschlechtes der Oberpfalz nach Gack

Kastner   Taf. 100
Oberpfälzer Adel (mit „von Schnaittenbach"), auch in Nürnberg ansässig.
Lit.: Imhoff; Kneschke./W.: Siebmacher (Hz.: die Schildfigur)

Katterbeck   Taf. 33
Ratsfähiges Geschlecht der Reichsstadt Nürnberg, erloschen 1395.
Lit.u.W.: Imhoff

Kauer   Taf. 99
Reichsstadt Nürnberg. W.: Kiener

v.Kauffungen   Taf. 18
Meissnischer Adel; über den Raubritter Kunz v.K. (15. Jh.) siehe ausführlich bei Kneschke!
Lit.: Kneschke, Bd. V./W.: Siebmacher

Kautz   Taf. 65
Reichsstadt Nürnberg. W.: Kiener

von der Keer (Kehr, Keher)   Taf. 73
Fränkischer Adel; Kanton Baunach; erloschen mit Richard v.d.K., Domprobst zu Würzburg, † 1583. Abstammung von den Truchseß v.Henneberg (Hennenberg).
Lit.: Alberti; Siebmacher; Kneschke; Bechtolsheim./W.: Siebmacher, Alberti

v.Kegeth   Taf. 61
Reichsstadt Rothenburg; 1708 geadelt. Bad Windsheim, Stadtpfarrkirche: Porträtepitaphien für Augustin v.K., 1639-1712, Bürgermeister v.Windsheim, und für Georg Wilhelm von K., 1668-1732.

Lit.: KD Stadt Rothenburg, kirchliche Bauten, KD Lk. Uffenheim; (nach Siebmacher ist das Geschlecht 1841 zu Rothenburg erloschen)./W.: Siebmacher

Kehler v.Schwandorff   Taf. 57
Reichsstadt Nürnberg. W.: Kiener

Keilhauer   Taf. 115
Reichsstadt Nürnberg. W.: Kiener

Kembser   Taf. 60
Reichsstadt Nürnberg. W.: Kiener

Kemnater   Taf. 4
Adelsgeschlecht im Stift Eichstätt./W.: Siebmacher (Hz.: 2 Hörner wie Schild)

Kemnater (keine Abbildung)
Coburger Adel; erloschen 1600 mit Hans Eitel K. Lit. siehe Andrian-Werburg!
Das Wappen entspricht dem der Kemnather v.Rosenberg. Herr v.Andrian-Werburg bezweifelt aber die Geschlechtsgleichheit beider Familien.

Kemnather v.Neidstein   Taf. 127
auch **Kemnather v.Rosenberg und zu Leuzmannstein** (Lutzmannstein). Stammburg Hohenkemnat bei Amberg.
Lit.: siehe ausführlich Brand und auch Siebmacher!./W.: Siebmacher (Siegel bei Brand). Hz.: rotgekleideter Mannesrumpf mit einem silb. aufgeschlagenen roten Spitzhut, der oben mit 3 silbernen Federn besteckt ist

v.Kemnat   Taf. 8
Stammsitz bei Wassertrüdingen.
Lit.: siehe ausführlich bei Siebmacher und Alberti./W.: Siebmacher (Hz.: silb. Brackenkopf mit rotem Pfahl)

Kepper   Taf. 103
Reichsstadt Nürnberg. W.: Kiener

Kern   Taf. 117 (Nr. 3)
Reichsstadt Dinkelsbühl. W.: Weissbecker

Kern   Taf. 117 (Nr. 5)
Reichsstadt Nürnberg. W.d.Wolf K. bei Kiener

v.Kesselberg   Taf. 135
Stammsitz bei Greding; 1312 ist Seifried v.K. Bürger zu Weißenburg.
Lit.: KD Bez.A. Hilpoltstein./W.: Siebmacher

Kestel   Taf. 127
Ratsfähiges Geschlecht der Reichsstadt Nürnberg./W.: Imhoff

Kettenhoffer Taf. 137
Reichsstadt Nürnberg. W.: Kiener

Ketzel Taf. 104
Reichsstadt Nürnberg.
Lit.: siehe ausführlich bei Aign!./W.: Aign

Keutzlein Taf. 38
Reichsstadt Nürnberg. W.: Kiener

v.Khevenhüller Taf. 41
Österreichischer Adel; im Besitz von Burg Hoch-
osterwitz in Kärnten; Nürnberg, Kirche in Wöhrd,
Totenschild des schwedischen Offiziers, Paulus
Frh.v.K., gefallen 1632.
Lit.: KD Stadt Nürnberg./W. (Stw.): freundliche
Mitteilung des Pfarramtes Wöhrd

Kiefhaber Taf. 118
Reichsstadt Nürnberg. W.: Kiener

Kiefuß Taf. 119
Reichsstadt Nürnberg. W.: Kiener

Kiener Taf. 122
Reichsstadt Nürnberg; Peter Kiener (Künner)
1544-1602./W.: in seinem Wappenbuch

Kiesling (Adel) Taf. 138
Fränkischer Adel; Burgmannen im Hennebergi-
schen (Schleusingen).
Lit.u.W.: siehe ausführlich Siebmacher; über das
bürgerliche Geschlecht siehe Kießling (Lit.)

Klarner Taf. 113
Reichsstadt Nürnberg. W.: Kiener

Kleewein Taf. 41
Reichsstadt Nürnberg. W.: Imhoff

Klein Taf. 36
Reichsstadt Windsheim. W.: Siebmacher

Klieber Taf. 145
Reichsstadt Nürnberg. W.: Siebmacher

v.Klinckhart Taf. 55
Fränkischer Adel im Hochstift Würzburg; mit
Eberhard 1564 erloschen.
Lit.u.W.: Siebmacher

Knebel Taf. 148
Reichsstadt Nürnberg. W.: Siebmacher

Knebel v.Katzenellnbogen Taf. 150
Johann Anton I. Kn.v.K. 1704-1725 Fürstbischof
v.Eichstätt.
Lit.: Gotha (Freiherrl. Häuser) 1855; Schöler./
W.: freundliche Mitteilung von Herrn Brun Appel,

Diözesanarchiv Eichstätt

Kneller Taf. 116
Reichsstadt Rothenburg. W.: Schrag

Kneußel Taf. 84
Reichsstadt Nürnberg. W.: Kiener

Knopff Taf. 122
Reichsstadt Nürnberg. W.: Kiener

v.Knöringen Taf. 131
Stammsitz Knöringen im Burgau (Stammes- und
Wappengenossen der v.Burgau). Grabdenkmäler
zu Pleinfeld (Katholische Pfarrkirche), Weiltingen
(evangelische Pfarrkirche), Heilsbronn (ehemaliges Münster) und Eichstätt (Domkirche). Familiengeschichte im Staatsarchiv Bamberg.
Lit.: Kneschke; Haag, Heilsbronn; GHB Bay. III
und X; KD Stadt Eichstätt; KD Stadt und Lk.
Dinkelsbühl; KD Bez.A. Weißenburg; Mitteilung
des Herrn Waldemar v.Knöringen./W.: Siebmacher
(Hz.: siehe v.Burgau)

Knorr Taf. 126
Reichsstadt Nürnberg. W.: Kiener

Knott v.Schlammersdorf Taf. 78
1408 macht Fritz K. seinen Anteil am Schloß Diebach bei Rothenburg dem Hochstift Würzburg
lehnbar.
Lit.u.W.: Siebmacher

Kobeldt Taf. 74
Reichsstadt Nürnberg. W.: Kiener

Koberger Taf. 128
Reichsstadt Nürnberg; zu dieser Familie gehörte
der angesehene Buchdrucker Anton K., † 1513.
Die Familie ist 1628 erloschen.
Lit.u.W.: Imhoff; Rücker

Kobold von Tambach Taf. 74
Reichsstadt Dinkelsbühl; Adelsdiplom 1573; Friedrich K. 1638-43 Bürgermeister v. Dinkelsbühl
Lit.u.W.: Siebmacher (Hz.: der Löwe wachsend
zwischen zwei schwarzen Büffelhörnern, die außen
mit 3 Pfauenfedern besteckt sind)

Koch Taf. 113
Reichsstadt Nürnberg. W.: Kiener

v.Koch Taf. 95
Adelsstand 1815 für Joh. David K., Besitzer der
Rittergüter Gottsmannsgrün und Rudolphstein, mit
dem Wappen der erloschenen Adelsfamilie Gottsmann (Gozmann). Bei Kneschke wird der Unter-
grund des Wappenschildes mit Silber angegeben.
Lit.: Kneschke; GHB Bay. IV./W.: Siebmacher

Köchel Taf. 106
Reichsstadt Nürnberg. W.: Kiener (der Elefant
wird naturfarben gezeichnet)

Kolb(en) Taf. 155
Reichsstadt Nürnberg. W.: Kiener

Koler Taf. 33
Reichsstadt Weißenburg. W.: Raab

Koler von Neunhof Taf. 130
Ratsfähiges Geschlecht der Reichsstadt Nürnberg;
Beiname „Forstmeister". Durch Heirat der Witwe
des Hans Christoph Geuder kam 1582 die Hälfte
von Neunhof bei Lauf an die K.; im Besitz der Fa-
milie bis zu deren Aussterben 1688.
Lit.: Imhoff; KD Lk. Lauf./W.: Imhoff (Hz. nach
Siebmacher: roter Ring, ringsum mit silbernen
Federn besteckt)

Koler Taf. 131
Reichsstadt Nürnberg; die „Koler mit dem schwarzen Ring"./W.: Kiener

Köler Taf. 63
Reichsstadt Nürnberg. W.: Kiener

König Taf. 66
Reichsstadt Nürnberg. W.d. Joachim K. bei Kiener

König Taf. 30
Reichsstadt Rothenburg. W.: Schrag

König Taf. 154
Reichsstadt Nürnberg. W.: Kiener

König v.Königsthal Taf. 154
Stammen aus Nürnberg; geadelt 1759.
Lit.u.W.: Siebmacher

v.Königsfeld Taf. 150 (Nr. 7 und 8)
Bamberger Ministerialen, dann in Diensten der
Truhendingen. Erloschen 1598.
Lit.: Voit, Adel./W.: Siebmacher

v..Königstein Taf. 50
Über dieses bedeutende Reichsministerialenge-
schlecht siehe ausführlich Bosl und Schwemmer
(Breitenstein/Königstein).
W.: nach dem Siegel des Ulrich v.K. 1240

v.Könitz Taf. 19
Alter Adel des Orlagaues; die thüringische Linie
wird in einen bayerischen und einen Coburger Ast
unterteilt.
Lit.u.W.: Gotha 1930; GHB Bay. II; Siebmacher

Kopf Taf. 95
Reichsstadt Nürnberg. W.: Imhoff

Köpfinger Taf. 135
Reichsstadt Nürnberg. W.: Kiener

Köppel Taf. 68
Reichsstadt Nürnberg. W.: Kiener

Korn Taf. 90
Reichsstadt Nürnberg. W.: Kiener

v.Kornburg Taf. 45
Stammsitz bei Schwabach; Cunrad v.K. und sein
gleichnamiger Sohn waren im 13. Jh. Reichsbutig-
ler zu Nürnberg; Wappen am alten Zugang zur
Rieter-Gruft in Kalbensteinberg (siehe auch unter
Rieter!).
Lit.: Schwab.; Bosl; KD Lk. Gunzenhausen./W.:
Siebmacher (das W.d.v.Kornburg wurde in das
vermehrte W. der Rieter aufgenommen). Hz.:
offener Flug, gold-rot, mit je einer Lilie in verwechselten Farben

Körner Taf. 42
Reichsstadt Nürnberg. W.: Kiener

Körner Taf. 133
Reichsstadt Windsheim. W.: Siebmacher

v.Kottenheim Taf. 123
Stammsitz bei Scheinfeld; mit Oswald v.K., zu
Oberaicholzheim, Erbmarschall des Hochstifts
Eichstätt, 1597 erloschen.
Lit.u.W.: Siebmacher

Kottwitz v.Aulenbach Taf. 101
Fränkischer Adel; Kanton Rhön-Werra; mit Franz
Anton Jos.K.v.A. 1699 erloschen (Über die K. und
die Fechenbach siehe Kolb S. 182)
Lit.: Kneschke./W.: Siebmacher (Hz. nach Matri-
kel des Kantons Rhön-Werra; roter Wedel, darauf
Krone; das W.: schwarzes Horn in Gold)

v.Kotzau I
W.: siehe Herzschild bei v.Kotzau II!
Alter Adel des Vogtlandes; Erbschenken im Mark-
grafentum Kulmbach-Bayreuth; erloschen mit
Hektor v.K., Domdechant zu Bamberg, 1659.
Name u.W. gingen an die folgende Familie über.
Lit.: Kneschke; über die zahlreichen Grabdenkmä-
ler der v.K. aus dem 16.und 17. Jh. in der Pfarr-
kirche zu Oberkotzau siehe KD Lk. Hof!./W.:
Siebmacher, Kneschke

v.Kotzau II Taf. 60
Nachkommen aus der morganatischen Ehe des
Markgrafen Georg Albrecht zu Brandenburg-
Kulmbach († 1703) mit Regina Magdalena Luz;
1738 Reichsfreiherrn.
Lit.: GHB Bay. IV; Kneschke./W.: Kneschke;
Siebmacher

Kötzler Taf. 40
Reichsstadt Nürnberg. Consulent Dr.Valentin K. und Georg K. erhielten 1544 einen Adels- und Wappenbrief von Kaiser Karl V. – Erloschen 1674.
Lit.: Imhoff./W.: Kiener

Kracker Taf. 47
Reichsstadt Nürnberg. W.: Kiener

v.Kracker Taf. 16
Johann Georg Kr., kgl.bayer. Lokal-Kommissär der Stadt Nürnberg, Ritter des Zivilverdienstordens der bayer. Krone, immatrikuliert bei der Adelsklasse 1813.
Lit.u.W.: Siebmacher

Krafft Taf. 76
Reichsstadt Rothenburg. W.: Schrag

Krafft I Taf. 15
Reichsstadt Nürnberg; W. dieser Familie auf einem Kupferstichporträt des Ulrich Grundherr, 1654

Krafft II Taf. 45
Reichsstadt Nürnberg. W.: Kiener

Krafft III Taf. 125
Reichsstadt Nürnberg. W.: Kiener

Krafft Taf. 75
Reichsstadt Windsheim. W.: Siebmacher

Kraft Taf. 61
Reichsstadt Dinkelsbühl. W.: Weissbecker

Krag(en) Taf. 51
Reichsstadt Nürnberg. W.: Kiener

Krait siehe Kreuth

Kramer Taf. 96
Reichsstadt Nürnberg. W.: Kiener

Kranich Taf. 71
Reichsstadt Dinkelsbühl. W.: Weissbecker

Kratz Taf. 25
Georg Kr. 1407 Schultheiß zu Nürnberg.
Lit.u.W.: Siebmacher (Hz.: 2 Flügel, wie der Schild geteilt)

Kratz v.Stetebach-Sambach Taf. 25
Bamberg. Ministerialen; 1414 Verkauf ihrer Güter an die v.Egloffstein.
Lit.: Kunstmann, Burgen in Oberfranken./W.: Siebmacher (Hz.: ein Flügel wie Schild)

Kraus Taf. 76
Reichsstadt Rothenburg. W.: Schrag

Kraus Taf. 135
Reichsstadt Nürnberg. W.: Kiener

Krauter Taf. 109
Ratsfähiges Geschlecht der Reichsstadt Nürnberg.
W.: Kiener

Kreglinger siehe Creglinger!

Krel Taf. 67
Reichsstadt Nürnberg. W.: Kiener

Kremer Taf. 16
Reichsstadt Nürnberg. W.: Kiener

Kreß von Kressenstein Taf. 147
Ratsfähiges Geschlecht der Reichsstadt Nürnberg; Stammsitz Kressenstein in Kraftshof bei Nürnberg; Reichsadelsbestätigung und Wappenbesserung 1530 für Christoph Kr.v.Kr., Oberster Kriegshauptmann und schwäbischer Bundesrat; 1651 Erwerb von Schloß Dürrenmungenau bei Schwabach; ab 1631 im Besitz von Schloß Neunhof bei Nürnberg.
Lit.: Imhoff; KD Stadt und Lk. Schwabach; Familiengeschichte: Karl Friedrich Frank zu Döfering, Die Kressen, eine Familiengeschichte, 1936./ W.: Imhoff (die Familie wurde 1817 bei der Freiherrnklasse des Königreiches Bayern eingetragen); GHB Bay. I und VIII; Hirschmann, Patriziat; Hirschmann, Kraftshof

v.Kressberg Taf. 58
Hans v.Cressberg 1491 Ganerbe auf dem Rothenberg bei Lauf.
Lit.u.W.: Siebmacher (Hz.: zwei senkrecht gestellte rote Äste, außen mit je 3 Stummeln)

Kresser v.Burgfarrnbach Taf. 148
Stammen aus Memmingen. Aufgenommen in die fränkische Ritterschaft. Erloschen mit David Kresser, Ritterhauptmann des Kantons Altmühl, † 1704. Durch die Heirat seiner Tochter kam das Schloßgut Burgfarrnbach bei Fürth an die v.Pückler.
Lit.: Sandhöfer./W.: Siebmacher

Kreuth v.Gutteneck Taf. 146
Bayer. Geschlecht; Frh.1692; Grf. 1694; Treuchtlingen, katholische Pfarrkirche: Epitaph für Veit v. Pappenheim und seine Gemahlin Regina v.Kr., † 1592.
Lit.: KD Bez.A. Weißenburg; Siebmacher./W.: Siebmacher

Kreutzer Taf. 37
Reichsstadt Nürnberg. W.: Kiener

v.Kroneck (Croneck) Taf. 63
Evangelische Kirche Hohentrüdingen: Grabstein

für Friedrich Joh. Karl v.Kr., des fränkischen Kreises Generalfeldmarschall, † 1763, und seine Gemahlin.
Lit.: KD Gunzenhausen (Bez.A.)./W.: Siebmacher

v.Kronheim siehe Cronheim!

Kropf v.Emetzheim   Taf. 36
1301 verkauften die Kr. ihre Burg Kipfenberg (Altmühltal) an das Hochstift Eichstätt. Die Kr. waren ursprünglich Ministerialen der Grafen v. Hirschberg.
Lit.: H.H. Hofmann; Lehner (siehe dort über Emetzheim!)./W.: Siebmacher (Hz.: der Halbmond, von 2 rot und silber gekleideten Armen getragen)

Küchenmeister v.Bamberg
gehören zu den Haller v. Bamberg; siehe dort!

Küchenmeister v.Wächtersbach   Taf. 5
Siegel des Heinrich K.v.W., 1407. Gehören zu den Nordenberg/Seldeneck. Siehe dort!

Küffleger   Taf. 115
Reichsstadt Nürnberg. W.: Kiener

v.Kühdorf   Taf. 24
Reichsministerialengeschlecht. Stammsitz südlich von Schwabach. Gehörten in Nürnberg zu den ratsfähigen Geschlechtern. Erloschen 1599 mit dem markgfl. Amtmann Lorenz v.K. zu Gunzenhausen.
Lit.: Lk. Schwabach; Bosl; Imhoff./W.: Siebmacher, Imhoff

Kuhn   Taf. 91
Reichsstadt Nürnberg. W.d.Martin K. bei Kiener

v.Külsheim   Taf. 26
Stammsitz bei Bad Windsheim; 1349 Dotierung der Pfarrei Burgfarrnbach durch Rapoto v.K. Grabdenkmal für ihn in der evangelischen Pfarrkirche Burgfarrnbach. Hans v.K. 1415 Bürger zu Rothenburg; Peter Kulsheimer 1450 in Nürnberg; Rapoldt v.K. 1327 Schultheiß zu Nürnberg.
Lit.: Kiener; Siebmacher; KD Stadt und Lk. Fürth./W.: Siebmacher

Kumpf   Taf. 136
Reichsstadt Windsheim; stellten mehrere Bürgermeister im 14./15. Jh.
Lit.: Kumpf und Chr. Whm./W.: Siebmacher

Künherr   Taf. 131
Reichsstadt Nürnberg. W.: Kiener

v.Künsberg (Künßberg)   Taf. 21
Fränkischer Adel; ursprünglich Ministerialen der

Grafen v.Andechs-Meranien; wohl Abstammung von den Plassenberg. Stammsitz Altenkünßberg in Ofr.; Freiherrn.
Lit.: über die Schlösser und Linien der Familie siehe GHB Bay. II und X; Bechtolsheim; Seiffert; KD Stadt und Lk. Bayreuth; KD Lk. Pegnitz./W.: Siebmacher; GHB Bay. X (Hz.: rot-silb. gestülpter Flachhut, aus dem 2 rote Büffelhörner, besteckt mit je einer Eichel, wachsen)

v.Kunstadt
W.: siehe v.Redwitz!
Bamberg. Ministerialen; erloschen 1546; Wechselnamen: Langheim, Redwitz, Wildenberg.
Lit.: Voit/Adel

Kürmreuther   Taf. 140
Adel der Oberpfalz; Stammhaus bei Sulzbach. 1645 im Mannesstamm erloschen. : An der Ruine der St. Willibaldskapelle zu Engelthal Wappen der Priorin Margaretha Kürmreutherin.
Lit.: Siebmacher; KD Lk. Hersbruck. W.: Siebmacher

Kürn   Taf. 80
Reichsstadt Nürnberg. W.d. Eberhart K. bei Kiener

Kurr   Taf. 143 (Nr. 3 und 4)
Reichsstadt Dinkelsbühl; Chunrat K. stiftet das Sakramentshäuschen der St. Georgskirche zu Dinkelsbühl. 1447 siegelt Bürgermeister Chunrat K.
Lit.u.W.: Weissbecker

Kurtz   Taf. 97
Reichsstadt Nürnberg. W.: Kiener

Kuttenfelder   Taf. 41
Reichsstadt Weißenburg. W.: Raab

v.Laber   Taf. 6
Oberpfälzischer Adel; erloschen 1475 mit Hadamar v.L., Domdechant zu Salzburg.
Lit.u.W.: Siebmacher (Hz.: 2 schräggestellte Fächer, besteckt mit je 7 Federn)

v.Laineck   Taf. 80 und 83
Ministerialen der Grafen v.Andechs-Meranien. Beinamen: Schütz, Sagittarius. Erloschen 1684.
Lit.: siehe ausführlich Voit, Adel; KD Stadt und Lk. Bayreuth; KD Stadt und Lk. Kulmbach./W.: 1) nach Voit Adel; 2) und 3) nach Siebmacher. Außerdem ist noch eine Familie Metsch (Mötsch) v.Leineck zu nennen, die das Laineck-Wappen, vermehrt durch einen Sparren, führte (siehe ausführlich bei Siebmacher!)

Lamminger v.Albenreuth   Taf. 139
Albenreuth bei Waldsassen; Ellingen, Schloßkir-

Epitaph des Wolfgang Ferdinand Frh.L.v.A., Komtur zu Regensburg und Ganghofen, † 1682.
Lit.: KD Bez.A. Weißenburg./W.: Siebmacher

Lamprecht v.Gerolzhofen   Taf. 86
Fränkischer Adel; Stammsitz bei Haßfurt. Als letzte Namensträgerin starb 1564 Barbara L.v.G., Äbtissin zu Heiligenthal. Die Familie war ein Zweig der Fuchs v.Bimbach.
Lit.: Alberti; Kneschke; Siebmacher./W.: Siebmacher (Hz.: silb. gestülpter roter Hut, darauf der Fuchs in halb sitzender Stellung)

Landauer   Taf. 39
Reichsstadt Nürnberg; der Kupferhändler Matthäus L. stiftete 1501 das Zwölfbrüderhaus bei Allerheiligen.
Lit.: Imhoff; Ahlborn./W.: Ahlborn; Imhoff; Siebmacher

Landgraf auf Haidhof   Taf. 29
Christian L. aus Bayreuth, Besitzer von Haidhof, wurde 1824 mit dem Prädikat „auf Haidhof" in den Adelsstand erhoben.
Lit.u.W.: Siebmacher

v.Lang   Taf. 148
Lebenslauf des Karl Heinrich Ritter v.Lang siehe Brügels Onoldina, Heft II, S. 83 ff.
W.: Siebmacher

Lang   Taf. 142
Reichsstadt Nürnberg. W.d.Christ. L. bei Kiener

Lang II   Taf. 118
Reichsstadt Nürnberg. W.: Kiener

Lang   Taf. 76
Reichsstadt Weißenburg. W.: Raab

Langen   Taf. 120
Reichsstadt Nürnberg. W.: Kiener

Langenmantel   Taf. 21
Reichsstadt Nürnberg. W.: Kiener

Langmann   Taf. 23 (Nr. 5 und 6)
Ratsfähiges Geschlecht der Reichsstadt Nürnberg, erloschen 1381.
Lit.: Imhoff; Siebmacher./W.: bei Siebmacher ist der Sparren schwarz, bei Kiener blau. (Hz.: bei Siebmacher: Flügel, belegt mit der Schildfigur)

Langmantel   Taf. 155
Eine der ältesten Ratsfamilien. Stammt aus Augsburg; in zwei Linien Freiherrn.
Lit.: siehe ausführlich Siebmacher!./W.: Siebmacher

Lantzinger   Taf. 114
Reichsstadt Nürnberg. W.: Kiener

Lauer   Taf. 43
Reichsstadt Dinkelsbühl. W.: Weissbecker

v.Lauf
W.: siehe bayer. Wildensteiner!
Reichsministerialengeschlecht; zu Ausgang des 13. Jh. unter Ludwig d.Strengen v.Bayern bedeutende Rolle als bayer. Beamte, als Pfleger und Viztume in nordgauischen Ämtern.
Lit.: Kraft/Schwemmer; Bosl./W.: Die Familie ist identisch mit den bayer.v.Wildenstein

v.Lauffenholz (Laufamholz)   Taf. 13
Stammsitz Unterbürg bei Laufamholz (Nürnberg); die Familie ist 1568 erloschen. — Beerbach bei Lauf, evangelische Pfarrkirche: Glasgemälde mit W. der Margarete v.L., Gemahlin des 1469 hingerichteten Losungers Niclas Muffel.
Lit.: Bosl; KD Lk. Lauf; Egloffstein, Schlösser (Weingartsgreuth seit 1368 im Besitz des Geschlechts)./W.: Siebmacher

v.Lauter   Taf. 24
Hessischer Adel; 1686 erwarb der bamberg. Amtmann zu Höchstadt und Wachenroth, Georg Frh.v. L., die v.Ballhorn'sche Hälfte des Gutes Weisendorf. 1722 starb das letzte männliche Mitglied der Familie in Paris.
Lit.: H.H. Hofmann, Herzogenaurach./W.: Siebmacher

Lebender   Taf. 37
Reichsstadt Nürnberg. W.: Kiener

v.Lechsgmünd siehe Graisbach!

Lederer   Taf. 119
Reichsstadt Nürnberg. W.: Kiener

Lehmus   Taf. 133
Reichsstadt Rothenburg.
Lit.: H. Beckh, Die Lehmus aus Rothenburg o.T. Aus der Geschichte des Geschlechts (mit Nachfahrentafeln). Deutsches Familienarchiv Bd. 16/ 1960./ W.: Schrag

Lehner   Taf. 75
Reichsstadt Dinkelsbühl; 1763 Joh. Caspar L., Mitglied des Inneren Rats.
Lit.u.W.: Weissbecker

v.Lehrbach   Taf. 3
Hessischer Adel; W.d. Landkomturs des Deutschen Ritterordens Franz Sigismund Adalbert v.L. im Schloß zu Ellingen

v.Lehrberg siehe Birkenfels!

Leikauff   Taf. 139
Reichsstadt Nürnberg. W. des Hanns L. bei Kiener

v.Leinach   Taf. 19
Wappengenossen der v.Hessler. Stammsitz bei Rothenfels. Erloschen mit Hans v.L. 1442
Lit.u.W.: Siebmacher

Leinacher   Taf. 40
Reichsstadt Nürnberg. W.: Kiener

v.Leineck siehe Laineck!

v.Leiningen, Fst.   Taf. 59
Schloß Amorbach im Besitz der Fürsten v.L.; GHB Bay. I, II, VII; Freeden./W.: Siebmacher

Lemmel (Lämblein)   Taf. 103
Ratsfähiges Geschlecht der Reichsstadt Nürnberg; erloschen mit Michael L. 1513.
Lit.u.W.: Imhoff; Lemmel

Lemminger   Taf. 40
Reichsstadt Weißenburg. W.: Raab

Lenckh   Taf. 36
Joh.Bapt.L., fstl.ansbach.Geh.Rat., 1614 geadelt.
Lit.u.W.: Siebmacher

Leneisen   Taf. 145
Reichsstadt Nürnberg. W.: Kiener

v.Lengefeld   Taf. 151
Thüringischer Adel; auch in Franken. (daraus Charlotte v.L., Gemahlin Schillers). Siehe ausführlich Kneschke, Bd. V!
W.: Siebmacher

v.Lenkersheim   Taf. 86
Stammsitz bei Bad Windsheim; Ulrich wird 1383 Bürger zu Nürnberg.
Lit.: Lehner; Siebmacher./W.: Siebmacher

v.Lentersheim   Taf. 13
Fränkischer Adel; Stammsitz bei Wassertrüdingen; Alten- und Neuenmuhr bei Gunzenhausen vom 14./15.Jh. bis zum Erlöschen der Familie 1799 im Besitz. In den Kirchen zu Neuen- und Altenmuhr zahlreiche Grabdenkmäler.
Lit.: KD Bez.A. Gunzenhausen; Bechtolsheim; Huber./W.: Siebmacher

v.Leonrod   Taf. 2
Eines der ältesten fränkischen Adelsgeschlechter; Stammsitz Leonrod bei Heilsbronn. Ludwig Frh.v.L., † 1859, Herr auf Leonrod, Neudorf und Dietenhofen, kgl.preußischer und großherzgl.bad.

Kammerherr, kgl.bayer. Staatsrat und Appellationsgerichtspräsident. Dessen Enkel Ludwig Frh. v.L. wurde im Zusammenhang mit dem 20. Juli 1944 (als Letzter seines Geschlechts) hingerichtet. Seine Witwe heiratete Johann Frh.v. Wiedersperg (seit 1950 Name: von Wiedersperg-Leonrod).
Lit.: GHB Bay. Bd. I und VIII; Zeller./W.: Siebmacher (Hz.: 2 Büffelhörner wie Schildfigur)

v.Leoprechting   Taf. 11 (Stw.) und Taf. 81
Grabsteine der v.L. (Frh.), bzw. Epitaphien in Herrieden (katholische Stadtpfarrkirche), Konstein (katholische Kirche) und Allersberg (Neue katholische Pfarrkirche).
Lit.: Kneschke; KD Bez.A. Hilpoltstein; KD Bez.A. Eichstätt; KD Lk. Feuchtwangen, GHB Bay. III und X./W.: Siebmacher (Hz. des Stw.: 2 Büffelhörner in den Farben und Teilungen des Schildes)

v.Lerchenfeld   Taf. 67
Alter bayer. Adel; 1823 verlieh König Max I.v. Bayern das Rittermannslehen Heinersreuth seinem Finanzminister Frh. Maximilian v.L.
Lit.: Seiffert; GHB Bay. I und IX./W.: Siebmacher

Lesch   Taf. 146
Stammsitz in Erlbach, Lk. Rothenburg; gehörten zu den ratsfähigen Geschlechtern der Reichsstadt Regensburg; Wappen und Grabdenkmäler siehe KD Stadt Rothenburg, kirchliche Bauten! Vergl. auch Lösch v.Hilgartshausen!
W.: Siebmacher

von Le Suire   Taf. 52
Französischer Adel; im 19. Jh. heiratete Staatsrat Georg Wilhelm v.Le Suire in 2. Ehe Adolfine Freiin v.Dankelmann, Erbin von Schloß Altenmuhr bei Gunzenhausen.
Lit.: Le Suire; GHB Bay. I und VII./W.: Siebmacher (Hz.: offener roter Flug, dazwischen eine Rose)

Letscher   Taf. 139
Reichsstadt Nürnberg; stammten aus Nördlingen. Lauf, evangelische Pfarrkirche: Gruft der Familie.
Lit.: Imhoff; KD Lk. Lauf./W.: Kiener

v.Leublfing   Taf. 4
Alter bayer. Adel; kam 1642 aus Bayern nach Franken. Obrist Joh.v.L. kaufte in diesem Jahr das Gut Falbenthal, Lk. Gunzenhausen. Er ist der Vater von August v.L. („Gustav Adolfs Page"), der zusammen mit dem Schwedenkönig bei Lützen tödlich verwundet wurde. Im Besitz der Familie bis 1787. Grabdenkmäler der v.L. auf Falbenthal und Untererlbach: Hohentrüdingen (evangelische Kirche), Kalbensteinberg (Totenschild in der Kirche), Wettelsheim (evangelische Kirche).

Lit.: KD Bez.A. Gunzenhausen; GHB Bay. II (Hz.: ein weißer Bracke auf rotem Kissen; nach Siebmacher); Kneschke./W.: freundliche Mitteilung des Pfarramtes Wettelsheim

v.Leuchtenberg, Herzöge   Taf. 153
Eichstätt, ehemalige Dominikanerkirche, Portal mit W. der Herzöge v.L., ehemalige Fürsten von Eichstätt (1817).
Lit.: Bayern, Ad.Pr.v.; GHB Bay. X./W.: Bayern, Ad.Pr.v.

v.Leuchtenberg Lgf.   Taf. 2
Altes Dynastengeschlecht der Oberpfalz; nicht identisch mit den obigen Herzögen v.L. : Die Landgrafen v.L. gründeten Mitte des 14. Jh. die Stadt Pegnitz; Friedrich v.L., † 1329, Bischof von Eichstätt.
Lit.: KD Lk. Pegnitz; I. Wagner./W.: Siebmacher (Hz. blauer Mannesrumpf mit Hut und Federn)

Leuckart v.Weißdorf   Taf. 31
Stammen ursprünglich aus dem Harz; bayer.Frh. mit „v.Weißdorf" 1879 für Natalie Leuckart, Witwe des Amtsrates Louis L.; Herrin auf Weißdorf bei Münchberg. – 1896 kaufte Freifrau Natalie v.L. den gesamten Schloßbesitz Dürrenmungenau bei Schwabach.
Lit.: GHB Bay. Bd.II und X; Lk Schwabach; AL 1961 Heft 3./W.: so in der Kirche zu Dürrenmungenau und GHB Bay. X.

v.Leudenberg
W.: siehe Seldeneck!

Leußner   Taf. 90
Reichsstadt Nürnberg. W.: Kiener

v.Leuzenbronn   Taf. 131
Stammsitz bei Rothenburg; Tobias v.L. zu Baldersheim empfängt 1551 würzb. Lehen, stirbt als Letzter seines Geschlechts.
Lit.u.W.: Siebmacher

v.Leyritz   Taf. 35
Die Söhne des Johann L., Pegnitz, der kaiserl. Hauptmann Johann Friedrich L. und der Quartiermeister des fränkischen Kreises Christian Leopold wurden 1758 in den Reichsadelsstand erhoben.
Lit.u.W.: Siebmacher

v.Lichtenstein   Taf. 26
Altes Adelsgeschlecht aus Oberfranken. Stammsitz im Lk. Ebern. Grabdenkmäler, bzw. Totenschilde der v.L. (Freiherrn seit 1827) befinden sich u.a. in Heilsbronn (ehemalige Münsterkirche), Lahm (im Itzgrund; Gruft der Familie), Schottenstein (evangelische Pfarrkirche), Ebern (Pfarrkirche), Seßlach (katholische Stadtpfarrkirche), Heil-

gersdorf (evangelische Pfarrkirche) und Memmelsdorf (evangelische Pfarrkirche).
Lit.: KD Lk. Staffelstein; Mayer; Alberti./W.: Siebmacher

v.Lidwach   Taf. 78
Fränkischer Adel; 1511 verkauft Fritz v.L. seinen Besitz zu Pleinfeld an den Bischof von Eichstätt; 1535 verkauft Friedrich v.L. Schloß und Dorf Titting an den Herzog von Neuburg.
Lit.: KD Bez.A. Hilpoltstein; KD Bez.A. Weißenburg./W.: Siebmacher

v.Liebenau siehe v.Steppach!

Liesberger (Liebsberger)
Bamberger Geschlecht; wohl eines Stammes mit den **Haller v.B.** (siehe dort!)

Ligsalz   Taf. 148
Reichsstadt Nürnberg. W.: Kiener

v.Lilien   Taf. 61
Caspar Lilien; markgfl.-brandbg. Rat etc., 1664 „von neuem" in den Adelsstand erhoben.
Lit.u.W.: Siebmacher

Linck   Taf. 126
Reichsstadt Nürnberg. W.d.Dr. Andreas L. bei Kiener (vergl. Wappen der Link, Dinkelsbühl!)

Linck   Taf. 125
Reichsstadt Nürnberg. W.d.Dr. Sebastian L. bei Kiener

Linck zu Schwabach   Taf. 26
Über die angesehene Schwabacher Familie, die auch in Regensburg zu den ratsfähigen Geschlechtern gezählt wurde, siehe G. Heckel. Die Familie Linck in Schwabach, in: Schwabacher Heimat 1962 Nr. 2 und 4. – Grabdenkmäler und Stiftungen in der Stadtpfarrkirche zu Schwabach./W.: Siebmacher

v.Lindenfels   Taf. 33
Alter fränkischer Adel u.d. Oberpfalz; Stamm A: Thumsenreuth (Opf.); Stamm B: Wolframsdorf (Opf.); Stamm C: Erkersreuth (erloschen 1890).
Lit.: GHB Bay. III und X./W.: Siebmacher (Hz.: ein unbärtiger silb. Rumpf, gekrönt, schwarz-silb. Zindelbinde, Brust mit Schildfigur)

Linder   Taf. 39
Reichsstadt Nürnberg. W.: Kiener

Link   Taf. 126
Reichsstadt Dinkelsbühl. W.: Weissbecker

Lintner Taf. 43
Reichsstadt Nürnberg. W.: Kiener

Lippe, Fürsten zur (keine Abbildung)
siehe Schenk v.Geyern!

Lips Taf. 116 (Nr. 10)
Reichsstadt Rothenburg. W.: Schrag

v.Lips Taf. 116 (Nr. 11)
1822 erhob König Max I. v.Bayern die Brüder Ferdinand Albrecht und Friedrich Wilhelm L. in den Adelsstand. Das W. ist nahezu identisch mit dem der älteren Familie Lips in Franken (siehe oben!).
Lit.u.W.: Siebmacher

v.Lißberg (Lisperg) Taf. 140
Stammgenossen der v.Thüngfeld; Trabelsdorf (bei Bamberg) evangelische Pfarrkirche: Grabdenkmal des Fabian v.L. zu Trabelsdorf, † 1522 als Letzter seines Geschlechts.
Lit.: Mayer./W.: Siebmacher

v.Lobdeburg Taf. 18 und 65
Eines der ältesten Adelsgeschlechter Thüringens; Otto v.L., † 1223, und Hermann v.L., † 1254, Bischöfe v.Würzburg.

Lit.: Kneschke; Berg./W.: Siebmacher bringt die oben angegebenen Wappen für die gleiche Familie

Löblein Taf. 70
Reichsstadt Rothenburg. W.: Schrag

v.Lochaim Taf. 131
Reichsstadt Nürnberg; mit mehreren Ratsgeschlechtern verwandt; das berühmte „Lochamer Liederbuch" ist nach dieser Familie benannt.
Lit.: Pressemitteilung in den Nürnberger Nachrichten vom 1./2. Mai 1972; Chr. Petzsch, Die Nürnberger Familie v.L., ein Kaufmannsgeschlecht des 14.-16. Jh., 1966./W.: Siebmacher

v.Lochhof siehe v. Hirschlach!

Lochinger Taf. 94
Reichsstadt Nürnberg. W.: Kiener

Lochinger v.Archshofen Taf. 124
Fränkischer Adel; besaßen das würzb. Lehen Walkershofen (Lk. Uffenheim) von 1480-1615. Erloschen 1688.
Lit.: KD Lk. Uffenheim./W.: Siebmacher

Lochner von Hüttenbach Taf. 9
Alter fränkischer Adel; vermutlich gleiche Abstammung wie Groß v.Trockau. Besaßen das Schloßgut Hüttenbach bei Lauf von 1528 bis 1906.
Lit.: Voit, Adel; GHB Bay. Bd.I und VII; Rühl./W.: Voit, Adel

Lochner II Taf. 132
Reichsstadt Nürnberg. W.: Kiener

Lochner III Taf. 79
Reichsstadt Nürnberg. W.: Kiener

v.Loefen (keine Abbildung)
siehe Gugel v.Diepoltsdorf

Löffelholz v.Colberg Taf. 102
Ratsfähiges Geschlecht der Reichsstadt Nürnberg; Thomas L. erhielt 1507 Schloß Colberg bei Altötting. 1813 Freiherrn.
Lit.: Imhoff; GHB Bay. II und X./W.: Imhoff (Hz.: geschlossener roter Flug, belegt mit der Schildfigur und bestreut mit silbernen Blättern); Hirschmann, Patriziat

Löhe Taf. 35
Fränkische Familie aus Nürnberg-Fürth. Wilhelm Löhe, Pastor, Gründer der Neuendettelsauer Missionsanstalten, † 1872.
Lit.: Bock, Kirchengeschichte./W.: Das W. verdanke ich der Familie Löhe, Polsingen

v.Lonnerstadt Taf. 22
Stammsitz bei Höchstadt/Aisch; erloschen 1554 mit Sylvester v.L.
Lit.u.W.: Siebmacher (hier ist nur das ältere W. wiedergegeben)

Lörber Taf. 48
Reichsstadt Nürnberg. W.d.Dr. L. bei Kiener

Lösch v.Hilgartshausen Taf. 146
Altes bayerisches Geschlecht; Freiherrn 1653; Grafen 1790; Ellingen, Schloßkirche: Epitaph des Johann Adolph Lösch, Frh.v.H., Landkomtur der Ballei Franken des Deutschherrenordens, † 1663.
Lit.: KD Bez.A. Weißenburg; Siebmacher./W.: Siebmacher

Löscher Taf. 51
Reichsstadt Nürnberg. W.d.Dr. Abraham L. bei Kiener

v.Löschwitz Taf. 107
Altes Adelsgeschlecht im Kanton Gebürg; Eberhard v.L., um 1600 Domherr zu Eichstätt.
Lit.u.W.: Siebmacher (Hz.: 2 geflügelte Vogelfüße, jeweils mit 3 Fähnchen besteckt)

v.Lotzbeck Taf. 124
Reichsstadt Weißenburg; kaiserlicher Wappenbrief 1559 für Sebastian L.; Reichsadel mit „von Blancfort" und Wappenbesserung 1800; bayer. Frh. 1815.
Lit.: GHB Bay. Bd. I und VIII; Kneschke./W.:

Tyroff; bei Raab ist das W. lediglich seitenverkehrt abgebildet

Löw von Hof Taf. 82
Johann Lew d.Ä., Bürgermeister von Hof, 1628 geadelt.
Lit.u.W.: Siebmacher

v.Löwenstein (W. siehe Calw Taf. 78)
Die Fürsten v.Löwenstein sind nicht zu verwechseln mit dem Geschlecht der v.L., das von einem außerehelichen Sohn des Königs Rudolf v.Habsburg abstammte und das W. einer Nebenlinie der Grafen v.Calw geführt hat. Erloschen Mitte des 15.Jh.
Lit.: Alberti; zum Fürstenhaus siehe GHB Bay. I, III, V, VIII; die fürstl. Familie, eine Seitenlinie des Hauses Wittelsbach, führt im vermehrten Schild das alte Löwenstein-W. weiter: schreitender roter, blaugekrönter Löwe in Silber auf gold. Spitzen (bzw. Dreiberg)

v.Löwenthal Taf. 82
Geadelt 1626; auf Deining und Leidenbach; Kipfenberg, katholische Kirche: Grabstein des Kindes Johann Anton Leopold Joseph Benno Frh.v.L., † 1714.
Lit.: KD Bez.A. Eichstätt./W.: Siebmacher (das Freiherrnwappen ist dem Stw. nicht gleich!)

v.Lüchau Taf. 8
Fränkischer Adel; Kanton Gebürg; Erbkämmerer des Fürstentums Kulmbach-Bayreuth; erloschen im 18. Jh, (nach Dobeneck 1756). Ansbach, Schwanenritterkapelle: Grabdenkmal des Conrad v.L., † 1501.
Lit.: Dobeneck; Däschlein; Kneschke./W.: Alberti

Lupin auf Illerfeld Taf. 88
Ratsfähiges Geschlecht aus Memmingen; 1563 Adelsbestätigung; Frh. 1829; Segringen bei Dinkelsbühl, evangelische Pfarrkirche: Grabmal für die vor dem Altar ruhende Familie der Reichsfreiherrn v.Rüdingsfels, Caspar v.R., seine Ehefrau Sibylla Elisabeth, geb. v.Lupin, sowie deren 5 Kinder († zwischen 1710 und 1718).
Lit.: Siebmacher; KD Stadt und Lk. Dinkelsbühl; GHB Bay. II und X./W.: Siebmacher

v.Lüschwitz Taf. 86
Sächsischer Adel; Stammsitz bei Ronneburg; auch in Oberfranken.
Lit.: Kneschke; Siebmacher./W.: Siebmacher

v.Lützelburg Taf. 74
Rheinischer Adel; Eckersdorf, evangelische Pfarrkirche: Grabmal für Freifrau Eva Jacobe v.L., † 1708.
Lit.: KD Stadt und Lk. Bayreuth./W.: Siebmacher

(Hz.: die Schildfigur, wachsend)

v.Luxburg Taf. 105
Ratsfähiges Geschlecht aus St. Gallen, Schweiz; Reichsadel 1776; Reichsfreiherr 1779; Reichsgraf 1790. — Burg Aschach kam 1874 an die Grf.v.L. Nach dem 2. Weltkrieg übergab die Familie den Besitz dem Regierungsbezirk Unterfranken.
Lit.: GHB Bay. Bd. I und VII; H.H. Hofmann./W.: Siebmacher

Mack Taf. 121
Reichsstadt Nürnberg. W.: Kiener

v.Magwitz (Machwitz) Taf. 3
Vogtländ. Adel; im 17. Jh. im Besitz von Schloß Döhlau bei Hof.
Lit.u.W.: Siebmacher (Hz.: weißgestülpter roter Spitzhut mit weiß. Knopf und schwarz. Hahnenbusch)

v.Maihingen Taf. 23
Eichstätt, Domkirche: Epitaph für den Kanonikus Friedrich v.M., Propst zu Herrieden, † 1330./W.: nach dem Epitaph

Mair I Taf. 144
Reichsstadt Nürnberg. W.d. Dr. Johann M. bei Kiener

Mair II Taf. 59
Reichsstadt Nürnberg. W.d.Dr. Jorg M. bei Kiener

Mair III Taf. 75
Reichsstadt Nürnberg. W.d.Dr. Leo Mair bei Kiener

Mair IV Taf. 124
Reichsstadt Nürnberg. W.: Kiener

Malkos Taf. 137
Fränkischer Adel; Stammsitz bei Fulda; mehrere Mitglieder Domherrn zu Würzburg im 13.-15.Jh.
Lit.u.W.: Siebmacher

Maller Taf. 50
Reichsstadt Nürnberg. W.: Kiener
(bei Kiener ist das Wappen einer weiteren Familie M. abgebildet; 3 silberne Schilde in Rot)

Manger Taf. 107
Reichsstadt Nürnberg. W.: Kiener

v.Mangersreuth Taf. 137
Fränkischer Adel; Marquard v.M. 1279 Zeuge und Vasall für Graf Otto IV.v. Orlamünde. Erloschen mit Hans Philipp zu Riglasreuth vor 1657.
Lit.: Lenker./W.: Siebmacher

v.Mann-Tiechler   Taf. 114
Geadelt 1618; Bildnis des Friedrich Joseph W. Ritter v.M.-T., Generalmajor und Festungskommandant (19. Jh.) im Rathaus zu Kronach.
Lit.: KD Lk. Kronach; GHB Bay. II und IX./W.: Siebmacher

Mannert v.Neuenbürg   Taf. 115
1819 erwarb Dr.Joh. Michael M. den Gesamtbesitz Neuenbürg bei Höchstadt/Aisch. 1822 Adelsdiplom für die Dauer des Besitzes. 1830 an dessen Schwiegersohn Franz Peter v.Stadler.
Lit.: H.H. Hofmann, Herzogenaurach./W.: Siebmacher

Mar I   Taf. 53
Reichsstadt Nürnberg. W.: Kiener

Mar II   Taf. 122
Reichsstadt Nürnberg. W.: Kiener

Marb   Taf. 88
Reichsstadt Nürnberg. W.: Kiener

Marckard   Taf. 58
Reichsstadt Rothenburg. W.: Schrag

Markgrafen v.Ansbach-Bayreuth
siehe Ansbach-Bayreuth (Stammwappen der Hohenzollern Taf. 11)

Marschall v.Altengottern   Taf. 138
Thüring. Adel; Grabdenkmäler in Brand, evangelische Pfarrkirche.
Lit.: KD Lk. Wunsiedel und Stadtkreis Marktredwitz./W.: Siebmacher (Hz.: 2 rot und silber geteilte Büffelhörner, an den Seiten mit silber und rot geteilten Fähnchen besteckt)

Marschall v.Ebneth   Taf. 18
Fränkischer Adel; eines Stammes und Wappens mit den v.Redwitz; Erbmarschallamt im Hochstift Bamberg. Georg M.v.E., † 1505, Fürstbischof von Bamberg. Erloschen 1728. Schloß Weingartsgreuth und Schloß Ebneth erben die v.Seckendorff.
Lit.: KD Lk. Lichtenfels; Egloffstein, Schlösser; Bechtolsheim./W.: Siebmacher

Marschall v.Kunstadt   Taf. 18
Burgkunstadt, Lk. Lichtenfels; Stammes- und Wappengenossen der M.v.Ebneth.
Lit.: siehe ausführlich Voit, Adel!

Marschall (Marschalk) von Ostheim   Taf. 134
Ursprüngliche Hennebergische Marschälle, auch in bamberg. und württemb. Diensten; Schlösser Dankenfeld, Lk. Haßfurt, und Trabelsdorf (bei Lisberg).

Lit.: Alberti; Kneschke; Bechtolsheim; Klarmann; H.H. Hofmann./W.: Siebmacher

Marstaller   Taf. 137
Reichsstadt Nürnberg. W.: Kiener

v.Massbach   Taf. 22
Fränkischer Adel; Stammsitz bei Münnerstadt; erloschen 1637.
Lit.u.W.: Siebmacher (Hz.: silbern-rot gespaltenes Horn, oben gekrönt und mit einer Pfauenfeder besteckt; am rechten Rande des Horns ein goldener Halbmond, links eine goldene Sonne; weitere Hz. siehe bei Siebmacher)

v.Massenbach   Taf. 5
Ein Zweig der Herren von Gemmingen!

v.Mässing   Taf. 153
Ministerialen der Grafen v.Hirschberg. Obermässing, katholische Kirche: Grabdenkmal des Berthold v.M., † 1285.
Lit.u.W.: KD Bez.A. Hilpoltstein (siehe auch Bosl!)

v.Mauchenheim, gen.Bechtolsheim   Taf. 5
Alter rheinischer Adel; seit 1270 Ganerben zu Bechtolsheim; Kantone Rhön-Werra und Steigerwald; Stammvater der Linie Mainsondheim, bei Kitzingen/Ufr., ist Matthias, † 1547; 1816 immatrikuliert im Königreich Bayern bei der Freiherrnklasse.
Lit.: GHB Bay. Bd. I und VIII; Bechtolsheim./W.: Siebmacher

Maurer I   Taf. 39
Ratsfähiges Geschlecht der Reichsstadt Nürnberg; Kirche St. Sebald zu Nürnberg, Chornordseite: Maurerepitaph (15. Jh.).
Lit.: Imhoff; KD Stadt Nürnberg./W.: Imhoff

Maurer II   Taf. 91
Reichsstadt Nürnberg. W.: Kiener

Maurer III   Taf. 119
Reichsstadt Nürnberg. W.: Kiener

Mauser   Taf. 48
Reichsstadt Nürnberg. W.: Kiener

v.Mayenthal   Taf. 151
Reichsministerialen des Nürnberger Umlandes; Zweige der Familie auf Neuenbürg bei Erlangen und auf dem Wichsenstein bei Thuisbrunn. Hilpolt v.M. 1360 Landrichter des kaiserlichen Burggrafentums Nürnberg; erloschen 1527 mit Jorg v.M.
Lit.: siehe ausführlich bei H.H. Hofmann, Herzogenaurach./W.: Siebmacher; Kiener

Mecher v.Kühlenfels Taf. 141
Schloß Kühlenfels (bei Pegnitz) 1410 bamberg.
Lehen des Eberhard Meticher. Die M. nennen sich
schon 1340 nach „Kulmelins" und werden 1305
erstmals genannt. Gangolf M. verkaufte Kühlenfels
an die Söhne seiner Schwester, die 1499 damit belehnt wurden.
Lit.u.W.: H.Bauer (Hz.: ein Flügel)

Meck Taf. 46
Reichsstadt Nürnberg. W.: Kiener
(für Dr. Ulrich Meck)

Meder Taf. 142 (Nr. 8 und 9)
Reichsstadt Windsheim; 1508 Niklaus M. Bürger-
meister.
Lit.u.W.: Siebmacher; Weissbecker

v.Megenberg Taf. 125
Mäbenberg b.Abenberg, Mfr.; Konrad v.M., †
1374, Prokurator der englischen Nation; Verfasser
des „Buches der Natur" in deutscher Sprache. Gedenktafel an der Kirche in Mäbenberg.
Lit.: G. Hetzelein./W.: Siebmacher

Meichsner Taf. 148
Ratsfähiges Geschlecht der Reichsstadt Nürn-
berg.
Lit.: Imhoff./W.: Kiener

Meienschein Taf. 43
Reichsstadt Nürnberg. W.: Kiener

Meindl Taf. 37
Reichsstadt Nürnberg. W.d. Georg M. bei Kiener

Meisner Taf. 118
Reichsstadt Dinkelsbühl; 1774 Friedrich Carl M.
Mitglied des Geh. Rats zu Dinkelsbühl.
Lit.u.W.: Weissbecker

v.Meissen (keine Abbildung)
Ludwig v.Meissen, 1360-1374 Bischof v.Bamberg,
vorher Bischof v. Halberstadt; 1374 Erzbischof v.
Mainz; 1381 nach Magdeburg transferiert; † 1382.
W.: aufrecht schreitender schwarzer Löwe in Gold.
Lit.u.W.: Kist

Melber Taf. 50
Reichsstadt Nürnberg. W.: Kiener

v.Melchingen Taf. 72
Rothenburg, Johanniskirche: Grabmal des Jörg
v.M., † 1488.
Lit.u.W.: KD Rothenburg, kirchliche Bauten

Memminger Taf. 155
Reichsstadt Nürnberg. W.: Kiener

Mendel Taf. 16
Ratsfähiges Geschlecht der Reichsstadt Nürnberg;
Marquard M. Stifter des Karthäuser-Klosters; Kon-
rad M. gründete 1388 das Zwölfbrüderhaus zu
Nürnberg; erloschen 1519. (Zu den ungarischen
Mendel siehe bei Siebmacher).
Lit.u.W.: Imhoff; Siebmacher (Hz.: eine wachsen-
de goldgekleidete männliche Figur, statt der Arme
Flügel, die wie der Schild geteilt sind)

Mendelein Taf. 22
Reichsstadt Nürnberg. W.: Kiener

v.Mengersdorf Taf. 53
Alter fränkischer Adel; Ernst v.M., † 1591, Fürst-
bischof von Bamberg. Erloschen wohl nach 1616.
Lit.: Kist; Siebmacher./W.: Siebmacher (Hz.: offe-
ner Flug, belegt mit der Schildfigur; zwischen den
Flügeln eine Rose)

v.Mengersreuth Taf. 53
wie v.Mengersdorf (nicht verwechseln mit v.Man-
gersreuth!)

v.Meranien Taf. 79
Zur Geschichte des bedeutenden Dynastenge-
schlechtes der Grafen und Herzöge v.Andechs-
Meranien sei auf die reichhaltige Literatur verwiesen. Das W. des 1248, bzw. 1251 erloschenen Geschlechts wurde in das Stadtwappen von Kulmbach aufgenommen.
Lit.u.W.: Grundsätzliches zum Meranier-Wappen
hat Gerd Zimmermann in den „Fränkischen Blättern", Bamberg 1962 (9. Mai), ausgesagt. Als ge-
nealogisches Werk sei empfohlen: Kist, Andechs

Merck Taf. 116
Reichsstadt Schweinfurt. W.: Siebmacher

Mercklein I Taf. 76
Reichsstadt Windsheim. W.: Siebmacher

Mercklein II Taf. 32
Reichsstadt Windsheim. W.: Siebmacher (Hz.: ein
roter Mannesrumpf zwischen 2 bl. Hörnern, die er
mit den Händen hält)

Merkel (keine Abbildung)
Altes Kaufmanns- und Medizinergeschlecht aus
Nürnberg; Merkelarchiv im German. Nationalmuseum Nürnberg; W.: in Rot ein gold. Sparren, zu
beiden Seiten eine goldene Raute; unter dem Sparren ein wachsender silb. Löwe.
Lit.u.W.: Siebmacher (bürgerl.)

Mertz Taf. 123
Reichsstadt Nürnberg. W.: Kiener

v.Messina Taf. 35
In Bayern eingetragen bei der Freiherrnklasse
1829. 1891 verkaufte Frau v.M. den „Prinzengarten" zu Ansbach an Oberstleutnant v.Wendland.
Lit.: Brügel, Onoldina H.III; GHB Bay. III./W.:
Siebmacher

v.Mettingh Taf. 80
Geadelt 1744; Frh. 1766. Besaßen im 19. Jh.
einen Sitz in Zerzabelshof zu Nürnberg.
Lit.: Lehner./W.: Siebmacher

Meulndorffer Taf. 49
Reichsstadt Nürnberg. W.: Kiener

Meusinger Taf. 109
Reichsstadt Nürnberg. W.: Kiener

Meyern v.Hohenberg Taf. 61
Gutshof Meyernberg/Bayreuth ab Anfang des 18.
Jh. im Besitz der Familie.
Lit.: KD Stadt und Lk. Bayreuth; GHB Bay. IV./
W.: Siebmacher

Mezger Taf. 98
Reichsstadt Rothenburg. W.: Schrag

Mezger Taf. 77
Reichsstadt Rothenburg. W.d. Pancratius M. bei
Schrag

Mezler Taf. 115
Reichsstadt Rothenburg. W.: Schrag

v.Mieg Taf. 79
Stammen aus dem Rheinland; geadelt 1582; Arnold v.Mieg, 1826-32 Regierungspräsident in Ansbach.
Lit.: Siebmacher; Brügel, Onoldina, Heft II./W.:
Siebmacher

Mielich Taf. 44
Reichsstadt Nürnberg. W.: Kiener

Milchling siehe Schutzbar!

v.Miltz Taf. 55
Fränkischer Adel; Vasallen des Hochstifts Würzburg; Trabelsdorf (Aurachgrund) kam 1512 an
die v.M. Erloschen Mitte des 16. Jh.
Lit.: H.H. Hofmann; Siebmacher./W.: Siebmacher
(Hz.: hermelingestülpter roter Spitzhut, oben 3
silberne Straußenfedern)

Mindel Taf. 153
Reichsstadt Nürnberg. W.: Kiener (nach Siebmacher auch in Skandinavien ein Geschlecht mit
gleichem Namen und Wappen)

v.Mistelbach (Mistelbeck) Taf. 7
Stammsitz im Lk. Bayreuth; burggräfliche Lehensleute; erloschen 1563.
Lit.u.W.: Voit, Adel

v.Mittelburg Taf. 69
Vasallen der Grafen v.Truhendingen. Die Witwe
des Erkinger v.M. stiftet 1488 in der Kirche zu
Röckingen (Hesselberg) einen Jahrtag und ein
ewiges Licht.
Lit.: Alberti; Siebmacher./W.: Siebmacher (Hz.:
die Schildfigur: eine Gans)

v.Modersbach (Mudersbach) Taf. 19
Alter Adel des Oberrheins; Schenkenau (Schloß)
1675 im Besitz der v.M.; Kirche zu Untermerzbach: Grabsteine des Oberst Martin v.M., † 1679,
und seines Sohnes, † 1676.
Lit.: KD Lk. Staffelstein; Siebmacher./W.: Siebmacher

Modschiedel v.Gerau Taf. 25
Fränkischer Adel; Dienstmannen der Förtsch;
Stammsitz bei Lichtenfels. Erloschen 1633.
Lit.u.W.: siehe ausführlich Voit, Adel; bei Siebmacher führt diese Familie ein goldenes Kreuz
in Blau (eventuell einer anderen Modschiedler Familie zugehörig?)

Möringer Taf. 115
Reichsstadt Nürnberg. W.: Kiener

Mörl Taf. 124
Reichsstadt Nürnberg. W.: Kiener

v.Mörlau, gen. Böhm Taf. 50
Rheinländischer Adel; Kanton Rhön-Werra.
Lit.u.W.: Kneschke

vom Morn Taf. 25
Reichsstadt Nürnberg. W.: Kiener

v.Mörnsheim Taf. 32
Eichstätt. Ministerialen; Stammsitz im Lk. Eichstätt; gegen Ende des 15. Jh. in Aurach bei Herrieden. Bechthal (bei Titting): Grabstein des Eberhard v.M., † 1524. (Nebenlinie v.Otting)
Lit.u.W.: KD Bez.A. Eichstätt (Hz.: 2 Hörner,
jedes mit 3 Sternen besetzt)

v.Morsbach (Morsbeck) Taf. 7
Stammsitz bei Titting; Anna v.Erlach, Schwester
des letzten v.M., gab in der Frühzeit des 16. Jh. die
Pfalzpainter Rechte an Walburga v.Mur. (Erloschen
im Mannesstamm 1507).
Lit.: Lehner; KD Bez.A. Eichstätt; KD Bez.A.
Hilpoltstein./W.: Siebmacher (Hz.: Spitzhut, oben
mit einer goldenen und einer schwarzen Feder besteckt)

Moses Taf. 84
Reichsstadt Rothenburg. W.: Schrag

Motter von Eibach Taf. 58
Fränkisches Geschlecht. (Eibach b. Nbg.; 14. Jh.)
Lit.u.W.: Siebmacher

Mueleck Taf. 153
Reichsstadt Nürnberg. W.d. Heinrich M. bei Kiener

Muffel v.Eschenau Taf. 80
Ratsfähiges Geschlecht der Reichsstadt Nürnberg;
die Nürnberger Linie ist 1784, die ritterschaftliche
(Ermreuther) Linie 1912 erloschen.
Lit.: Imhoff; Hirschmann, Muffel; Bechtolsheim./
W.: Imhoff; Siebmacher

Muggenhofer Taf. 88
Nürnberger Geschlecht. W.: Siebmacher

v.Muggenthal Taf. 105
Altbayerischer Adel; Reichsfreiherrn 1625; über
die Kanoniker zu Eichstätt siehe ausführlich KD
Stadt Eichstätt!
Stw.: Siebmacher

Mühlholzer Taf. 45
Reichsstadt Nürnberg. W.: Kiener

v.Muhr (Mur) Taf. 150 (Nr. 4 und 5)
Stammsitz Altenmuhr bei Gunzenhausen; ur-
sprünglich Ministerialen des Bistums Eichstätt; Be-
gräbnis in der Ritterkapelle des ehemaligen Mün-
sters zu Heilsbronn; ab 1307 Erbküchenmeister des
Hochstifts Eichstätt. Nach Alberti erloschen mit
Wilhelm v.M. 1536, begraben im Kloster Bergen.
Lit.: Alberti./W.: Alberti; Siebmacher

Müller Taf. 55
Reichsstadt Windsheim. W.: Siebmacher

Müllner Taf. 130
Reichsstadt Nürnberg; Johann M., 1565-1634,
schrieb die bekannten Annalen der Stadt Nürnberg.
Lit.: Imhoff; Müllner./W.: Kiener

Mülner I Taf. 109
Reichsstadt Nürnberg. W.d. Dr. M. bei Kiener

Mülner II Taf. 59
Reichsstadt Nürnberg. W.d.Dr. M. bei Kiener

Mülner III Taf. 121
Reichsstadt Nürnberg. W.: Kiener

Mulstein Taf. 130
Reichsstadt Nürnberg. W.: Kiener

Mumprecht Taf. 87
Reichsstadt Weißenburg. W.: Raab

Münchhöfer Taf. 93
Reichsstadt Nürnberg. W.: Kiener

Mundbach Taf. 99
Reichsstadt Dinkelsbühl; 1666 siegelt Friedrich M.,
Bürgermeister.
Lit.u.W.: Weissbecker

Münderer Taf. 116
Reichsstadt Nürnberg. W.: Kiener

Münderlein Taf. 108
Reichsstadt Weißenburg. W.: Raab

v.Münster Taf. 72
Alter fränkischer Adel; Kantone Rhön-Werra und
Steigerwald; Reichsfreiherr 1660; Linie Euerbach
erloschen 1942, Linie Lisberg 1861. Das Stammwappen wurde von den Linien Niederwerrn-Pfänd-
hausen und Euerbach geführt.
Lit.: Bechtolsheim; GHB Bay. Bd. V; (Grabdenkmäler in der evangelischen Pfarrkirche Trabelsdorf)./W.: Siebmacher

Münster(er) Taf. 55
Reichsstadt Nürnberg. W.: Kiener

Müntzer Taf. 58 (Nr. 11)
Reichsstadt Nürnberg.
Lit.: über Hieronymus M., aus Feldkirch in Vorarl-
berg, siehe Rücker S. 19./W.: Kiener

Müntzer v.Bamberg Taf. 48
Nürnberger Geschlecht.
W.: Kiener (nach Siebmacher erloschen mit dem
Ritter Wolfgang 1577)

Münzmeister siehe Haller v.Bamberg!

v.Murach Taf. 7
Dürrenmungenau, evangelische Kirche: Grabstein
für Anna Veronika v.Westernach, geb.v.M., † 1614.
Lit.: siehe ausführlich Kneschke!; KD Stadt und
Lk. Schwabach./W.: Siebmacher

v.Murr Taf. 105
Reichsstadt Nürnberg; Hieronymus M. 1541 mit
dem Beinamen v.Wolckersdorf in den Adelsstand
erhoben. Mit Christoph Gottlieb v.M. 1811 erloschen.
Lit.u.W.: Imhoff; Siebmacher (Hz. ab 1541: zwischen zwei fünffach von Blau und Gold quergeteil-
ten Hörnern die Katze)

v.Musslohe (Muslohe) Taf. 51, 129, 132
Ursprünglich aus der Mark Brandenburg; Ritter-

kanton Altmühl; wurden auch zu den Rothenburger Geschlechtern gezählt. Schwabach, Stadtpfarrkirche: Grabmäler für Anna Magdalena v.Müslo, † 1571, und Helene v.Müslo, † 1558. Nach Siebmacher erloschen 1661 mit dem Amtmann Hans Georg v.M.
Lit.: Siebmacher; Alberti; KD Stadt und Lk. Schwabach./W.: Schrag, Siebmacher

Naab   Taf. 76
Reichsstadt Dinkelsbühl. W.: Weissbecker

Nadler I   Taf. 35
Ratsfähiges Geschlecht der Reichsstadt Nürnberg; wohl schon im 14. Jh. erloschen.
Lit.u.W.: Imhoff, Siebmacher

Nadler II   Taf. 19
Reichsstadt Nürnberg. W.: Kiener

Nagel   Taf. 145
Reichsstadt Whm. W.: Siebmacher

v.Nanckenreuth   Taf. 149 (Nr. 7 und 8)
Burggräfl. Lehensleute; Stammsitz Lankenreuth, Lk. Pegnitz (bis ins 15. Jh. Nankenreuth). Schloß Unternschreez von 1402-1613 markgrfl. Lehen; erloschen 1613.
Lit.: Voit, Adel; KD Stadt und Lk. Bayreuth./W.: Voit; Siebmacher

v.Nassau   Taf. 77
Sarkophag der Grafen Emicho und Johann v. Nassau († im 14.Jh.) im Hauptschiff des ehemaligen Münsters zu Heilsbronn. 1299 verpfändete Kaiser Albrecht I. Schwabach an den Grafen Emicho v.Nassau, der Schwager des Nürnberger Burggrafen. 1348 verleiht Kaiser Karl IV. u.a. Schwabach als Erblehen an den Grafen Johann v.N. — 1364 kommt Schwabach durch Kauf an die Burggrafen von Nürnberg.
Lit.: Haag, Heilsbronn; KD Stadt und Lk Schwabach./W.: Siebmacher (Das Nassau-Wappen ist in das Stadtwappen von Schwabach aufgenommen worden)

Naub   Taf. 69
Reichsstadt Nürnberg. W.: Kiener

Negelein   Taf. 145
Reichsstadt Nürnberg. W.: Kiener
Lit.: C.J.v.Negelein, Die Familie Negelein aus Nürnberg; Privatdruck Kiel-Schulensee, 1969

v.Neideck   Taf. 57
Ursprünglich wohl Bamberger, dann Schlüsselberger Ministerialen; (Hauptburg der Schlüsselberger war die Neideck über Streitberg). Erloschen wohl nach 1562.

Lit.: siehe ausführlich Voit, Adel./W.: Voit, Adel

v.Neidstein   Taf. 141
Stammburg Neidstein bei Etzelwang; Lit. über die Ministerialen von Neidstein (erloschen im 13. Jh.) siehe ausführlich bei Brand und bei Bosl! Mitglieder der Familie nannten sich auch nach den Burgen Rupprechtstein, Hartenfels und Hartenstein.
W.: Brand; Bosl; Siebmacher

Neidung siehe Neudung!

Neser   Taf. 70
Reichsstadt Rothenburg. W.: Schrag

(v.) Neu   Taf. 38
Balthasar Neu, Geh. Sekretarius des Mgrf.v.Brandenburg-Ansbach, wurde 1614 geadelt. Erloschen mit Joh.Martin Philipp v.N., geb. 1794.
Lit.: Siebmacher; G.Hirschmann, Die Familie (v.) Neu in Württemberg und Franken. Hist.Ver.für Württemb. Franken 1974!./W.: von 1614 nach Siebmacher

Neubert   Taf. 107
Reichsstadt Windsheim. W.: Siebmacher

Neuckum   Taf. 35
Reichsstadt Nürnberg. W.: Kiener

Neudörffer   Taf. 62
Reichsstadt Nürnberg. W.: Kiener

Neudung   Taf. 135
Auch Neuding, Neidung, Neydung; Reichsstadt Nürnberg. W.: Kiener

Neumair   Taf. 103
Reichsstadt Nürnberg. W.: Kiener

Neuner   Taf. 58
Reichsstadt Nürnberg. W.: Kiener

Neuner II   Taf. 122
Reichsstadt Nürnberg. W.: Kiener

v.Neuroth   Taf. 17
Emerich N., † 1572 in Rothenburg. Barbara N., geb.v.Warthausen, Gemahlin des Junkers Hans Georg N., † 1623 zu Uffenheim.
Lit.u.W.: Siebmacher

Neustätter, gen. Stürmer   Taf. 152
Alter oberfränkischer Adel; Stammsitz Neustädtlein a.F., Lk. Kulmbach; Erloschen 1641.
Lit.: siehe ausführlich Voit, Adel; Dichtel./W.: Siebmacher

Neustetter   Taf. 71
Reichsstadt Nürnberg. W.: Kiener

Neydung siehe Neudung!

v.Nordenberg   Taf. 4
Über die bedeutende Familie der Küchenmeister v.
Nordenberg, Seldeneck etc. siehe ausführlich Wei-
gel!. Dominikanerinnenkloster zu Rothenburg:
Grabsteine des Geschlechts.
Lit.: Weigel; KD Rothenburg, kirchliche Bauten./
W.: Weigel

Northeimer   Taf. 136
Reichsstadt Rothenburg. W.: Weigel

Nortwein   Taf. 50
Reichsstadt Nürnberg. W.: Kiener

v.Nostiz-Rieneck   Taf. 101
Ursprünglich Lausitzer Adel; 1673 verkaufte Kurmainz das Amt Rieneck an den Grafen Joh. Hart-
wig v.N. Seither Doppelname der Familie. Verkauf
der Burg nach 1807.
Lit.: Kneschke; KD Bez.A. Gemünden./W.: Stw.
nach Siebmacher

Nothaft von Hohenburg   Taf. 73
Württemb. Adel; nicht zu verwechseln mit den
Notthafft (Nothaft) v.Weißenstein! (unter den
Ahnenwappen des würzb. Domsängers J.Chr.A.v.
Riedheim, † 1714, auf dessen Grabstein.
Lit.u.W.: Alberti; Kneschke

Nöttel   Taf. 132
Reichsstadt Nürnberg. W.d.Bernhart N. bei Kiener

Nöttela   Taf. 38
Reichsstadt Nürnberg. W.d. Bonifacius N. bei
Kiener

Notthafft v.Weißenstein   Taf. 2
Alter Adel der Oberpfalz; Reichsfreiherr 1640;
1343 erwarb die Familie Burg Thierstein (Opf.);
1368 besaßen die N.v.W. Marktleuthen (Ofr.)
Lit.: GHB Bay. Bd. I und IX; KD Lk. Wunsiedel
und Stadtkreis Marktredwitz./Stw.: Siebmacher
(Hz.: 2 Büffelhörner wie Schildfigur, dazwischen
ein sitzender Bracke)

Nürnberger   Taf. 94
Reichsstadt Nürnberg. W.: Siebmacher; Kiener.
(Lit.: siehe bei Schaper, Register!)

Nusch   Taf. 68
Reichsstadt Rothenburg. W.: Schrag

Nützel von Sündersbühl   Taf. 49
Ratsfähiges Geschlecht der Reichsstadt Nürnberg;
erloschen 1747.
Lit.: Imhoff./W.: Kiener (Erst durch das vermehrte
Wappen war eine Verwechslung mit dem Stromer-
Wappen nicht mehr möglich)

Nützel II   Taf. 34
Reichsstadt Nürnberg. W.: Kiener

Nützel III   Taf. 47
Reichsstadt Nürnberg. W.: Kiener

v.Oberkamp   Taf. 51 und 52 (Frh.)
Ursprüngliche rheinische Familie; Ritterdiplom
1629; Frh. 1847; 1791 nach Erwerbung des Rittergutes Weissenbrunn im Kanton Baunach in die
fränkische Reichsritterschaft aufgenommen.
Lit.: Kneschke./W.: Siebmacher

v.Oberländer   Taf. 138
Adelsgeschlecht aus Bayern; auch im Vogtland
und in der Oberlausitz; Schnodsenbach (im Iffgau)
1757 an die v.O., 1792 gehört das Rittergut Rudolphstein einem Herrn v.Oberländer.
Lit.: Seiffert; Lehner; Kneschke; Bechtolsheim;
Stiegler./W.: Siebmacher

Obermair   Taf. 82
Reichsstadt Nürnberg. W.: Kiener

v.Oberndorf   Taf. 8
Grabstein des Geschlechts im ehemaligen Kloster
Heilsbronn. Stammsitz bei Erlangen?
Lit.u.W.: Siebmacher (Hz.: silb. Flügel mit rotem
Freiviertel); über weitere Oberndorf-Familien siehe
Fehn und Siebmacher

v.Obernitz   Taf. 8
Thüring. und Meissn. Adel; 1558 auch im Kanton
Gebürg ansässig. Hans v.O., 1505·34 Reichsschult-
heiß zu Nürnberg.
Lit.: Aign; Kneschke./W.: Siebmacher

Ochs von Gunzendorf   Taf. 97
Stammsitz Gunzendorf im Lk. Bamberg; Schlüssel-
berger Dienstleute. erloschen 1583.
Lit.: Voit, Adel; Kneschke./W.: Siebmacher

Ochsenfelder   Taf. 97
Reichsstadt Nürnberg. W.: Kiener

v.Ochsenfurt
Ein Zweig der Herren von Ehenheim. Siehe dort!

Ochsenfurter   Taf. 80
Reichsstadt Nürnberg. W.: Kiener

v.Ödenberg   Taf. 23
Ortsadel von Ödenberg bei Lauf (14.Jh.). Im 17.
Jh. zu Töging bei Eichstätt ausgestorben.

Lit.: Rühl; KD Lk. Lauf/Pegnitz./W.: Siebmacher
(Hz.: ein gekrönter Mannesrumpf; statt der Arme
2 Hörner belegt mit der Schildfigur)

Öder   Taf. 99
Reichsstadt Nürnberg. W.: Kiener

Oeder   Taf. 99
Reichsstadt Weißenburg. W.: Raab

v.Oefele   Taf. 139
Geadelt 1498; Frh. 1790; 1833 wurde das von
einem Zweige der Gailinger besessene Schloß zu
Illesheim an einen Frh.v.O. verkauft.
Lit.: Lehner; Siebmacher; GHB Bay. III und VI./
W.: Siebmacher

Oelhafen v.Schöllenbach   Taf. 77
Ursprünglich aus Zürich, 1729 unter die ratsfähi-
gen Geschlechter der Reichsstadt Nürnberg aufge-
nommen. Sixtus Oelhafen, † 1539, war oberster
Sekretär und Hofrat der drei Kaiser Friedrich III.,
Maximilian I. und Karl V.
Lit.u.W. (Stw.): Imhoff; GHB Bay. I und VII;
Hirschmann, Patriziat

v.Oepp   Taf. 92
Aus Ungarn nach Franken gekommen. 1632 zu Bi-
schofsheim gesessen.
Lit.: Kneschke./W.: Siebmacher

Oettingen, Fürsten   Taf. 26
Edelfreies Geschlecht aus dem Riesgau; das heutige Fürstenhaus teilt sich in die Linien Oettingen-
Spielberg und Oettingen-Wallerstein.
Lit.: siehe ausführlich Franz Prinz zu Sayn-Wittgenstein, Fürstenhäuser und Herrensitze, München
1961, S. 162 ff.; Strelin; GHB Bay. I und VII./
W.: hier ist nur das Wappen der Oettingen-Spiel-
berg abgebildet (nach Siebmacher)

Öffner (v.Oeffner)   Taf. 147
Reichsstadt Rothenburg; gehörten auch zum Ritterkanton Odenwald. Siehe ausführlich über die
Familie: Kneschke, Bd. VI, S. 569! Nach Kneschke ist die Familie im 18. Jh. erloschen.
W.: Schrag (bei Siebmacher hängt der Pfeil an
einem roten Band)

Ofner   Taf. 121
Reichsstadt Rothenburg. W.: Schrag

Ollinger   Taf. 106
Reichsstadt Nürnberg. W.: Kiener

Oppenrieder   Taf. 33
Reichsstadt Windsheim. W.: Siebmacher

v.Orlamünde   Taf. 74
1260 waren die Thüringer Grafen v.O. Herren der
Plassenburg über Kulmbach als Erben der 1248
im Mannesstamm erloschenen Meranier. Erste
Burgherren von Burg Lauenstein (Frankenwald).
Ehemalige Klosterkirche Himmelkron: Grabdenkmäler aus dem 13.-14. Jh.
Lit.: siehe ausführlich Seiffert; Reitzenstein, Chl.;
KD Stadt und Lk. Kulmbach./W.: nach den Grabdenkmälern in Himmelkron (Farben nach Ulrich v.
Richenthal, Das Concilium 1536; der Wappenhin-
tergrund wird auch gelegentlich mit roten Herzen
oder Rosen bestreut dargestellt)

Örtel   Taf. 18
Reichsstadt Nürnberg. W.: Kiener

v.Ortenburg, Gf.   Taf. 26
Stammsitz in Niederbayern; Schloß Tambach bei
Coburg seit 1806 im Besitz der Familie. Die Gra-
fen v.O. besaßen auch Schloß Geiersberg/Seßlach
von 1839-1920.
Lit.: KD Lk. Staffelstein; GHB Bay. IV; Behrens,
Coburg./W.: Siebmacher

Ortlieb   Taf. 38
Ratsfähiges Geschlecht der Reichsstadt Nürnberg;
erloschen 1458.
Lit.: Imhoff./W.: Kiener

Ortolff   Taf. 49
Reichsstadt Nürnberg. W.: Kiener

Ortt   Taf. 101
Reichsstadt Windsheim. W.: Siebmacher (Hz.: der
Eberkopf)

v.Osternohe (keine Abbildung)
Burgruine Schloßberg über Osternohe (bei Lauf/
Pegnitz) einst Stammsitz der Edelfreien v.O.;
Poppo v.O. 1253 Deutschordensmeister; erloschen
wohl im 13.Jh.
Das Siegel ähnelt dem Wappen der v.Eschenau
(siehe dort!)
Lit.: Kunstmann, Osternohe; nach Siebmacher ist
das W. geteilt: oben gespalten von Gold und Rot,
unten Blau

Osterreicher   Taf. 22
Reichsstadt Nürnberg. W.: Kiener

Österreicher oder Wattenbach   Taf. 155
Reichsstadt Nürnberg. W.: Kiener

v.Otelingen siehe v.Reifenberg!   Taf. 155

Ott   Taf. 36
Reichsstadt Schweinfurt. W.: Siebmacher

Öttinger Taf. 126
Reichsstadt Nürnberg. W.des Wolf Ö. bei Kiener

v.Ow Taf. 78
Schwäbischer Turnieradel; Frh. 1680; Ellingen,
Schloßkirche: Epitaph für Adam Maximilian Frh.v.
Ow, Landkomtur der Ballei Franken, Komtur zu
Ellingen und Nürnberg, † 1702; katholische Pfarr-
kirche zu Pleinfeld: Grabstein für die Kinder des
Marquard Jos. Frh.v.Ow, fürstl. eichstätt. Rat und
Pfleger zu Burg Sandsee.
Lit.: KD Bez.A. Weißenburg; GHB Bay. I und
VIII./W.: Siebmacher

Pafurt Taf. 155
Reichsstadt Nürnberg, W. des Dietrich P. bei
Kiener

Pair Taf. 84
Reichsstadt Nürnberg. W. des Dr. Christ. P. bei
Kiener

Pair (Pairn) Taf. 106
Reichsstadt Nürnberg. W. bei Kiener

Palm Taf. 119
Reichsstadt Nürnberg. W. des Dr. Jorg P. bei
Kiener

Pantzer Taf. 41
Reichsstadt Nürnberg. W. des Tobias P. bei
Kiener

Panwolff Taf. 79
Reichsstadt Nürnberg. W.: Kiener

v.Pappenheim Taf. 26
Eines der ältesten Adelsgeschlechter des fränk.-
schwäb. Raumes; ursprünglich staufische Dienstmannen; Stammsitz an der Altmühl. Reichsmar-
schall Heinrich v.P. diente fünf staufischen Herr-
schern (u.a. Friedrich Barbarossa). Reichs- und
erbländ. Grafenstand Wien 1740 und Frankfurt/
Main 1742. (unter Bestätigung des für Gottfried
Heinrich 1628 in Prag erteilten Grafenstandes).
Lit.: GHB Bay. Bd. I und VII; Pappenheim; zu
empfehlen sind die Arbeiten von Wilhelm Kraft
über das gräfliche Haus Pappenheim./W.: Stw.
nach Siebmacher

v.Parsberg Taf. 9
Stammsitz an der Laber (Opf.). Friedrich v.P.
1237-46 Bischof von Eichstätt; ein anderer Friedrich v.P. 1437 Bischof von Regensburg. Erloschen
1730; Lorenzkirche in Nürnberg: Totenschild des
Ritters und Reichsschultheißen Wernher v.P.,
† 1455.
Lit.: Kneschke; Schöler; KD Stadt Nürnberg./
W.: Siebmacher (Hz.: gekrönter Spitzhut, oben

mit 3 silbernen Federn besteckt)

Pastorius Taf. 102
Reichsstadt Whm. W.: Siebmacher (Hz.: 2 Büffelhörner, verwechselt geteilt von Silber und Rot)

Pauer Taf. 46
Reichsstadt Nürnberg. W.: Kiener

Paumgärtner v.Holenstein und Grünsberg Taf. 67
Ratsfähiges Geschlecht der Reichsstadt Nürnberg;
die Augsburger Linie 1543 nach Erwerb von Ho-
henschwangau Freiherrn (erloschen 1623); nach
dem Aussterben der Nürnberger Linie 1726 gingen
Holenstein und Grünsberg (bei Altdorf) an die
Stromer über.
Lit.u.W.: Imhoff

Paur Taf. 113
Reichsstadt Nürnberg. W.: Kiener

v.Pechmann Taf. 114
Adelsgeschlecht aus Sachsen; der Bau des Ludwig-
Donau-Main-Kanals stand ab 1828 unter der Bau-
leitung von Oberbaurat Frh.v.P.
Lit.: Kneschke; KD Lk. Nürnberg; GHB II und X./
W.: Siebmacher

v.Pechthal Taf. 100
Bechthal bei Raitenbuch einst Stammsitz derer v.
P.; Stammgenossen der v.Erlingshofen; 1414 verkaufte Hermann Pechthaler v.P. seinen Sitz mit
allem Zugehör an Rüdiger v.Erlingshofen.
Lit.: Lehner; Siebmacher./W.: Siebmacher (Hz.:
2 schwarze Hirschstangen; über eine weitere Familie Pechthaler siehe Siebmacher)

Peck Taf. 117
Reichsstadt Nürnberg. W.: Kiener

Pelck (Polck) Taf. 14
Reichsstadt Nürnberg. W.: Kiener

Peller von Schoppershof Taf. 94
Ursprünglich in der Schweiz beheimatet; 1585 er-
hielt Martin Peller den erblichen Reichsadel; 1788
unter die ratsfähigen Geschlechter der Reichsstadt
Nürnberg aufgenommen (Pellerhaus in Nürnberg).
Erloschen 1870 mit Hauptmann Friedrich Peller
v.Sch.
Lit.u.W.: Imhoff; Siebmacher

v.Perckhöffer Taf. 108
Rothenburg, Franziskanerkirche: Grabstein des
Johann Georg v.P. von Otzing (Grafschaft Cham),
† 1631, mit Ehewappen v. Wildenstein (fränkisch).
Lit.u.W.: Siebmacher; freundliche Mitteilung von
Herrn Dr. Schnurrer, Stadtarchiv Rothenburg

Perckmeister Taf. 71
Reichsstadt Nürnberg. W.: Kiener

Peringsdorfer Taf. 87
Reichsstadt Nürnberg; Frauenkirche: Sandstein-
epitaph v.Adam Kraft, gestiftet von Sebald P.,
† 1498; Peringsdorfer Altar von Albrecht Dürer.
Lit.: Imhoff; KD Stadt Nürnberg./W.: Siebmacher

Peßler Taf. 73
Ratsfähiges Geschlecht der Reichsstadt Nürnberg;
1786 erloschen.
Lit.: Imhoff; KD Stadt Nürnberg./W.: Kiener
(Hz. nach Siebmacher: roter Adlerflug belegt mit
nach innen gekehrten Greifenfüßen)

v.Pestalozza Taf. 73
Ursprüngliche Schweizer Familie; Grafen 1790;
Solnhofen, Solabasilika: Epitaph für Johann
Peter v.P., Herr auf Tagmersheim und seine Ge-
mahlin, eine v.Planta.
Lit.: KD Bez.A. Weißenburg; GHB Bay. III.; Sieb-
macher./W.: Siebmacher

v.Pettau Taf. 34
Reichsstadt Nürnberg. W.: Kiener

Petz von Lichtenhof Taf. 85
Stammen aus Schwaben; 1730 unter die gerichts-
fähigen Geschlechter Nürnbergs aufgenommen.
Reichsadelsstand 1626; ab 1582 im Besitz von
Lichtenhof (Nürnberg) und ab 1876 von Schloß
Schwarzenbruck bei Nürnberg.
Lit.: Imhoff; KD Lk. Nürnberg; Kneschke; GHB
Bay. II und IX; Hirschmann, Patriziat./W.: Imhoff

Peuerlein Taf. 73
Reichsstadt Nürnberg. W.: Kiener

v.Peulendorf Taf. 22
Schlüsselberger Dienstleute; Stammsitz P. im Lk.
Bamberg; erloschen im 16. Jh.
Lit.: siehe ausführlich Voit, Adel./W.: Voit, Adel

v.Pfalzpaint Taf. 32
Vasallen der Grafen von Hirschberg; Stammsitz
an der Altmühl.
Lit.: Lehner; KD Bez.A. Eichstätt./W.: Siebmacher
(Hz.: 2 Hörner)

Pfanmus Taf. 98
Reichsstadt Nürnberg. W.: Kiener

Pfann Taf. 29
Reichsstadt Nürnberg. W.: Kiener

Pfann Taf. 111
Reichsstadt Nürnberg. W. des Dr. Pf. bei Kiener

Pfaudt Taf. 73
Reichsstadt Nürnberg. W.: Kiener

v.Pfefferbalg Taf. 16
Ritterkapelle des ehemaligen Münsters zu Heilsbronn: Grabstein der Pfefferbalg v.Bertholdsdorf
an der Aurach. Nach Kneschke ist das Geschlecht
längst erloschen.
Lit.: Siebmacher; Kneschke; Bosl; Lehner; Haag,
Heilsbronn./W.: Siebmacher (Hz.: Vogelkopf und
-hals, belegt mit der Schildfigur)

Pfenner Taf. 91
Reichsstadt Nürnberg. W.: Kiener

v.Pferdsdorf Taf. 103
Fränkischer Adel; Fuldaer Lehensleute; erloschen
Ende des 15. Jh.
Lit.u.W.: Siebmacher (Hz.: pelzgestülpter schwar-
zer Hut, darauf ein stehendes rotes Eichhörnchen,
welches die Vorderfüße an das Maul hält)

v.Pferdsfeld Taf. 10
Schlüsselberger Dienstleute; Stammes- und Wappengenossen der Groß von Trockau; Sitz Pferdsfeld bei Staffelstein. Erloschen 1628.
Lit.u.W.: Voit, Adel; Siebmacher

Pfinzing von Henfenfeld Taf. 60
Ratsfähiges Geschlecht der Reichsstadt Nürnberg;
nach dem Wappenbrief Kaiser Friedrichs 1465
Genehmigung zum Führen des Wappen der (Vor-
eltern mütterlicherseits) Geuschmid. Melchior Pf.,
geb. 1481, verfaßte den „Theuerdank". Mit dem
Reichsschultheißen Johann Sigmund Pf. ist das
Geschlecht 1764 erloschen. Die Schlösser Henfen-
feld und Großgründlach gingen an die Haller v.
Hallerstein über. (Grabdenkmäler in den Kirchen
dieser Orte)
Lit.u.W.: Imhoff (Wappenfelder 1 und 4 =
Geuschmid; Herzschild = v.Henfenfeld) Pfinzing-
Geschlechterbuch (1620) im Archiv der Frh.v.
Haller

Pfintzing aus „Niderlandt" Taf. 9
Reichsstadt Nürnberg. W.: Kiener

Pfister Taf. 35
Reichsstadt Nürnberg. W.: Kiener

Pfister II Taf. 72
Reichsstadt Nürnberg. W. des Christ. Pf. bei Kiener

Pfister Taf. 134
Reichsstadt Schweinfurt. W.: Siebmacher

Pflaum Taf. 31
Reichsstadt Weißenburg. W.: Raab

Pflaumer Taf. 151
Reichsstadt Weißenburg. W.: Raab

Pflueg Taf. 144
Reichsstadt Nürnberg. W.: Kiener

v.Pfraundorf Taf. 37
Pfraundorf bei Beilngries; über das alte Adelsgeschlecht der v.Pfr. siehe Lehner, S. 164! 1514
waren die v.Kuttenau im Besitz des Ortes.
W.: Siebmacher

Pilgram von Eyb Taf. 56
Ratsfähiges Geschlecht der Reichsstadt Nürnberg;
im 13. und 14. Jh. im Rat.
Lit.u.W.: Imhoff; Siebmacher (Hz.: geschlossener
Flug, belegt mit einer Muschel)

Pilgram „die alten" Taf. 56
Reichsstadt Nürnberg. W.: Kiener (Hz. nach Siebmacher: geschlossener silb. Flug mit einer roten
Muschel; das W. der geadelten Pilgram siehe Siebmacher, Wappen des Bayer. Adels)

Pirckafelder Taf. 65
Reichsstadt Nürnberg. W.: Kiener

Pirckheimer Taf. 43
Ratsfähiges Geschlecht der Reichsstadt Nürnberg;
erloschen mit dem bedeutenden Humanisten Willi-
bald P. 1530.
Lit.u.W.: Imhoff

Planck Taf. 137
Reichsstadt Nürnberg. W.: Kiener

von der Planitz Taf. 8
Sächsisch-preußischer Adel; Schwabach, Johannis-
kirche: Grabmal für Rudolf Edler v.d.Pl., Amt-
mann zu Schwabach, † 1573.
Lit.: Siebmacher; KD Stadt und Lk. Schwabach./
W.: Siebmacher

v.Plankenfels Taf. 86
Stammsitze Plankenstein und Plankenfels im Lk.
Ebermannstadt. Eines Stammes und Wappens
mit den v.Wichsenstein. Erloschen 1580.
Lit.: Voit, Adel; Kneschke./W.: Siebmacher,
Kneschke (nach Siebmacher haben die v.Pl.
nur die Helmzier der v.Wichsenstein geführt, den
Schild von Querspitzen gespalten)

v.Plassenberg Taf. 21
Ministerialen der Andechs-Meranier. Sitz: Plas-
senburg über Kulmbach; Seitenlinien: Künßberg,
Weidenberg, Guttenberg, Bayreuth, Henlein, Haig.
Lit.: siehe ausführlich Voit, Adel!/W.: Sieb-
macher; Voit (Hz.: silb. aufgeschlagener roter
Spitzhut, seitwärts mit 2 Pfauenquästen)

Plast Taf. 137
Reichsstadt Rothenburg. Philipp Pl. verkauft 1538
den Edelsitz Hornau an Rothenburg.
Lit.u.W.: Siebmacher

v.Platen Taf. 36
Stammen von der Insel Rügen; 1630 Frh.; 1689
Grf. Über August Grf.v.Platen-Hallermünde zu
Ansbach siehe Brügel, Onoldina Heft II.
Lit.: Siebmacher; Brügel./W.: Siebmacher

v.Ploben Taf. 142
Gerichtsfähiges Geschlecht der Reichsstadt Nürn-
berg; auf dem Johannisfriedhof Grab des Hans
Christoff v.Pl., bez. 1599.
Lit.: Imhoff; KD Stadt Nürnberg./W.: Kiener

v.Plotho Taf. 47
Ursprünglich magdeburg. Adel; 1785 durch Heirat in Besitz des Rittergutes Hofeck; 1750 im
Besitz von Schloß Zedwitz, 1790 Schloß Oberredwitz
Lit.: Seiffert; Stadt und Lk. Hof; KD Lk. Wunsiedel und Stadtkreis Marktredwitz; GHB Bay. IV
und X./W.: Siebmacher

v.Podewils Taf. 93
Oberpfälzische Freiherrn; 1785-1848 im Besitz
von Schloß Weißdorf.
Lit.: KD Lk. Münchberg; GHB Bay. I, III, VII
und X./W.: Siebmacher

Poeckel Taf. 94
Reichsstadt Dinkelsbühl. W.: Weissbecker

v.Pölnitz (Poellnitz) Taf. 23 (Stw.)
Alter vogtländischer Adel; Stammburgen zwischen
Weida und Triptis in Thüringen; seit 1661 sind
die (Freiherrn) v.P. Besitzer von Schloß Hunds-
haupten, Lk. Forchheim. Seit 1783 Burg Vorder-
frankenberg im Besitz der Familie.
Lit.: GHB Bay. Bd. I, VII und IX; KD Stadt und
Lk. Forchheim; KD Lk. Uffenheim; Egloffstein,
Schlösser; Bechtolsheim./W.: Siebmacher

Pömer von Diepoldsdorf Taf. 16
Ratsfähiges Geschlecht der Reichsstadt Nürnberg;
ab 1683 im Besitz von Diepoldsdorf. Erloschen
1814. (Über die Weiterverleihung des Pömer-Wap-
pens an die Livio siehe Hirschmann, Patriziat; Register)
Lit.u.W.: Imhoff (Hz.: eine wachsende rotgeklei-
dete Mohrin ohne Arme, Kapuze mit rot-silb.
Binde)

Popp Taf. 111
Reichsstadt Schweinfurt./W.: Siebmacher

Portner Taf. 91
Reichsstadt Nürnberg. W.: Kiener

Portner II Taf. 140
Reichsstadt Nürnberg. W.: Kiener

Porto Taf. 61
Reichsstadt Nürnberg. W.: Kiener

Posch Taf. 90
Reichsstadt Nürnberg. W.: Kiener

Poß Taf. 54
Reichsstadt Nürnberg. W. des Dr. Joh.P. bei Kiener

Posse siehe Bosse!

v.Praun Taf. 43
1789 unter die ratsfähigen Familien Nürnbergs aufgenommen. Seit 1730 zählten die v.Pr. bereits zu den gerichtsfähigen Geschlechtern. 1813 in die Adelsmatrikel des Königreiches Bayern aufgenommen.
Lit.u.W.: Imhoff; GHB Bay. III und X; Hirschmann, Patriziat; Praun-Katalog

Praunengel Taf. 72
Reichsstadt Nürnberg. W.: Kiener

Praunskorn Taf. 42
Reichsstadt Nürnberg. W. des Dr.Pr. bei Kiener

Pregl Taf. 119
Reichsstadt Nürnberg. W. des Dr. Thomas Pr. bei Kiener

Pregler Taf. 33
Reichsstadt Nürnberg. W.: Kiener

Preisecker Taf. 40
Reichsstadt Nürnberg. W. des Wolf Pr. bei Kiener

Prem Taf. 76
Reichsstadt Nürnberg. W. des Anthoni Pr. bei Kiener

v.Prem Taf. 12
Reichsstadt Nürnberg. W. des Thilmann v.Pr., 1534, bei Kiener

Prembler Taf. 15
Reichsstadt Nürnberg. W.: Kiener

Prenner Taf. 118
Reichsstadt Nürnberg. W.: Kiener

Prenninger Taf. 109
Reichsstadt Rothenburg. W.: Schrag

Preu Taf. 91
Reichsstadt Weißenburg. W.: Raab
Zur Genealogie der Familie: Klaus Raab, Die Raab, Neustadt/Aisch, 1966

Preyl Taf. 130
Reichsstadt Nürnberg. W.: Kiener

v.Preysing Taf. 6
Altes bayerisches Adelsgeschlecht; Pommelsbrunn, evangelische Pfarrkirche: Epitaph des Hans Siegmund v.Pr. auf Haunritz u. Högen, † 1634; Grabstein des Kindes Erasmus v.Pr., † 1598, in der gleichen Kirche; 1603-1621 im Besitz des Gutes Thalheim. – Weitere Grabdenkmäler in Zirndorf (evangelische Pfarrkirche) und Eysölden.
Lit.: KD Lk. Hersbruck; KD Stadt und Lk. Fürth; KD Bez.A. Hilpoltstein; GHB Bay. I und VIII./ W.: Siebmacher (alte Hz.: 2 Hörner, eines rot, das andere silbern)

Prinsterer Taf. 142
Reichsstadt Nürnberg. W.: Kiener

Protzer Taf. 90
Reichsstadt Nürnberg. W. des Dr.Pr. bei Kiener

Prünsterer Taf. 24
Ratsfähiges Geschlecht der Reichsstadt Nürnberg; aus Prünst in der Nähe v. Schwabach; wohl um 1500 erloschen.
Lit.: Imhoff; Lk. Schwabach./W.: Siebmacher

Prünsterer II Taf. 149
Reichsstadt Nürnberg. W.: Kiener

Puchner Taf. 142
Reichsstadt Nürnberg. W.: Kiener (w.des Dr. P.!)

Puchner II Taf. 80
Reichsstadt Nürnberg. W.: Kiener

Puck von Puckenhof Taf. 131
Ratsfähiges Geschlecht der Reichsstadt Nürnberg; erloschen 1427; (die Wappenfarben werden silber-rot, aber auch silber-blau wiedergegeben).
Lit.: Imhoff./W.: Kiener

Puck II Taf. 93
Reichsstadt Nürnberg. W.: Kiener

Puckl Taf. 92
Reichsstadt Nürnberg. W.: Kiener

v.Pückler-Limpurg Taf. 64
Alter schlesischer Adel; 1676 heiratet Carl Franz Frh.v.P. Anna Cordula Kresser v.Burgfarrnbach, letzte Namensträgerin ihres Geschlechts; durch

diese Ehe kam das Schloßgut Burgfarrnbach in den Besitz der Familie. Bestätigung des Grafenstandes 1691.
Lit.: GHB Bay. Bd. I und VII; Sandhöfer./W.: Siebmacher

Püffer Taf. 98
Reichsstadt Nürnberg. W.: Kiener

v.Pühel Taf. 61
Geadelt 1590; 1675 im Besitz von Schloß Laineck; Döhlau, Schloß und Kirche: Grabdenkmäler für Barbara Dorothea v.P., † 1689, und Johann Leonhard v.P., † 1689.
Lit.: KD Stadt und Lk. Hof; KD Stadt und Lk. Bayreuth./W.: Siebmacher

Pühler Taf. 46
Reichsstadt Nürnberg. W.: Kiener

Pültz Taf. 47
Reichsstadt Nürnberg. W.d. Paulus P. bei Kiener

v.Punzendorf Taf. 69
Bamberger Ministerialen; im 13.Jh. in meranischen Diensten, dann im Gefolge der Truhendingen; erloschen 1545.
Lit.u.W.: Voit, Adel

Pürckauer Taf. 66
Reichsstadt Rothenburg. W.: Schrag

Pürckel Taf. 20
Reichsstadt Nürnberg. W.: Kiener

Pusch Taf. 80 (Nr. 11)
Reichsstadt Nürnberg. W.: Kiener
Lit. über Elisabeth Pusch siehe Grote!

Pusch Taf. 80 (Nr. 10)
Reichsstadt Nürnberg. W. des Dr. Seboldt Pusch bei Kiener

Pütel Taf. 88
Reichsstadt Nürnberg. W.: Kiener

Quittelberger Taf. 85
Reichsstadt Nürnberg. W.: Kiener

Raab Taf. 67
Reichsstadt Rothenburg. W.: Schrag

Raab Taf. 65
Reichsstadt Weißenburg.
Lit.: Raab; Kraft./W.: Raab

Rabenhaupt von Sucha Taf. 67
Ursprünglich böhmisches Geschlecht; 1530 im Besitz des Gutes Lindenberg im Kanton Gebürg.

Ernst R.v.S. erwarb 1637 das Gut Ramsenthal (Ofr.).
Lit.u.W.: Siebmacher

v.Rabenstein Taf. 65
Fränkischer Adel; gesessen zu Adlitz, Kirchahorn, Rabenstein (fränkische Schweiz), Trautenberg, Weyer und Wirsberg. Burg Rabeneck mehrmals im Besitze der Familie. Erloschen mit dem Ritterhauptmann Peter Joh. Albrecht v.R., † 1742 (Gedenktafel in der Kirche zu Kirchahorn).
Lit.: Voit, Adel; Kneschke; Rühl./W.: Voit, Adel

Rabensteiner zu Döhlau Taf. 127
Adelsgeschlecht im Raume Hof; Schloß Kühlenfels 1499 an die v.R. zu Döhlau, Schloß-Konradsreuth nach 1516; Schloß und Kirche zu Döhlau: Grabdenkmäler aus dem 17. Jh.
Lit.: Dobeneck, Rabensteiner; Rühl; KD Stadt und Lk. Hof./W.: Siebmacher

Rabensteiner v.Wirsberg Taf. 65
Eine Linie der v.Rabenstein zu Kirchahorn!

v.Racknitz Taf. 104
Steyerischer Adel; Frh. 1553; Polsingen (Lk. Gunzenhausen), Kirche: Grabstein für Eva Christina v.Wöllwarth, geb. v.R., † 1773.
(freundliche Mitteilung des Pfarramtes Polsingen);
Lit.: GHB Bay. III und X./W.: Siebmacher

v.Radeck W.: siehe v.d.Grün!
Stammes- und Wappengenossen der v.d.Grün, v.Reitzenstein, v.Wildenstein (fränkisch)

Raiser Taf. 75
Reichsstadt Nürnberg. W.des Dr.Endres Raiser bei Kiener.

Raitenbach zu Erkersreut Taf. 22
Wolf Friedrich v.R. auf Mönchenreuth, brandenb.-kulmbach. Hofjunker, † 1759.
Lit.u.W.: Siebmacher (Hz.: eine rot-silber gebundene Garbe)

v.Raitenbuch Taf. 21
Kuno v.R. 1167-85 Bischof v.Regensburg; erloschen mit Ulrich v.R. 1585. (Besitz an die v. Parsberg).
Lit.u.W.: Siebmacher (Hz.: zwei mit Hermelin überzogene Stangen, oben mit je einem schwarzen Hahnenbusch besteckt)

Raith Taf. 104
Reichsstadt Nürnberg. W.: Kiener

Raming Taf. 77
Reichsstadt Nürnberg. W.: Kiener

Ramminger   Taf. 63
Reichsstadt Windsheim. W.: Siebmacher

Ramminger   Taf. 66
Reichsstadt Rothenburg.
Lit.u.W.: Schrag; Siebmacher, Konsul Adolf R.,
† 1630

v.Randersacker   Taf. 130
Wappengenossen der Truchseß v.Rieneck; erlo-
schen mit Peter v.R., 1540, begraben zu Würzburg,
Franziskanerkirche.
Lit.u.W.: Siebmacher

v.Rasch   Taf. 144
Fränkisches Geschlecht; daraus Conrad R., Edel-
knecht, bez. 1345.
Lit.u.W.: Siebmacher

Rat (Ratten)   Taf. 58
Reichsstadt Nürnberg. W.: Kiener

Ratnecker   Taf. 130
Reichsstadt Nürnberg. W.: Kiener

Ratz v.Eismannsberg   Taf. 96
Fränkischer Adel; erloschen im 16. Jh. Saßen
auch zu Reichenschwand bei Hersbruck.
Lit.: Kneschke; Siebmacher./W.: Siebmacher
(auch schräggeteilt)

v.Ratzenberg   Taf. 134
Bamberger Ministerialen; wohl im 16. Jh. er-
loschen.
Lit.u.W.: Siehe Voit, Adel!

Rauchbar   Taf. 40
Reichsstadt Rothenburg. W.: Schrag

v.Rauheneck (Raueneck)   Taf. 15
Rauheneck i.Lk. Ebern; seit dem 13.Jh. nachweis-
bar; erloschen 1550. – Pfarrweisach. Lk. Ebern,
Pfarrkirche: Grabdenkmal für Heinrich v.R., †
1504, Jörg v.R., † 1506, Dorothea v.R., † 1507.
Lit.: Mayer./W.: Siebmacher (Hz.: geschlossener
Flug, belegt mit der Schildfigur)

Raup   Taf. 12
Reichsstadt Rothenburg. W.: Schrag

Rauschner v.Lindenberg   Taf. 44
Ministerialen der Andechs-Meranier; Stammsitz am
Ammersee; erloschen 1560. Kasendorf, evange-
lische Pfarrkirche: Grabdenkmal für Joachim R.v.
L., † 1560, und Grabstein für Anna R., † 1534.
Lit.: Voit, Adel; KD Stadt und Lk. Kulmbach./
W.: Voit, Adel

Raymar zu Buckenhof   Taf. 99
Buckenhof bei Erlangen; mit den Strobel v.Atzels-
berg verwandtes Ministerialengeschlecht.
Lit.: KD Stadt und Lk. Erlangen./W.: Siebmacher

v.Rebitz siehe v. Redwitz II!

Rebel   Taf. 21
Reichsstadt Nürnberg. W.: Kiener

v.Rebondy   Taf. 79
Rothenburg, Franziskanerkirche: Epitaph für
Anna Maria v.R., Tochter des Peter v.R. und der
Dorothea Maria Chr. Wibnerin v.Wibenau, † 1713.
Lit.: KD Stadt Rothenburg, kirchliche Bauten./
W.: Siebmacher

Rech v.Rechenberg   Taf. 141 (Nr. 6)
Reichsstadt Nürnberg; die Familie kaufte 1525 den
(nach ihr benannten) Rechenberg zu Nürnberg und
errichtete dort einen Herrensitz. Auch der ehemalige Herrensitz zu Rasch bei Altdorf gehörte
der Familie, die von Kaiser Karl V. geadelt wurde.
Lit.: Imhoff; freundliche Mitteilung des Pfarramtes Rasch./W.: Kiener (Hz.: a) Dreiberg mit
Rechen; b) mit g. Herzen bestreuter schwarzer
Flügel, darin Dreiberg mit Rechen; beide nach
Siebmacher)

v.Rechberg (–Rothenlöwen)   Taf. 81
Um 1200 staufische Marschälle von Schwaben;
1607/1626 Grafen; Grabdenkmäler in Heilsbronn
(ehemaliges Münster) und Eichstätt. Albrecht
v.Hohenrechberg 1429-46 Bischof von Eichstätt.
Lit.: Alberti; Haag, Heilsbronn; KD Stadt Eichstätt./W.: Alberti (Hz. nach Siebmacher: wachsender goldener Hirsch)

v.Rechenberg   Taf. 141 (Nr. 4)
Stammburg einst am Rechenberg über Ostheim
(Lk. Gunzenhausen); Ritterkanton Altmühl; evangelische Pfarrkirche zu Ostheim: mehrere Grabdenkmäler des Geschlechts, u.a. für Afra von
Buttlar, geb.v.R., letzte Namensträgerin, † 1602.
Lit.: siehe ausführlich Stark; KD Lk. Gunzenhausen./W.: Alberti; Lehenbuch Öttingen (Hz.:
a) runder Hut, darauf ein schwarzer Hahn; b) zwei
rote Hörner c) Rechen zwischen 2 Hörnern)

v.Rechteren-Limpurg   Taf. 14
Niederländischer Adel; Annahme des Grafentitels
und Namens Limpurg durch Joachim Heinrich Ad.
v.Rechteren infolge der Eheschließung 1711 mit
Amalie Alex., Erbtochter des Schenken Georg
Eberhard, letzten Grafen v. Limpurg-Speckfeld,
† 1705.
Lit.: GHB Bay. Bd. I und VII./W.: Siebmacher

Reck v.Reckenhof   Taf. 101
Altes Adelsgeschlecht; auch Bürger zu Nürnberg;
Begräbnis zu Neunkirchen a.Brand.
Lit.u.W.: Siebmacher (Hz. des verbesserten Wap-
pens von 1562: geschlossener goldener Flug, darin
der Eber)

Redinger   Taf. 92
Reichsstadt Nürnberg. W.: Kiener

Redlein   Taf. 129
Reichsstadt Windsheim. W.: Siebmacher

v.Redwitz I   Taf. 18
Alter fränkischer Adel; Kanton Gebürg; bayerische Bestätigung des Freiherrnstandes 1816; Wei-
gand v.R., Fürstbischof v.Bamberg, † 1556. —
Stammsitz der ursprünglich bambergischen Ministerialen war Redwitz a.d.Rodach; Seitenlinie der
v.Kunstadt
Lit.: siehe ausführlich Voit, Adel; GHB Bay. Bd. I
und VII; Kist./W.: Siebmacher (Hz.: Kopf und
Hals eines roten Einhorns)

v.Redwitz II (Rebitz)   Taf. 3
Egerländ. Adelsgeschlecht; auch in der Oberpfalz;
erloschen um die Mitte des 17. Jh.
Lit.: R.Frh.v.Reitzenstein, Regesten und Genealogie der v.Redwitz im Egerland und in der Oberpfalz, Verh.des Hist. Ver. für Regensburg und
Oberpfalz, 33, 1878; KD Stadtkreis Marktredwitz und Lk. Wunsiedel./W.: Siebmacher (Hz.: hoher schwarzer Hut, oben mit silb. und roten Federn besteckt)

Regenfueß   Taf. 154
Reichsstadt Nürnberg. W.: Kiener

Rehle   Taf. 91
Reichsstadt Nürnberg. W.: Kiener

v.Rehlingen   Taf. 51
Ratsfähiges Geschlecht der Stadt Augsburg; 1660
Frh.; in Nürnberg 1468 mit Jakob R. im Rat.
Lit.: Imhoff; bei Alberti Frh. seit 1655; GHB
Bay. I und VII./W.: Siebmacher

v.Rehm   Taf. 148
Wilhelm R., Bürger zu Nürnberg, erhielt 1613
Wappenbrief; sein Nachkomme Johann R., kai-
serlicher Kriegskommissar in Nürnberg, erhielt
1744 rittermäß. Adel.
Lit.u.W.: Siebmacher

Reichel (Reich)   Taf. 49
Reichsstadt Nürnberg; stammen aus Regensburg,
erstmals 1447 im Rat der Stadt Nürnberg; erloschen 1578.
Lit.: Imhoff./W.: Kiener

v.Reichenau   Taf. 4
Stammsitz bei Feuchtwangen; Wilhelm v.R. 1464-
96 Bischof von Eichstätt; Ritterkapelle des ehemaligen Münsters zu Heilsbronn: Grabsteine der
v.R. (14.Jh.). Grabdenkmal und Wappen des Bischofs in Eichstätt, Domkirche.
Lit.: KD Lk. Feuchtwangen; Haag, Heilsbronn;
Kneschke, Bd. VII, nennt noch einen sächsischen
General v.R., der 1706 verunglückt./W.: Siebmacher (Hz.: 2 Hörner wie Schild, dazwischen
ein silberner Vogel)

v.Reichenbach   Taf. 147
Stammsitz bei Wassertrüdingen; 1275 ein Heinricus
de Richenbach, miles.
Lit.u.W.: Siebmacher

v.Reichertshofen   Taf. 33
Adelsgeschlecht im Stift Eichstätt; im 15.Jh. mehrere Kanoniker zu Eichstätt und Regensburg, erloschen wohl im 15. Jh.
Lit.u.W.: Siebmacher (Hz.: Flügel wie Schild)

Reichlin von Meldegg   Taf. 132
Schwäbischer Adel; Ellingen, Schloßkirche: Epi-
taph des Franz Joseph R.v.M., Koadministrator
der Deutschordensballei Franken etc., † 1764.
Lit.: KD Bez.A. Weißenburg; GHB Bay. II./W.:
Siebmacher

Reichshöffer   Taf. 53
Reichsstadt Rothenburg. W.: Schrag

Reichswirdt   Taf. 93
Reichsstadt Nürnberg. W.: Kiener

v.Reifenberg   Taf. 128
Edelfreies Geschlecht; urkundlich von 1140-1190,
nennt sich u.a. v.Speinshard und v.Otelingen
(= Ettling). Eberhard, † 1170, Bischof v.Bamberg.
Erloschen 1190.
Lit.: Kunstmann, Burgen in Ofr.; Voit, Adel./W.:
Siebmacher (Voit bezweifelt die Richtigkeit dieses
Turm-Wappens auf dem Stifterbild in Speinshart.
Das Wappen einer — wohl anderen — Familie v.
Reifenberg, die auch Alberti bringt, habe ich auf
Taf. 15 abgebildet. Hz.: 2 Hörner in den Schild-
farben)

v.Reigersberg   Taf. 70 (Nr. 5 und 12)
Aus dem Raume Aschaffenburg; geadelt 1635;
Frh. 1705; Grf. 1803.
Lit.u.W.: Siebmacher; GHB Bay. IV und X

vom Rein   Taf. 102
Reichsstadt Rothenburg; über W. und Grabdenkmäler zu Rothenburg siehe KD Rothenburg, kirchliche Bauten. Lehensleute des Bistums Würzburg,
erloschen im 16. Jh.

Lit.: siehe auch Schrag und Alberti; Siebmacher./
W.: Siebmacher (Hz.: das Lamm zwischen einem
geschlossenen silbernen Flug)

v.Reinach Taf. 77
Rheinländische u. fränkische Familie; W.: hier ist
nur das in der Regel von der Familie geführte W.
abgebildet. Die Deutschordensepitaphien in der
Schloßkirche zu Ellingen für Joh. Casimir Wilh.
Frh.v.R., † 1795, und für Franz Jos.Frh.v.R.,
† 1717, zeigen den vermehrten Schild.
Lit.: KD Bez.A. Weißenburg; Siebmacher./W.:
Siebmacher

Reinsperger Taf. 104
Reichsstadt Nürnberg. W.: Kiener

v.Reinstein Taf. 78
Fränkischer Adel; noch 1588 in der Lehenstafel
des Hochstifts Würzburg unter den blühenden Geschlechtern.
Lit.u.W.: Siebmacher

v.Reisach Taf. 102
Altes bayerisches Geschlecht. Karl August Friedrich Grf.v.R., geb. 1800 in Roth, Bischof von
Eichstätt und Kardinal. (Epitaph in der katholischen Stadtkirche zu Roth)
Lit.: KD Stadt und Lk. Schwabach./W.: Siebmacher

v.Reischach Taf. 101
Schwäbisches Geschlecht; Schloßkirche Ellingen:
Epitaph für Anton Christ. Erdm.v.R., Komtur
zu Öttingen, Ratsgebietiger, † 1785.
Lit.: KD Bez.A. Weißenburg./W.: Siebmacher
(diese Familie soll mit der obigen gleichen Ur-
sprungs sein)

Reisenleiter Taf. 150
Totenschilde der R. in der Schwabacher Stadtkir-
che (von 1568 und 1605).
Lit.: Schwabacher Festschrift./W.: nach einem
Totenschild

v.Reitzenstein Taf. 15
Eines der ältesten Adelsgeschlechter des Vogtlandes. Stammsitz R. bei Naila in Ofr./Kaiserl. Anerkennung des Freiherrnstandes für das Gesamt-
geschlecht 1759.
Lit.: GHB Bay. Bd. I und VIII./W.: Siebmacher(Hz.:
offener roter Flug, die silbernen Balken einander
zugeneigt)

Renger Taf. 119
Reichsstadt Rothenburg. W.: Schrag

Resch Taf. 113
Reichsstadt Nürnberg. W.d.Clement R. bei Kiener

Reuter Taf. 103
Reichsstadt Nürnberg. W.d. Gerhart R. bei Kiener

Reuwein Taf. 56
Reichsstadt Nürnberg. W.: Kiener

v.Rhein siehe vom Rein!

Richter Taf. 80
Reichsstadt Nürnberg. W.: Kiener

v.Riedern Taf. 135
Stammgenossen der v.Stettenberg; Stammsitz bei
Schweinfurt. Erloschen 1588 mit Alexander v.R.
Lit.: Kneschke; Alberti./W.: Alberti (Hz.nach
Siebmacher: Mannesrumpf mit roter Kapuze)

Riedesel v.Eisenbach Taf. 104
Über dieses bedeutende Geschlecht hat Eduard
Edwin Becker ein 4-bändiges Werk geschrieben
(1.Bd. 1923). Epitaphien der Familie befinden sich
in Mitwitz/Ofr. (evangelische Pfarrkirche)
Lit.: KD Lk. Kronach; GHB Bay. IV./W.: Siebmacher (Stw = Feld 1 und 4)

v.Riedheim Taf. 104
Zahlreiche Riedheim-Grabdenkmäler zu Eichstätt.
Siehe ausführlich KD Stadt Eichstätt!./W.: nach
Siebmacher (nat. Esel in Silber)

Rieding Taf. 75
Reichsstadt Nürnberg. W.: Kiener

Riegler Taf. 137
Reichsstadt Weißenburg. W.: Raab

v.Rieneck Taf. 6
Stammsitz über der Sinn (Ufr.); Hauptort der
Herrschaft der Grafen v.R. war Lohr a.Main.
Erloschen mit Philipp v.R. 1559.
Lit.: H.H. Hofmann; Kreisel; Schecher; Alberti;
KD Bez.A. Gemünden./W.: Galbreath; Siebmacher
(Hz.: ein Schwan)

Riese Taf. 88
Reichsstadt Schweinfurt; (sonst Wohlgemuth ge-
nannt)
Lit.u.W.: Siebmacher

Rieter von Kornburg und Kalbensteinberg Taf. 110
Ratsfähiges Geschlecht der Reichsstadt Nürnberg;
Paul Albrecht R. wurde 1696 nebst seinen Vettern
von Kaiser Leopold in den Freiherrnstand erho-
ben. : Die Familie gehörte auch zu den Ritterkan-
tonen Altmühl und Odenwald. Erloschen mit dem
Ritterhauptmann Joh.Albr.Andr.Adam Frh.v.R.,
1753.
Lit.u.W.: Putz; Imhoff (das gleiche W. führte eine
Nürnberger Familie Rieger. Sie wurde in der vor-

liegenden Sammlung nicht berücksichtigt. Das W. ist abgebildet bei Kiener, pag. 165)

Rigler   Taf. 148
Reichsstadt Nürnberg. W.: Kiener

Rinder   Taf. 99
Reichsstadt Nürnberg. W.: Kiener

Rindsmaul von Grünsberg   Taf. 99
Bedeutende Reichsministerialenfamilie. Burg Grünsberg bei Altdorf kam im Erbgang 1315 an Seyfried Schweppermann. 1284 hatte bereits Albert R. Burg Wernfels bei Spalt an den Bischof von Eichstätt verkauft.
Lit.: Lk. Schwabach; Bosl; Kietzell./W.: Die Wappenfarben sind bei Kneschke und Siebmacher nicht immer einheitlich. Nach Kneschke würde der Ochsenkopf noch einen Nasenring tragen (Der Büffelkopf wird auch rot gezeichnet; die Hz. bei Siebmacher: Kopf und Hals eines Büffels; auch 2 Helme mit je einem Büffelkopf)

Ringler   Taf. 131
Reichsstadt Nürnberg. W.: Kiener

Ringmacher   Taf. 77
Reichsstadt Nürnberg. W.: Kiener

v.Rinkenberg   Taf. 68
Adelsgeschlecht der Stadt Rothenburg o.T.
Lit.: Alberti/W.: Siebmacher

Riß   Taf. 121
Reichsstadt Rothenburg. W.: Schrag

Rochen   Taf. 143
Reichsstadt Nürnberg. W.: Kiener

Röhling   Taf. 50
Reichsstadt Rothenburg. W.: Schrag

v.Rohr   Taf. 10
Stammsitz Rohr bei Schwabach; vermutlich Verwandte der Prünsterer (Prünst bei Schwabach). Urk. im 13. und 14. Jh.
Lit.: Lk. Schwabach./W.: Siebmacher

Roggenbach   Taf. 29
Reichsstadt Nürnberg; stammen aus Bamberg; erloschen 1723.
Lit.: Imhoff./W.: Kiener

Römer   Taf. 70
Reichsstadt Nürnberg. W.: Kiener

Römlein   Taf. 27
Reichsstadt Windsheim. W.: Siebmacher

v.Romrod   Taf. 127
Stammsitz bei Alsfeld in Hessen; Georg v.R. 1469 Amtmann zu Mellrichstadt; dessen Bruder Heinrich im gleichen Jahr Domherr zu Würzburg. Erloschen mit dem Würzburger Domherrn Christ. Albert v.R. 1653.
Lit.u.W.: Siebmacher

Rörer   Taf. 57
Reichsstadt Nürnberg. W. des Dr.R. bei Kiener

Rosa   Taf. 54
Reichsstadt Weißenburg. W.: Raab (vergl. auch Siebmacher: Bayer. Adel, Bd. 22)

Rosa   Taf. 51
Reichsstadt Schweinfurt. W.: Siebmacher (vergl. auch Siebmacher: Bayer. Adel, Bd. 22)

Rösch   Taf. 116
Reichsstadt Rothenburg. W.: Schrag

Rösch   Taf. 103
Reichsstadt Nürnberg. W.: Kiener

Rösch v.Gerolzhausen   Taf. 34
Stammsitz bei Ochsenfurt; Lehensadel des Hochstifts Würzburg; 1588 noch unter den lebenden Geschlechtern geführt.
Lit.u.W.: Siebmacher

v.Rosenau   Taf. 56
Fränkischer Adel; Stammsitz bei Coburg; erloschen um 1825. Rosenau-Epitaphien: katholische Pfarrkirche zu Altenkunstadt.
Lit.: Kneschke; KD Lk. Kronach./W.: Siebmacher

v.Rosenbach   Taf. 83
Rheinischer Adel; Johann Hartmann v.R., 1673-1675 Fürstbischof v.Würzburg. W. des Bischofs an der Aller-Heiligen-Kapelle zu Fürnbach, Lk. Haßfurt.
Lit.: Mayer; Kolb./W.: Siebmacher (Hz.: wachsender Löwe zwischen 2 silber-schwarz und schwarz-silber geteilten Büffelhörnern)

v.Rosenberg   Taf. 9
Adelsgeschlecht, das in Württemberg und Franken begütert war. Grabdenkmäler zu Altenmuhr bei Gunzenhausen (evangelische Pfarrkirche), Gnötzheim bei Uffenheim (Kirche) und Erlach bei Ochsenfurt (Pfarrkirche). Erloschen 1631/32.
Lit.: Alberti; KD Lk. Gunzenhausen; KD Lk. Uffenheim; KD Bez.A. Ochsenfurt./W.: Siebmacher (Hz.: zwischen einem roten und einem silbernen Schwanenhals eine rote Rose)

Rosenberger   Taf. 52
Evangelische Stadtpfarrkirche zu Schwabach: Epi-

taph des Münzmeisters Hans Rosenberger († 1510) am Eingang der Rosenbergerkapelle. – Porträt des Münzmeisters Marquard R., † 1536, im Stadtmuseum (der Verfasser).
W.: Siebmacher bringt das gleiche Wappen bei der Augsburger Familie Rosenberger v.Rosenegg.
W. des Schwabacher Rosenberger nach Kiener

Rosendaler   Taf. 54
Reichsstadt Nürnberg. W.: Kiener

Rosenhart, gen. Glockengießer   Taf. 31
Reichsstadt Nürnberg; 1757 erloschen. Alberti nennt die R. ein Ulmer Geschlecht, welches im Jahre 1650 die Adelsbestätigung erhielt.
Lit.: Imhoff; Alberti./W.: Siebmacher / Die Familie Glockengießer, die das bekannte Glockengießer-Spital zu Lauf a.d.Pegnitz im Jahre 1374 stiftete, führte einen Rosenzweig im W. (abgebildet auf dem Schlußstein der ehemaligen Sakristei der Spitalkirche St. Leonhard in Lauf a.d.Pegnitz)

Rosenzweit   Taf. 94
Reichsstadt Nürnberg. W. des Dr.R. bei Kiener

Rößner   Taf. 55
Reichsstadt Nürnberg. W.: Kiener

Rotenbur   Taf. 96
Stammsitz Rottenbauer bei Würzburg; Stammgenossen der Geyer von Giebelstadt.
Lit.u.W.: siehe ausführlich Siebmacher (Hz.: die Schildfigur, wachsend)

Rotenburger   Taf. 109
Reichsstadt Nürnberg. W.: Kiener

Rotenfels siehe v.Tann 1!

v.Rotenhan   Taf. 28
Alter oberfränkischer Adel; Stammburg im Lk. Ebern; ältere Hauptlinie zu Rentweinsdorf, jüngere Hauptlinie zu Merzbach; Anton v.R., Fürstbischof v.Bamberg, † 1459, Eyrichshof, Lk. Ebern, seit 1330 Ansitz der v.R. – Freiherrn und in einer Linie ab 1774 Reichsgrafen.
Lit.: Rotenhan; GHB Bay. Bd. I und VIII./W.: Rotenhan (Hz.: roter Hahn)

Rotenkolben siehe Lebenhan!

v.Rotenstein   Taf. 20
Schlüsselberger Dienstleute; Sitz Rotenstein bei Burggrub im Lk. Ebermannstadt. Erloschen 1397.
Lit.u.W.: Voit, Adel

Roth   Taf. 55 (Nr. 7)
Reichsstadt Rothenburg. W.: Schrag

v.Roth   Taf. 57
Ortsadel von Roth bei Nürnberg; Wappen auf einem Konsolstein an der Nordseite der Lorenzkirche zu Nürnberg. – Die Familie kommt noch im 14. Jh. vor. Siehe ausführlich Hirschmann, Die Familie v.Rot (Roter) in: 900 Jahre Roth, Roth 1960.
W.: Farben nach dem Hallerbuch von 1356. (Angabe in: Lk. Schwabach S. 472)

Roth   Taf. 55 (Nr. 3)
Reichsstadt Weißenburg. W.: Raab

Rothan von Bruckberg   Taf. 68
Anfang des 16. Jh. gehörte Bruckberg bei Ansbach dem Nürnberger Bürger Christoph R., welcher den Ort 1501 von den Hallern erworben hatte. Ging wenige Jahrzehnte später an die v.Eyb. – Grabstein für Sebald R.v.Br., † 1486, im ehemaligen Münster zu Heilsbronn.
Lit.: Lehner; Haag, Heilsbronn./W.: Siebmacher

Rotmund   Taf. 81
Reichsstadt Nürnberg. W.: Kiener

Röttenbeck   Taf. 20
Reichsstadt Nürnberg. W.: Kiener

Rottengatter   Taf. 19
Reichsstadt Nürnberg. W.: Kiener

Rötting   Taf. 32
Reichsstadt Nürnberg. W.: Kiener

Rücker   Taf. 29
Reichsstadt Rothenburg. W.: Schrag

Rücker   Taf. 33
W. des Consul Rücker, Rothenburg o.T., bei Schrag

Rückert   Taf. 66
Reichsstadt Weißenburg. W.: Raab

Rückert   Taf. 64
Reichsstadt Nürnberg. W. des Dr. Jörg R. bei Kiener

v.Rüdingsfels siehe v.Lupin!

Rüdt von Collenberg   Taf. 90
Fränkischer Adel; Burg Collenberg/Main; I. Linie: Bödigheim; II. Linie: Ast Eberstadt und Ast Hainstadt.
Lit.: GHB Starke Bd. I und III (Frh. und Grafen); Kneschke./W.: Siebmacher und Alberti (Hz. nach Siebmacher: Kopf und Hals des Rüden)

Rüffer Taf. 136
Reichsstadt Rothenburg. W.: Schrag

Rummel v.Zandt u.Lonnerstadt Taf. 68
Ratsfähiges Geschlecht der Reichsstadt Nürnberg;
gaben 1575 ihr Bürgerrecht zu Nürnberg auf.
Lit.u.W.: Imhoff

Rupprecht Taf. 116
Reichsstadt Weißenburg. W.: Raab

Rupprechtstein siehe v.Neidstein!

v.Rüssenbach Taf. 152
Schlüsselberger Dienstleute; Stammsitz Rüssen-
bach, Lk. Ebermannstadt; erloschen 1580. Evange-
lische Pfarrkirche Obernsees (bei Bayreuth):
Grabmal der A.v.Aufseß, geb.v.R., (16. Jh.)
Lit.: Voit, Adel; KD Stadt und Lk. Bayreuth./
W.: Siebmacher

Sachs Taf. 52
Ratsfähiges Geschlecht der Reichsstadt Nürnberg;
erloschen um 1500.
Lit.: Imhoff./W.: Kiener (Hz.: gekrönter weiblicher Rumpf, geteilt v. Schwarz und Silber, statt
der Arme zwei von Silber und Schwarz geteilte
Flügel)

Sachs II Taf. 48
Reichsstadt Nürnberg. W.: Kiener

v.Sachsen-Coburg Taf. 42
Das ursprüngliche Stammwappen aller Linien des
herzoglichen Hauses zeigte nur die schwarzen Bal-
ken auf goldenem Grund. Der jüngere Bruder von
Bernhard v.Anhalt, Hzg. v.Sachsen, † 1212, Al-
brecht I. v.Sachsen, unterschied sein eigenes W.
von dem seines Bruders durch den grünen Rauten-
kranz.
Lit.u.W.: Behrens; Wappen und Flaggen deutscher
Länder, Staatsbürgerliche Informationen 1958,
(Hrsg. Bundeszentrale für Heimatdienst, Bonn);
GHB Starke, Fürstliche Häuser IV und VI; über
Bischof Sigmund v.Sachsen (1440-1442) siehe
Kolb!

v.Sack Taf. 16
Egerländ. Adel; eines Stammes und Wappens mit
den Reitzenstein, besaßen die Burg Epprechtstein
(bei Kirchenlamitz, Ofr.). Gipsmodell eines Grab-
steins für den Ritter Georg v.S., † 1483, im ehemaligen Münster zu Heilsbronn.
Lit.: KD Lk. Wunsiedel und Stadtkreis Marktredwitz; Haag, Heilsbronn./W.: Siebmacher (Hz.:
Flügel, belegt mit der Schildfigur)

Sack Taf. 136
Reichsstadt Nürnberg. W.: Kiener

Saffiol Taf. 60
Reichsstadt Nürnberg. W.: Kiener

Sailer Taf. 136
Reichsstadt Nürnberg. W.: Kiener

Salfelder Taf. 31
Reichsstadt Rothenburg. W.: Schrag

Saltzmann Taf. 42
Reichsstadt Regensburg. W.: Schrag

Saltzmann Taf. 121
Reichsstadt Rothenburg. W.: Schrag

Salzmann Taf. 22
Reichsstadt Nürnberg. W. des Hans Adolph S. bei
Kiener

v.Sandizell Taf. 98
1677 bayer. Frh.; Reichsgrafen 1790; Ellingen,
Schloßkirche: Epitaph des Johann Franz Frh.v.u.z.
Sandizell, Ratsgebietiger der Deutschordensballei
Franken, Komtur zu Speyer, † 1698.
Lit.: KD Bez.A. Weißenburg, GHB Bay. I und
VIII./W.: Siebmacher (Hz.: 2 geschlossene Büffel-
hörner)

Satler Taf. 38
Reichsstadt Nürnberg. W.: Kiener

v.Sattelbogen Taf. 3
Stammsitz zwischen Straubing und Cham; erlo-
schen mit Sigmund S., Ritter, † 1537 als Laien-
bruder zu Oberaltaich.
Lit.u.W.: Siebmacher (Hz.: 2 Hörner, wie der
Schild geteilt)

v.Satzenhofen (Sazenhofen) Taf. 6
Altbayerischer Adel; Ellingen, Schloßkirche: Epitaph des Landkomturs Franz Sigmund, Graf.v.S.,
† 1748
Lit.: KD Bez.A. Weißenburg; Bachmann; GHB
Bay. III, VI und X./W.: Siebmacher (Hz.: Brackenkopf in den Farben des Schildes)

Sauber Taf. 52
Reichsstadt Rothenburg. W.: Schrag

Sauer Taf. 118
Reichsstadt Nürnberg. W.: Kiener

Sauer II Taf. 125
Reichsstadt Nürnberg. W.: Kiener

Sauermann Taf. 61
Reichsstadt Nürnberg. W.: Kiener

Sauerzapf auf Burggrub   Taf. 149
Oberpfälz. Adel; W. auf dem Grabdenkmal des
Joh.G. v.Perckhöffer, † 1631 (Rothenburg, Fran-
ziskanerkirche). Erloschen 1861.
Lit.: Kneschke; Alberti; KD Stadt Rothenburg,
kirchliche Bauten./W.: Siebmacher

Saumer (Adel)   Taf. 13
Fränkischer Adel; Heinrich S. 1406, 1418.
Lit.u.W.: Siebmacher (Hz.: Flügel wie Schild)

Sausenhofer v.Rosenegg   Taf. 34
Joachim S., kurbayerischer Leibbarbier und Wund-
arzt erhielt 1642 einen Wappenbrief. Dessen Sohn
Franz 1683 geadelt. Zahlreiche Grabdenkmäler der
v.S. in Eichstätt.
Lit.: KD Stadt Eichstätt; Siebmacher./W.: Siebmacher

v.Seckendorff   Taf. 41
Eines der ältesten Adelsgeschlechter Frankens;
Stammsitz einst bei Cadolzburg, Mfr., Reichsfrei-
herrn 1706; Württemb. Grafentitel 1810. —
Schlösser in Obern- und Unternzenn, Sugenheim,
Rennhofen (Frh. v.S.-Rynhofen), Weingartsgreuth
etc. — Zahlreiche Grabdenkmäler in fränkischen
Kirchen. — Aus der Familie sind mehrere Mini-
ster, Marschälle und Gelehrte hervorgegangen.
(siehe auch v.Hainach!).
Lit.: GHB Bay. Bd. I, VI und IX; Bechtolsheim./
W.: Siebmacher

v.See   Taf. 90
Stammes- und Wappengenossen der v.Wemding;
besaßen schon im Hochmittelalter des Ansitz
Polsingen. Otto v.S. 1274 Domprobst zu Eichstätt;
gleichzeitig ein Siegfried v.S., Abt in Auhausen.
1513 und 1517 geht der Besitz zu Polsingen, Lk.
Gunzenhausen, an Georg Haberkorn, bzw. an den
Markgrafen v.Ansbach über.
Lit.: Chr.Pols./W.: Alberti (Hz. nach Siebmacher:
der Rüdenkopf)

Seefried v.Buttenheim   Taf. 117 und 120
Zur Genealogie der Grafen und Freiherrn S.v.B.
siehe GHB Bay. Bd. II und X und Kneschke, sowie Bechtolsheim. Das untere Schloß zu Buttenheim, Ofr., ab 1764 und Schloß Adlitz (am Hang
der Hohenmirsberger Platte) seit Ende des 18.Jh.
im Besitz der Familie.
W.: Siebmacher

v.Seereuter   Taf. 39
Totenschild des Andreas v.S., † 1482, in der
Schwanenritterkapelle zu Ansbach; Lorenz v.S.,
eichstätt. Landvogt 1576.
Lit.: siehe ausführlich Siebmacher./W.: Sieb-
macher

Segesser von Bruneck   Taf. 142
Dollnstein, katholische Pfarrkirche: Epitaph für
Marquard Sebastian S.v.Br., gewesener Eichstätt
und St. Gallener Rat. Pfleger zu Mörnsheim und
Dollnstein, † 1682. : Großlellenfeld, katholische
Pfarrkirche: Grabdenkmal für Maria Catharina
Joh.v.u.z. Leonrod, geb. S.v.Br., † 1690.
Lit.: KD Bez.A. Eichstätt; KD Stadt und Lk.
Dinkelsbühl (Kurzinv.)./W.: Siebmacher; WiB,
S.55: silbernes Horn in Schw.

v.Segnitz   Taf. 93
Reichsstadt Schweinfurt; Adelsbestätigung 1816
(mit „von Schmalfelden").
Lit.u.W.: Siebmacher

Seidenschuch   Taf. 66
Reichsstadt Nürnberg. W.: Kiener

v.Seidlein   Taf. 139
Fränkisches Geschlecht; Adam S., † Bamberg
1811. Erblicher Adel 1916.
Lit.: GHB Bay. Bd. IV und X./W.: freundliche
Mitteilung von Herrn v.Seidlein, München

Seifridt I   Taf. 148
Reichsstadt Nürnberg. W.: Kiener

Seifridt II   Taf. 75
Reichsstadt Nürnberg. W.: Kiener

v.Seinsheim   Taf. 8 (Stw.)
Stammsitz bei Ochsenfurt am Main; 1580 Frh.;
in einem Zweig seit 1705 Grafen; Erkinger v.S.
kaufte 1420 die Herrschaft Schwarzenberg bei
Scheinfeld. Diese Linie später Fürsten v.Schwar-
zenberg. — Adam Friedrich Grf. v.S., Fürstbischof
von Bamberg, † 1779 (vorher Bischof von Würzburg). — Grabdenkmäler aus dem 16. Jh. in der
Pfarrkirche Erlach (bei Ochsenfurt).
Lit.: Kneschke; Alberti; Bechtolsheim; KD Bez.A.
Ochsenfurt; Mayer (Pretzfeld, Schloß von 1762-
1854 im Besitz der Familie); GHB Bay. III; Kolb./
W.: Siebmacher (im vermehrten Wappen führte
die Familie wegen der Herrschaft Sünching in Feld
2 und 3 einen springenden Eber)

v.Selbitz   Taf. 5
Stammsitz bei Schauenstein; gehörten zum Kanton
Rhön-Werra; erloschen mit Valentin v.S., Sachsen-
Coburg. Geh.Rat und Hofrichter, † 1630.
Lit.: Kneschke; Siebmacher./W.: Siebmacher

v.Seldeneck   Taf. 4
Ein Zweig der Küchenmeister von Rothenburg,
Nordenberg etc. Siehe ausführlich dazu Weigel,
S.36! Grabdenkmäler zu Rothenburg.
Lit.: Alberti; Weigel; KD Stadt Rothenburg

(kirchliche Bauten)./W.: Weigel (Hz.: Kopf und
Hals eines roten Bockes)

Semmler Taf. 139
Reichsstadt Nürnberg. W.: Kiener

Senfft v.Pilsach Taf. 83
Oberpf. Adel; Adam Ernst S.v.P. verkaufte 1688
Pilsach an Georg Meiler. Nachkommen von ihm
bildeten Linien in Sachsen, Thüringen und Preußen. Jos.Friedr.Wilh.S.v.P., kgl. Advokat zu Erlangen, wurde 1818 in die bayerische Adelsmatrikel eingetragen.
Lit.: Münchener Kalender 1917./W.: Siebmacher

Senger von Diespeck Taf. 59
Christoph v.S. (aus Hessen) kaufte 1650 das zum
Kanton Altmühl gehörende Gut Diespeck.
Lit.: Kneschke./W.: Siebmacher (Hz.: schwarzer
Flügel, darin goldene Scheibe, in dieser der schwar-
ze Adler)

v.Serz Taf. 79
Edle v.Serz; Diplom von Kaiserin Maria Theresia
für den Nürnberger Bankier und Stahlfabrikanten
in Österreich, Christoph Sertz.
Lit.: siehe ausführlich Kneschke, Bd. VIII./W.:
Siebmacher

Seubold Taf. 155
Ratsgeschlecht der Reichsstadt Nürnberg; schon
früh erloschen.
Lit.: Imhoff./W.: Kiener

v.Seufferheld (keine Abbildung)
Michael S., Beisitzer des Nürnberger Handelsge-
richts, 1771 geadelt. W.v. 1562: gespalten von
Silber und Rot, darin ein Sparren in verwechselter
Tinktur.
Lit.u.W.: siehe ausführlich Siebmacher

Seufferlein Taf. 80
Reichsstadt Rothenburg. W.: Schrag

Seuter Taf. 114
Reichsstadt Rothenburg. W.: Schrag

Seutter v.Lötzen Taf. 61
Ratsgeschlecht in Ulm, Wangen, Augsburg, Lin-
dau. Geadelt 1559. 1705 kaufte Conrad v.S. den
Ansitz Atzelsberg bei Erlangen und ließ das heu-
tige Schloß errichten.
Lit.: Alberti; KD Stadt und Lk. Erlangen; GHB
Bay. IV./W.: Alberti

Seyboth Taf. 69
Reichsstadt Rothenburg. W.: Schrag

v.Seyboth (Seybothen) Taf. 125
Der Rothenburger Altbürgermeister und Landvogt
Philipp S. wurde 1661 geadelt. Epitaphien zu Ro-
thenburg und Dettwang (Kirche).
Lit.: Alberti; KD Stadt Rothenburg (kirchliche
Bauten)./W.: Alberti

Sichart v.Sichartshofen Taf. 111
Reichsadel 1734 für Johann Friedrich S., Kaufmann und Handelsherr in Nürnberg; über den Besitz im Frankenwald siehe ausführlich Seiffert!
1874 verkaufen die Söhne des Fedor A.v.S. ihre
ererbten Güter Hofeck und Scharten.
Lit.: Kneschke; Seiffert./W.: Siebmacher

Sichert Taf. 116
Reichsstadt Nürnberg; das neuere W. nach Kiener

Sidelmann Taf. 117
Reichsstadt Nürnberg. W.: Kiener

v.Siebold Taf. 125
Würzburger Gelehrtenfamilie; geadelt 1801.
Lit.: Körner./W.: Siebmacher

Sigwein Taf. 100
Reichsstadt Nürnberg. W.: Kiener
(siehe auch Siebmacher, Bay. Adel, Bd. 22)

Singer v.Mossau Taf. 144 (Nr. 7 und 8)
Fränkischer Adel; Kanton Rhön-Werra.
Lit.: siehe ausführlich Siebmacher./W.: Sieb-
macher

v.Sinn Taf. 12
Stammsitz Sinn im ehemaligen Bez.A. Gemünden
Lit.: KD Bez.A. Gemünden./W.: Siebmacher

Sittenbeck (Adel) Taf. 58
Im 13. und 14. Jh. Ortsadel von Kirchensittenbach bei Hersbruck; Mitglieder waren Nieder-
vögte der Propstei und Vogtei Hersbruck. 1406-
1412 Georg v.S. Vogt zu Hersbruck.
Lit.: Schwemmer, Kirchensittenbach./W.: Siebmacher

Sitzinger Taf. 124
Reichsstadt Nürnberg. W.: Kiener

v.Soden Taf. 51
Stammen aus Hannover; Freiherrn und Grafen;
Schloß Vorra (Pegnitztal) von 1853-1920 im
Besitz der Familie.
Lit.: Alberti; Schwemmer; GHB Bay. I, VI, VII./
W.: Siebmacher

v.Sohlern Taf. 60
Rheinischer Adel; 1690 geadelt; seit 1890 sind

die Frh.v.S. im Besitz von Burg Gößweinstein, Fränkische Schweiz.
Lit.: KD Lk. Pegnitz; Siebmacher; GHB Bay. III und X./W.: Siebmacher

v.Somigliano Taf. 61
Johann A.S., Postmeister zu Nürnberg, 1670 in den Freiherrnstand erhoben. Sein Wappen am Hochaltar der Klosterkirche zu Abenberg.
Lit.: KD Stadt und Lk. Schwabach; Siebmacher./ W.: Siebmacher

Soner Taf. 94
Reichsstadt Nürnberg. W.: Kiener (siehe ausführlich Siebmacher)

Sonnenmayer Taf. 113
Reichsstadt Weißenburg. W.: Raab

Sorg Taf. 98
Reichsstadt Nürnberg. W.: Kiener

Spalter Taf. 98 (Nr. 4)
Reichsstadt Nürnberg. W.: Kiener (siehe ausführlich Siebmacher)

Spalter Taf. 98 (Nr. 3)
Reichsstadt Weißenburg. W.: Raab

v.Spardorf Taf. 141
Ministerialen der v.Gründlach, verwandt mit den Strobel v.A. und den v.Erlangen.
Lit.: Deuerlein./W.: Siebmacher

v.Sparnberg Taf. 50
Ursprünglich Franken, wohl Stammesgenossen der v.Reitzenstein.
Lit.u.W.: Siebmacher

v.Sparneck Taf. 23
Alter oberfränkischer Adel; 1744 starb zu Bernstein Joseph Karl Edmund v.Sp. zu Weissdorf als Letzter seines Stammes.
Lit.: KD Lk. Wunsiedel und Stadtkreis Marktredwitz; Coll. Hist. Wirsb. (Dietel)./W.: nach Kiener (W. des Ritters Hans v.Sp., 1416 Schultheiß zu Nürnberg). Hz. nach Siebmacher: 2 Flügel wie Schild

v.Speckfeld Taf. 73
Das Geschlecht stellte mehrere Domherren zu Würzburg im 14. Jh. (Burg bei Castell).
Lit.: Siebmacher./W.: hier ist nur Wappen des Götz v.Sp. von 1354 abgebildet. Ein Wappen von 1243 zeigt drei Klauen (nach Siebmacher)

v.Speinshard siehe v.Reiffenberg!

Speissert Taf. 71
Reichsstadt Nürnberg. W.: Kiener

Spelter Taf. 96
Nach Alberti adeliges Geschlecht der Reichsstadt Rothenburg.
W.: Alberti

Spengler Taf. 61
Reichsstadt Nürnberg. W.: Kiener

Spengler II Taf. 50
Reichsstadt Nürnberg. W.: Kiener

Sperber Taf. 64
Reichsstadt Nürnberg. W.: Kiener

v.Sperreuth Taf. 149
General-Feldwachtmeister Klaus Dietrich v.Sp. erwarb 1638 den Sitz Trautskirchen (Mfr.). Freiherr 1641; sein Sohn stirbt 1672.
Lit.u.W.: Siebmacher

Speth v.Zwiefalten Taf. 140
Schwäbischer Adel; Grabdenkmäler zu Eichstätt.
Lit.: KD Stadt Eichstätt./W.: Siebmacher

Spies siehe Jagstheimer!

Spölin Taf. 134
Reichsstadt Nürnberg. W. des Dr. Joh. Sp. bei Kiener

Spörl Taf. 52
Reichsstadt Nürnberg. W.: Kiener

Spörlein, gen. Arnstein Taf. 111
Reichsstadt Rothenburg. W.: Schrag (Nr. 4) und Siebmacher (Nr. 2)

Spörlin Taf. 111
Reichsstadt Nürnberg. W.: Kiener

Spruner von Merz Taf. 29
Stammen aus Weilheim. Ihr Wappen im Schloß Zedtwitz.
Lit.: Siebmacher; KD Stadt und Lk. Hof./W.: Siebmacher

v.Sulz Taf. 83
Über die Grafen v.S. und Rothenburg siehe ausführlich Weigel und Schröder (hier besonders die Übernahme des Wappens in die Klosterheraldik!)
W.: Weigel

v.Sulzbach Taf. 48
W. der Grafen v.S., Hauptvögte des Bistums Bam-

berg, nach Gack. So auch bei Kraft/Schwemmer.
Die Grafen v.(Habsberg-) Sulzbach sind 1188 er-
loschen.
Lit.: Guttenberg, Terr.

Summerer Taf. 147
Reichsstadt Nürnberg. W.: Kiener

v.Suntheim Taf. 94
Altbayerischer Adel; Grabdenkmäler zu Eichstätt.
Lit.: KD Stadt Eichstätt./W.: Siebmacher

Süß Taf. 106
Reichsstadt Nürnberg. W.: Kiener

v.Süßkind Taf. 114
1821 erhob König Max I. Joseph v.Bayern den
Bankier Johann Gottlieb S. (Augsburg) in den
Freiherrnstand. — 1825 kam Schloß Dennen-
lohe (bei Dinkelsbühl) an die Familie.
Lit.: KD Stadt und Lk. Dinkelsbühl; GHB Bay. II;
Siebmacher./W.: Siebmacher

Sützel v.Mergentheim Taf. 14
Wechselnamen der v.Mergentheim: Lesch, Mertin
(bis 1481), Reich (bis 1406) und Sützel (bis
1289).
Lit.u.W.: Alberti (Hz.: Mannesrumpf)

Schachner Taf. 134
Reichsstadt Nürnberg. W.: Kiener

Schäfer Taf. 84
1787 Johann Sch. Ratsmitglied und Spitalpfleger
zu Dinkelsbühl; (Das W. des Samuel Sch. von
1705 zeigt statt der Löwenköpfe Menschenköpfe).
Lit.u.W.: Weissbecker

Schaff von Habelsee Taf. 82
Johann Sch.v.H., † 1672 als Generalwachtmeister
und Kommandant der Plassenburg ob Kulmbach.
Geadelt 1655. Bereits 1649 hatte er vom Rat zu
Rothenburg Schloß Habelsee erworben.
Lit.u.W.: Siebmacher

Schäffer Taf. 102
Reichsstadt Rothenburg. W.: Schrag

v.Schafhausen Taf. 4
Stammsitz bei Nördlingen; Schwabach, Chor der
Johanniskirche: Grabstein für Christoph Linck,
† 1592, und Magdalena, geb. v.Sch., † 1568. —
Obermässing, katholische Pfarrkirche, Epitaph
des Kastners Hans v.Sch., † 1553, und seiner Frau
Magdalena Haid. Erloschen 1592.
Lit.: KD Stadt und Lk. Schwabach; KD Bez.A.
Hilpoltstein. Siebmacher./W.: Siebmacher (Hz.:
ein wie der Schild geteilter Brackenkopf)

Schaiblein Taf. 155
Reichsstadt Rothenburg. W.: Schrag

Schaler Taf. 37
Reichsstadt Nürnberg. W. des Dr. Schaler bei
Kiener

Schaller Taf. 76
Reichsstadt Nürnberg. W.: Kiener

Schamroth Taf. 42
Reichsstadt Schweinfurt. W.: Siebmacher

Schattemann Taf. 1
Reichsstadt Schweinfurt. W.: Siebmacher

Schätz Taf. 22
Reichsstadt Nürnberg. W.: Kiener

v.Schaumberg Taf. 9 (Stw.)
Alter fränkischer Adel; Ritterkantone Baunach,
Rhön-Werra und Gebürg. Georg v.Sch., † 1475,
Fürstbischof von Bamberg. — Martin v.Sch.,
Fürstbischof von Eichstätt, † 1590.
Lit.: GHB Bay. II; Kist; Schöler./W.: Siebmacher
(Hz.: Mannesrumpf mit Hut, in den Schildfarben;
Hut mit 3 schwarzen Federn.)

Schechs v.Pleinfeld Taf. 7
Alter mittelfränkischer Adel; besaßen u.a. seit
1516 Dürrenmungenau, bis zum 16. Jh. einen
Adelssitz in Pleinfeld, waren vor 1565 Herren
v.Mäbenberg. 1554 verkaufen die Sch. ihren Besitz an die Schnöd v.Defersdorf.
Lit.: Lk. Schwabach; Lehner./W.: Siebmacher
(Hz.: 2 wie der Schild geteilte Hörner. Weitere Hz.
siehe bei Siebmacher)

Schedel Taf. 124
Reichsstadt Nürnberg. W.: Kiener
Dr. Hartmann Schedel, geb. 1440, gab die be-
rühmte Weltchronik heraus. Erloschen 1699.
Lit.: Imhoff; Rücker./W.: Kiener

Scheller Taf. 78
Reichsstadt Windsheim. W.: Siebmacher

Schelriß v.Wasserlos Taf. 23
Stammsitz Wasserlos bei Alzenau, Ufr.; 1344 ver-
pfändet der Bischof von Mainz u.a. dem Friedrich
Sch. die Ämter, Burgen und Orte Rieneck und
Bartenstein. 1429 ist Elisabeth Sch. Äbtissin des
Klosters Himmelthal.
Lit.u.W.: Siebmacher (Hz.: 2 Flügel wie Schild)

Schemel Taf. 29
Reichsstadt Rothenburg. W.: Schrag

Schenck Taf. 135
Reichsstadt Nürnberg. W.: Kiener

Schenk II Taf. 72
Reichsstadt Nürnberg. W.: Kiener

Schenck Taf. 115
W. des Dr. Johann Sch. bei Kiener (Reichsstadt Nürnberg)

Schenk v.Arberg siehe v.Hirschlach!

Schenk v.Castell Taf. 81
Stammsitz im Thurgau; Grafen 1681; Fürstbischöfe von Eichstätt waren Marquard II., † 1685, Euchar, † 1697, Franz Ludwig, † 1736.
Lit.u.W.: Alberti; Schöler; GHB Bay. III (siehe auch Schenk v.Schenkenstein!)

Schenk v.Geyern Taf. 1 (W.seit 16.Jh.)
Alter fränkischer Adel; Stammschloß bei Weißenburg. Zahlreiche Grabdenkmäler zu Nennslingen (katholische Kirche), Raitenbuch (katholische Kirche) und Thalmannsfeld (evangelische Kirche). 1970 ging Schloß Syburg (bei Weißenburg) vom letzten Namensträger der Familie an den Fürsten zur Lippe über.
Lit.: KD Bez.A. Weißenburg; Puchner; freundliche Mitteilung des Fürsten zur Lippe; GHB Bay. II und X./W.: Siebmacher (Hz.: wachsender Geier) (Das W.v. 1310-16. Jh.: geteilt, oben ein wachsender Löwe, unten ohne Bild)

Schenk v.Hirschlach siehe v.Hirschlach!

Schenk v.Klingenburg
siehe Schenk v.Reicheneck, bzw. Limpurg!

Schenk v.Leutershausen und von Lochhof
siehe v.Hirschlach!

Schenk v.Limpurg Taf. 144 (Nr. 11 und 12)
Reichsschenken; Stammsitz bei Hall (Württemberg). Das Wappen mit den 5 Kolben führten auch die Schenk v.Klingenburg (Klingenberg) und die Schenk v.Reicheneck. — Georg Sch.v.L., Fürstbischof von Bamberg, † 1522. — Gottfried Sch. v.L., † 1455, Fürstbischof von Würzburg. — Die Linie Limpurg-Geildorf erlosch 1690, die Limpurg-Speckfeld-Sontheimer Linie, welche die Stammburg 1541 an die Stadt Hall verkaufte, im Jahre 1713.
Lit.: Kist; Alberti; Wunder; Kolb (siehe auch Rechteren-Limpurg!)./W.: Schöler; Kist; Alberti

Schenk v.Reicheneck Taf. 50
Der Reichsministeriale Ulrich v.Königstein vererbt Burg Reicheneck (bei Hersbruck) um 1252 an seinen Schwiegersohn Walter Schenk v.Klingen-

burg (Begründer der Schenk v.R.). Erloschen 1458. — Der Grabstein der Elsbeth Schenkin v.Klingenburg-Reicheneck, Priorin des Klosters Engelthal (bei Hersbruck), † im 14. Jh., wurde 1957 ausgegraben. — Werntho Sch.v.R., Bischof von Bamberg, † 1335.
Lit.: KD Lk. Hersbruck; Kist./W.: Siebmacher (die Familie führte aber auch im gespaltenen Schild eine halbe Rose und die 5 Kolben der Schenk v.Klingenburg, bzw. Limpurg. (Zum Rosenwappen siehe v.Königstein!). (Hz.: 2 Büffelhörner, das rechte silbern, das linke rot, dazwischen Stamm (?) mit palmenartiger Krone, darunter die Rose)

Schenk v.Rossberg Taf. 3
Stammsitz bei Würzburg; 1363 kam ein v.Seckendorff in den Besitz von Burg Konstein, dem sein Schwiegersohn Eberhard Sch.v.R. folgte. Nach 1537 ist das Geschlecht verschollen.
Lit.: Siebmacher; KD Bez.A. Eichstätt./W.: Siebmacher (Hz.: runder Gut, darauf schwarzsilb. geteilter Flügel)

Schenk v.Schenkenstein (keine Abbildung)
Schwäbischer Adel; eines Stammes mit den Schenk v.Castell. Ihr Wappen (nach Kneschke): geviertet; 1 und 4 in Silber, fünfendige Stange eines schwarzen Hirschgeweihs; 2 und 3 von Rot und Gold in 4 Reihen geschacht.
Totenschild des Sigmund Sch.v.Sch., † 1483, in der Schwanenritterkapelle zu Ansbach; Grabstein der Cäcilia Sch.v.Sch., † 1577, zu Ostheim bei Gunzenhausen (evangelische Pfarrkirche). Die Familie besaß in Franken auch das ehemalige Schloß Röckingen bei Wassertrüdingen.
Lit.: Kneschke; KD Lk. Gunzenhausen; Däschlein; Lehner.

Schenk v.Schweinsberg siehe v.Berlepsch
W.: geteilt von Blau und Silber, oben ein schreitender goldener Löw; unter 4 rote Rauten, die die Feldränder und sich selbst berühren (Stellung 3:1) (nach O. Hupp)

Schenk v.Siemau Taf. 58
Alter fränkischer Adel; Grabdenkmal der Äbtissin Ottilie Sch.v. Siemau im ehemaligen Kloster Himmelkron († 1529). Das ehemalige Schloß zu Unterlangenstadt von 1461-1502 im Besitz der Sch.v.S. — Um 1600 gehört Birnbaum (bei Gerhardshofen) den Sch.v.S.
Lit.: Lehner; Colloq. Hist.Wirsb., Bd. 3; Siebmacher; KD Lk. Kronach./W.: Siebmacher (weitere W. siehe dort; Hz.: hochgestelltes rotes Kissen, die Quasten mit schwarzen Hahnenfedern besteckt)

Schenk v.Stauffenberg   Taf. 81
Alter schwäbischer Adel; Reichsfreiherrn 1698; bayer. Grafen 1874; nach dem Erlöschen der v.Streitberg verlieh der Bamberger Fürstbischof Marquard Sebastian Sch.v.St. im Jahre 1690 Schloß Greifenstein seiner Familie (Fränkische Schweiz).
Lit.: H.H. Hofmann; GHB Bay. Bd. VII./W.: freundliche Mitteilung von Gräfin O.v.Stauffenberg, Schloß Greifenstein

Scherb   Taf. 38
Reichsstadt Nürnberg. W.: Kiener

v.Scherenberg   Taf. 134
Fränkischer Adel; auch Burgmänner auf dem Zabelstein (im Bistum Würzburg). Erloschen mit Bischof Rudolf v.Würzburg 1495. Sein Grabmal im Würzburger Dom v.T. Riemenschneider.
Lit.: Kneschke; Kolb./W.: Siebmacher

Scherer   Taf. 115
Reichsstadt Dinkelsbühl. W.: Weissbecker

Scherl   Taf. 46
Reichsstadt Nürnberg. W. des Hanß Sch. bei Kiener

Scheu   Taf. 154 (Nr. 4)
Reichsstadt Windsheim. W.: Siebmacher

Scheu   Taf. 154 (Nr. 5)
Reichsstadt Rothenburg. W.: Schrag

Scheuffelein   Taf. 113
Reichsstadt Nürnberg. W. des Hanns Sch. bei Kiener

Scheurl v.Defersdorf   Taf. 75
1580 gerichtsfähiges, ab 1729 ratsfähiges Geschlecht der Reichsstadt Nürnberg; bayer. Freiherrn 1884. Das Scheurl-Schloß zu Fischbach bei Nürnberg seit 1535 im Besitz der Familie. Rittergut Defersdorf 1566 erworben.
Lit.: Scheurl; KD Stadt und Lk. Fürth; KD Lk. Nürnberg; Imhoff; GHB Bay. I und VIII; Hirschmann, Patriziat./W. (Stw.): Imhoff

Schieber   Taf. 47
Fränkisches Geschlecht; im 14. Jh. zu Gailnau bei Regensburg.
Lit.u.W.: Siebmacher

Schiller I   Taf. 111
Reichsstadt Nürnberg. W. des Mathias Sch. bei Kiener

Schiller II   Taf. 126
Reichsstadt Nürnberg. W. des Michael Sch. bei Kiener

Schilling   Taf. 39
Reichsstadt Nürnberg. W.: Kiener

Schilling   Taf. 58
Reichsstadt Rothenburg. W.: Schrag

Schilling   Taf. 144
Reichsstadt Nürnberg. W. des Dr. Sch. bei Kiener

Schiltberger   Taf. 115
Reichsstadt Dinkelsbühl. W. des Johannes Sch., Bürgermeister, † 1583.
Lit.u.W.: Weissbecker

Schirer   Taf. 89
Reichsstadt Nürnberg. W. des Matthias Sch. bei Kiener

v.Schirnding   Taf. 43
Oberfränkisch-egerländer Adel; Grf.u.Frh.; im Besitz von Bieberswöhr (Lk. Pegnitz) 1744, Lorenzreuth (bei Wunsiedel) vom 14. Jh. bis Anfang des 19. Jh.; Grafenreuth (bei Wunsiedel) im 18. Jh. — Gruft zu Arzberg, evangelische Pfarrkirche (bei Wunsiedel).
Lit.: KD Lk. Pegnitz; KD Lk. Wunsiedel und Stadtkreis Marktredwitz; Gotha 1938; GHB Bay. III./W.: Gotha 1938

v.Schlammersdorf   Taf. 33
Pfälz., rhein. und fränk. Adel; nicht identisch mit den Knott v.Schlammersdorf!
Lit.u.W.: Bechtolsheim; Siebmacher; Kneschke (Hz.: ein von Schwarz und Gold gespaltenes Büffelhorn, an der Seite besteckt mit 3 weißen Federn)

Schlaudersbach   Taf. 59
Reichsstadt Nürnberg. W.: Kiener

Schlauerspach   Taf. 96
Reichsstadt Nürnberg. W.: Kiener

Schleicher v.Baltringen   Taf. 125
Gerichtsfähiges Geschlecht der Reichsstadt Nürnberg; geadelt 1568; stammt aus Ulm.
Lit.u.W.: Imhoff; Siebmacher

v.Schletten   Taf. 44
Bamberger Ministerialengeschlecht; erloschen nach 1640. Stammsitz Kirchschletten bei Bamberg.
Lit.u.W.: siehe ausführlich Voit, Adel (W. nach Siebmacher; dort auch andersfarbiges Wappen)

Schletz   Taf. 23
Reichsstadt Rothenburg. W.: Schrag
Das wohl ursprünglich aus Schwäbisch Hall stammende Geschlecht soll nach Siebmacher mit dem

Landrichter Friedrich v.Schl., Wasserburg, 1650 erloschen sein.

v.Schlewitz Taf. 47
Ursprüngliches Bürgergeschlecht aus Nürnberg; auch württemb. Lehensträger; 1691 Christian Ludwig v.Sch. Hauptmann zu Tübingen, ders. 1729 Kommandant auf dem Hohentwiel.
Lit.: Alberti./W.: Kiener, Alberti

Schliderer v.Lachen Taf. 133
Stammen aus der Rheinpfalz; Grabsteine im Mortuarium zu Eichstätt für die Kanoniker Franz Rudolph, † 1677, und Marquard Ferdinand, † 1692.
Lit.: KD Stadt Eichstätt./W.: Siebmacher (Hz.: 2 gold. Widderhörner)

Schlümpfen Taf. 152
Reichsstadt Nürnberg. W.: Kiener

v.Schlüsselberg Taf. 139
Bedeutendes edelfreies Geschlecht in Oberfranken; (nannten sich auch v.Adelsdorf und Greifenstein). Erloschen 1347 mit Konrad v.Sch., der bei der Belagerung seiner Burg Neideck (Fränkische Schweiz) fiel. Er wurde im Kloster Schlüsselau beigesetzt.
Lit.u.W.: Voit, Adel

Schlüsselberger Taf. 139
Reichsstadt Nürnberg. W.: Kiener

Schlüsselfelder v.Kirchensittenbach Taf. 140
Ratsfähiges Geschlecht der Reichsstadt Nürnberg; erloschen 1709 mit Johann Karl, dem Initiator der Schlüsselfelderschen Familienstiftung. Sitze: Schloß Kirchensittenbach bei Hersbruck und Schloß Kugelhammer bei Röthenbach bei St. Wolfgang (Lk. Roth).
Lit.: Imhoff; freundliche Mitteilung von Herrn v. Volckamer, Schloß Kugelhammer./W.: Imhoff

Schmid v.Eisenberg Taf. 62
Joh. Ferdinand Schm.v.E., kaiserlicher Hauptmann, † 1676 zu Rothenburg; sein Sohn Johann Chr.v.Schm. auf Baldersheim. — 1671 kaufte Chr.Schm.v.E. den Sitz Wildenhof bei Rothenburg.
Lit.: Lehner; Siebmacher./W.: Siebmacher

Schmidmayer v.Schwarzenbruck Taf. 55
Reichsstadt Nürnberg; 1585 Adelsstand für Andreas Schm. Erloschen 1707. (verwandtschaftliche Beziehungen im 15. Jh. zu der Rothenburger Familie Jagstheimer; Schm-W. in Rothenburg!).
Lit.u.W.: Imhoff; KD Stadt Rothenburg, kirchliche Bauten); Machilek

Schmidt Taf. 83
Reichsstadt Nürnberg. W.: Kiener

Schmidt II Taf. 112
Reichsstadt Nürnberg. W.: Kiener

Schmidt Taf. 142
Reichsstadt Rothenburg. W.: Schrag

Schmidt von Altenstadt Taf. 69
1700 Verkauf der Rittergüter Gattendorf und Oberhartmannsreuth durch den Markgrafen an Wolf Christoph Schm., Umgelder zu Hof. Adelsstand seit 1577, bestätigt 1713 mit Zusatz „v.Altenstadt". Im Besitz von Schloß Gattendorf bis 1789. Gruft in der evangelischen Pfarrkirche zu Kirchgattendorf.
Lit.: Seiffert; KD Stadt und Lk. Hof./W.: Siebmacher

Schmidtkoffer Taf. 46
Reichsstadt Nürnberg. W.: Kiener

v.Schmoll (auch Schmölner) Taf. 99
Wappengenossen der Posse v.Flachslanden; die letzte Namensträgerin starb 1509 zu Eysölden. Grabstein aus dem 14. Jh. in der Kirche zu Eysölden (bei Hilpoltstein).
Lit.: Schaper; KD Bez.A. Hilpoltstein./W.: Siebmacher (Hz.: silb. Büffelgehörn mit Ohren)

Schmuck Taf. 79
Reichsstadt Weißenburg. W.: Raab

Schmugenhofer vergl. Taf. 23 und 88
(Schmuggenhofer)
Imhoff, Siebmacher und Kiener bringen zwei verschiedene Wappen (zwei Familien?)
(Hz. des W. auf Taf. 23 (nach Siebmacher): Flügel, belegt mit der Schildfigur)

Schnabel Taf. 110
Reichsstadt Nürnberg. W.: Kiener

v.Schneeberg Taf. 44
Fränkischer Adel; Stammsitz bei Amorbach; Wappengenossen der v.Ebersberg; 1456 unter den Ganerben der Salburg (Saale) genannt; Neustadt/S., Karmelitenkirche: Grabstein des Dietz v. Schn., † 1500.
Lit.: KD Neustadt/Saale; Siebmacher./W.: Siebmacher (Hz.: Flügel wie Schild)

Schnepf Taf. 66
Reichsstadt Rothenburg. W.: Schrag

Schnitter Taf. 62
Reichsstadt Nürnberg. W.: Kiener

Schnitzlein Taf. 134
Reichsstadt Weißenburg. W.: Raab

Schnöd Taf. 101
Reichsstadt Nürnberg; im 16. Jh. nach Ulm verzogen, dort unter den ratsfähigen Geschlechtern.
Lit.u.W.: Alberti; Imhoff

Schoder v.Tief siehe v.Gailingen

v.Schöffstall Taf. 113
Fränkischer Adel; Reckendorf bei Ebern im 14.Jh. im Besitz der v.Sch.; Catharina Sch., Äbtissin des Klosters St. Theodor in Bamberg, † 1520. Letzte Namensträgerin Walburg v.Wiesenthau, geb.v.Sch., † 1552.
Lit.: Siebmacher; Mayer./W.: Siebmacher

Scholl Taf. 76
Reichsstadt Nürnberg. W. des Hanß Sch. bei Kiener

Schön Taf. 46
Reichsstadt Nürnberg. W.: Kiener

Schön Taf. 45
Reichsstadt Nürnberg; W. des Jeremias Sch. bei Kiener

v.Schönborn Taf. 78 (Stw.)
Altes Adelsgeschlecht aus dem Nassauischen und Kurtrier. 1650 Erwerb der Herrschaft Gaibach, Ufr.; Reichsfreiherrn 1663, Reichsgrafen 1701; im gleichen Jahr Erwerb der Grafschaft Wiesentheid und 1710 der Herrschaft Pommersfelden. Aus der Familie sind bedeutende Fürst- und Erzbischöfe von Mainz, Würzburg und Bamberg hervorgegangen.
Lit.: Kreisel; Kist; GHB Bay. I und VII; Kolb./W.: freundliche Übersendung durch Herrn Dr. Max Domarus, Wiesentheid

Schönborn (keine Abbildung)
Reichsstadt Nürnberg. W. des Baltin Sch. bei Kiener: ein gold. mehrstufiger Brunnen in Blau)

v.Schönbrunn siehe v.Hertenberg!

Schöner Taf. 74
Reichsstadt Nürnberg. W.: Kiener

Schoner Taf. 50
Reichsstadt Schweinfurt. W.: Siebmacher

v.Schönfeld Taf. 42
Sächsischer Adel; 1815 erbten die v.Sch. das Schloßgut Trendel, Lk. Gunzenhausen (im Besitz bis 1862). 1679 kam Schloß Thurn bei Forchheim an Friedrich Wilhelm v.Sch. 1747 an die Horneck v.Weinheim.

Lit.: Pfarrb. Ursh.; Alberti; KD Stadt und Lk. Forchheim./W.: Alberti; Siebmacher

v.Schönfeld
Über die edelfreie Familie v.Sch. siehe ausführlich Voit, Adel!

v.Schopfloch Taf. 11
1358 erhält Heinz v.Sch. den Burgstall zu Schopfloch bei Dinkelsbühl, als Lehen von Gerlach v. Hohenlohe. Ende des 14. Jh. an die v.Ellrichshausen. Waren auch in Württemberg begütert.
Lit.: KD Stadt und Lk. Dinkelsbühl; Alberti./W.: Siebmacher und Alberti bringen zwei Wappen mit unterschiedlicher Tingierung (Taf. 11, Nr. 5 und 12) (Hz. bei Siebmacher nicht angegeben)

Schopper Taf. 137
Ratsfähiges Geschlecht der Reichsstadt Nürnberg; erloschen 1481.
Lit.u.W.: Imhoff

Schor Taf. 118
Reichsstadt Dinkelsbühl; 1732 Franz Wolfgang Sch., Mitglied des Inneren Rats, Spitalpfleger.
Lit.u.W.: Weissbecker

Schott v.Schottenstein Taf. 11
Alter oberfränkischer Adel; bayerischer Freiherrnstand 1691; Stammsitz im Lk. Staffelstein; erloschen 1958 mit Rechtsanwalt Konrad Frh.Sch. v.Sch.
Lit.: Voit, Adel; Münchener Kalender 1917; KD Lk. Staffelstein; GHB Bay. IV./W.: Voit, Adel; Siebmacher (Hz.: 2 Büffelhörner in den Farben und Teilungen des Schildes)

Schraffer Taf. 39
Reichsstadt Nürnberg; 2 Wappen nach Kiener

Schrag Taf. 34
Reichsstadt Rothenburg. W.: Schrag

Schrauff Taf. 79
Reichsstadt Nürnberg. W.: Kiener

Schreck (Adel)
Fränkischer Adel; Wappengenossen der v.Leinach (W. siehe dort!); Gesessen zu Weiltingen bei Dinkelsbühl und zu Leutershausen (1372).
Lit.u.W.: Siebmacher

Schreyer Taf. 123
Reichsstadt Nürnberg; der letzte Namensträger, Kirchenmeister Sebald Schr., ließ 1492 das berühmte Grabmal an der Sebalduskirche v.Adam Kraft anfertigen.
Lit.: Imhoff; Rücker./W.: Kiener

v.Schroffenstein Taf. 95
Reichsstadt Nürnberg. W.: Kiener

v.Schrottenberg Taf. 38 (Stw.)
Stammen aus der Steiermark; Reichsfreiherrn
1709; Linien Voccawind und Reichmannsdorf.
Schloß Reichmannsdorf bei Bamberg ab 1687
im Besitz der Familie.
Lit.: GHB Bay., Bd. I und VI; Mayer; Bechtolsheim./W.: Siebmacher (verm. W.d. bayer. Linie:
1 u. 4 Stw., 2 u. 3 roter gekr. Hahn)

v.Schrotzberg Taf. 138
Stammsitz bei Rothenburg; begütert in den Kan-
tonen Odenwald und Altmühl. Die Hauptlinie ist
1576 mit dem markgräflichen Amtmann zu Uffenheim, Hans Wolf v.Schr., erloschen; die Nebenlinie 1662 mit dem Kastner Christoph v.Schr.
(Grabplatte in Wunsiedel, Gottesackerkirche).
Lit.: Weigel; Dichtel; KD Lk. Wunsiedel und Stadtkreis Marktredwitz./W.: Weigel

v.Schuh (keine Abbildung)
Fränkisches Geschlecht; bayer. Personaladel 1892
und bayer. erblicher Adel 1913 für Dr. Georg Sch.,
zuletzt Oberbürgermeister von Nürnberg.
W: Im Blau ein silb. Balken, darin ein rotgefütter-
ter g. Schuh mit g. Spange
Lit.u.W.: GHB Bay. X

Schüler Taf. 49
Reichsstadt Nürnberg. W.: Kiener

Schultheis Taf. 77
Reichsstadt Rothenburg. W.: Schrag

Schultheiß I Taf. 154
Reichsstadt Nürnberg. W.: Kiener

Schultheiß II Taf. 30
Reichsstadt Nürnberg. W.: Kiener

Schultheiß III Taf. 112
Reichsstadt Nürnberg. W.: Kiener

Schürger Taf. 76
Reichsstadt Nürnberg. W.: Kiener

Schürstab Taf. 43
Ratsfähiges Geschlecht der Reichsstadt Nürnberg;
erloschen 1743 mit Wolfgang Sch., Pfleger des
Stadtalmosens.
Lit.u.W.: Imhoff; Geschlechterbuch des Erasmus
Schürstab (1464/67) im Staatsarchiv Nürnberg

Schüttensam Taf. 144
Fränkischer Adel; wohl im 16. Jh. ausgestorben.
Lit.u.W.: Siebmacher

Schütz Taf. 150
Reichsstadt Nürnberg. W.: Kiener

Schütz Taf. 28
Reichsstadt Nürnberg. W.: Kiener

Schütz Taf. 99
Reichsstadt Rothenburg. W.: Schrag

Schütz v.Hagenbach Taf. 140
Adelsgeschlecht, das auch unter der Nürnberger
Bürgerschaft aufgeführt ist. Kam 1404 in den Rat
der Reichsstadt; Johann Sch.v.Hachenbach Abt.
v.Banz 1505-29; erloschen mit Joachim Sch.v.
H., der 1559 als Raubritter zu Hirschaid hingerichtet wurde.
Lit.: Imhoff, Lehner (hier wird der Hinrich-
tungsort mit Bayersdorf angegeben)./W.: Siebmacher

Schütz von Laineck siehe Laineck!

Schütz v.Pfeilstadt Taf. 116
Oberpfälzer Adel; Freiherrnstand bis 1711 zurück-
erwiesen. Zahlreiche Grabdenkmäler zu Eichstätt.
Lit.: KD Stadt Eichstätt./W.: Siebmacher

v.Schutzbar, gen. Milchling Taf. 39
Wilhermsdorf (Mfr.) kam nach dem Erlöschen der
v.Wilhelmsdorf 1569 an die Brüder Sch., gen.
Milchling. Errichtung von „Burg Milchling" anstelle des alten Ansitzes. – Die Familie stammte
ursprünglich aus Hessen. – Philipp Marquard Sch.
bis 1674 Amtmann auf Burg Niesten, Ofr.; Ellingen, Schloßkirche: Epitaph für Johann Konrad
Sch., gen. Milchling, Landkomtur der Ballei zu
Ellingen und Nürnberg, † 1612. – Pottenstein,
katholische Pfarrkirche: Grabstein für Anna Catharina v.Guttenberg, geb.v. Milchling, † 1690.
Lit.: Kneschke; Lehner; Kunstmann, Burgen in
Ofr.; KD Bez.A. Weißenburg; KD Lk. Pegnitz./
W.: Siebmacher

Schwab Taf. 107
Alfalter, evangelische Kirche: Hauptaltar mit
Stifterwappen Hans Jakob Tetzel († 1646) und
seiner Frau Magdalena Sch.
Lit.: KD Lk. Hersbruck./W.: Kiener (Hz. nach
Siebmacher: auf rot-silb. Wulst das Einhorn wach-
send)

v.Schwalbach Taf. 132
Nassauischer Adel; zahlreiche W. von Haus- und
Landkomturen des Deutschen Ritterordens zu
Ellingen, Schloßkirche.
Lit.: KD Bez.A. Weißenburg; Bachmann./W.:
Siebmacher

v.Schwanfeld siehe v.Schweigern!

v.Schwaningen   Taf. 152
Eigentlich Herren v.Schweiningen; Stammsitz Unterschwaningen bei Wassertrüdingen. 1429 gingen
die Eigengüter zu Unterschwaningen an die v.Hol-
zingen über. – Epitaph für Elisabeth v.Schw., Gattin v.Martin v.Eyb, † 1463, in der Schloßkapelle
zu Sommersdorf. Der letzte Namensträger starb
1455.
Lit.: Alberti; H.H. Hofmann; KD Lk. Feuchtwangen./W.: Weissbecker u. Siebmacher

Schwartz   Taf. 122 (Nr. 7)
Reichsstadt Nürnberg. W.: Kiener

Schwartz   Taf. 122 (Nr. 6)
Reichsstadt Rothenburg. W.: Schrag

v.Schwarz   Taf. 61
Geadelt 1816; erwarben 1816 Schloß Artelshofen
(Pegnitztal) und ein Jahr später Schloß Henfenfeld
(bei Hersbruck).
Lit.: KD Lk. Hersbruck; H.H. Hofmann./W.: Sieb-
macher

Schwarz   Taf. 55
Reichsstadt Rothenburg. W.: Schrag

v.Schwarzburg   Taf. 74
Thüringer Grafengeschlecht; Gerhard v.Sch., †
1400, Bischof v.Würzburg.
Lit.u.W.: Kolb

zu Schwarzenberg, Fürsten   Taf. 8
Frh., Grf. und Fürsten; eines Stammes mit den v.
Seinsheim; Schloß Schwarzenberg bei Scheinfeld.
Lit.: Frst. Karl z.Schw., Geschichte des reichs-
ständischen Hauses Schw., Neustadt/Aisch 1963;
GHB Bay. I und VIII; Bechtolsheim./W.: Sieb-
macher (Stw.)

Schwarzmann   Taf. 114
Reichsstadt Rothenburg. W.: Schrag

v.Schweigern   Taf. 71
Fränkischer Adel; Wappengenossen der v.Schwan-
feld; Würzburger Lehensträger; erloschen mit
Wolff v.Schw. zu Mühlbach, der noch 1575 lebte.
Lit.u.W.: siehe ausführlich Siebmacher

Schweiker   Taf. 108
Reichsstadt Nürnberg. W.: Kiener

v.Schweinshaupten   Taf. 102
Sitz bei Hofheim, Ufr.; bis Mitte des 15.Jh. Erbkämmerer des Bistums Bamberg. Erloschen 1498
mit dem bamberg. Vicedom in Kärnten, Peter v.
Schw.

Lit.u.W.: Siebmacher (Hz.: der Eberkopf)

Schwendter   Taf. 113
Reichsstadt Nürnberg. W.: Kiener

Schweppermann   Taf. 153 (Nr. 5 und 6)
Alter Adel des Nordgaues; Seyfried Schw., Feld-
hauptmann v.Kaiser Ludwig d.Bayern, † 1337
(Sarkophag in der Klosterkirche zu Kastl, Opf.);
1315 im Besitz v.Burg Grünsberg bei Altdorf.
Lit.: H.H. Hofmann, Lehner./W.: Siebmacher

Schwertzer   Taf. 64
Reichsstadt Nürnberg. W.: Kiener

Schwindenbach   Taf. 47
Reichsstadt Nürnberg. W.: Kiener

Schwinghammer   Taf. 54
Reichsstadt Nürnberg. W.: Kiener

v.Stadion   Taf. 151
Alter schwäbischer Adel; alte schwäbische Linie
erlosch 1693; Erbe an die elsässische Linie, die
sich dann in die Linien Stadion-Warthausen und
Stadion-Thannhausen teilte; 1711 Grafen; –
Franz Konrad Grf.v.St. – Thannhausen Fürstbischof von Bamberg 1753-57.
Lit.: Alberti; Kist; GHB Bay. II; Bechtolsheim./W.:
Alberti (Hz. nach Siebmacher: ein gold und
schwarz gerautetes Kissen, darauf eine gold. Wolfsangel mit den Spitzen nach oben, der Ring besteckt mit einem Pfauenbusch)

v.Stadler   Taf. 82
Bayer. Adel 1763; 1830 Rittergut Neuenbürg bei
Höchstadt/Aisch an Franz Peter Joseph v.St.;
1867 an die von Mutzler.
Lit.: H.H. Hofmann, Herzogenaurach./W.: Sieb-
macher

v.Stahleck   Taf. 78
Im 12. Jh. gehörte Höchstadt/Aisch den rheini-
schen Pfalzgrafen v.Stahleck. Am Höchstadter
Schloß noch Wappen der Stahleck. – Salzburg
(Saale), Ganerbenburg: Denkmal für Hermann v.
St. (ursprünglich im abgebrochenen Kloster Bild-
hausen).
Lit.: H.H. Hofmann; KD Neustadt/Saale; Mayer./
W.: nach dem Steinwappen in Höchstadt

Staiber   Taf. 88
Reichsstadt Nürnberg. W.: Kiener

v.Stain zum Rechtenstein   Taf. 151
Schwäbischer Adel; Stamm- und Wappengenossen
der v.Stadion; Frh.u.Grf.; zahlreiche Grabdenkmäler in Eichstätt.
Lit.: Alberti; KD Stadt Eichstätt./W.: Alberti

(Hz. nach Siebmacher: aufrechtstehende g. Wolfsangel, an den Spitzen mit zwei Pfauenspiegeln besteckt)

v.Stainfeld Taf. 6
Reichsstadt Nürnberg. W. des Connß von Stainfeld bei Kiener

Stainhauser Taf. 128
Reichsstadt Nürnberg. W. des Simon St. bei Kiener

Stam Taf. 106
Reichsstadt Nürnberg. W.: Kiener

Stark v.Reckenhof Taf. 119
Ratsfähiges Geschlecht der Reichsstadt Nürnberg; Herrensitz Röckenhof (Lk. Erlangen) von 1514-1715 im Besitz der Familie. Erloschen 1715 mit dem brandenburg.-bayreuth. Kammerjunker und Oberamtmann Johann Septimus St.
Lit.: Imhoff; KD Stadt und Lk. Erlangen./W.: Kiener

Starrschedel Taf. 16
Reichsstadt Nürnberg. W.: Kiener

Stattmann Taf. 129
Reichsstadt Weißenburg. W.: Raab

Staudigel Taf. 105
Reichsstadt Nürnberg, besaßen einst Sündersbühl/Nürnberg.
Lit.: Imhoff./W.: Kiener

Staudinger Taf. 40
Reichsstadt Weißenburg. W.: Raab

v.Staudt Taf. 117
Reichsstadt Rothenburg; geadelt 1703; Karl Georg Christian v.St., 1798-1867, Prof. der Mathematik in Erlangen; Schloß Habelsee 1709 an den Senator Joh. Daniel v.St. – Zahlreiche Wappenvorkommen in Rothenburg; v.Staudt'sches Haus in Rothenburg.
Lit.: Müller, R.; KD Lk. Rothenburg; GHB Bay. III./W.: Siebmacher

Stauf auf Untrach Taf. 108
Der kaiserliche Rat Georg St.v.U. wanderte 1626 aus Österreich aus und ging nach Regensburg. 1692 gehörte Schloß Adlitz bei Erlangen den Frh. v.St. auf U. – W.der Familie auf der Gruftplatte des Joh.Jak. Tetzel, † 1688, zu Kirchensittenbach. (Seine Frau war Helena v.St.).
Lit.: KD Stadt und Lk. Erlangen; KD Lk. Hersbruck./W.: Siebmacher

Stauff (keine Abbildung)
Reichsstadt Nürnberg. W. n.Kiener: geteilt von

Schwarz und Rot durch einen schmalen Spitzenbalken, oben ein schreitender g. Löwe, unten eine silberne Lilie

Stauff von Ehrenfels Taf. 1 und 20
Stammsitz bei Hilpoltstein; Wappengenossen der Stein v.Hilpoltstein, v.Breitenstein; erloschen mit Hans Bernhard v.St. Frh.v.Ehrenfels im Jahre 1598.
Lit.u.W.: Siebmacher (Hz. wie Breitenstein)

Steeb Taf. 113
Reichsstadt Dinkelsbühl; 1757 Joh. Matth. St. Mitglied des Geh. Rats, Spitalpfleger.
Lit.u.W.: Weissbecker

Steffan Taf. 87
Reichsstadt Nürnberg. W.: Kiener

Steffan Taf. 103
Reichsstadt Windsheim. W.: Siebmacher

Steib Taf. 89
Reichsstadt Nürnberg. W.: Kiener

Stein zum Altenstein Taf. 145
Alter fränkischer Adel; gehörten zum Kanton Baunach; in Nürnberg auch unter den ratsfähigen Geschlechtern. Seit 1695 Freiherrn; die Sitze Korbersdorf und Schlottenhof Ende des 17.Jh. im Besitz der Familie; Schloß Pfaffendorf ab 1703 Familiensitz.
Lit.: Mayer; Imhoff; KD Lk. Wunsiedel./W.: Siebmacher. Nach dem WiB-Katalog ist die Familie im 19. Jh. erloschen

Stein v.Hilpoltstein Taf. 1
Stammgenossen der v.Breitenstein, v.Heimburg, v.Sulzbürg. Erloschen mit dem herzogl. bayer. Kammermeister Hilpolt im Jahre 1385.
Lit.: Siebmacher (über den Wappenwechsel der v.Breitenstein siehe Siebmacher). Das Siegel von 1376 zeigt einen auffliegenden Greifvogel über einem Dreiberg./W.: Siebmacher
Anmerkung: Bei Bosl, Taf. VI und S. 56 wird der Vogel als Adler (schw.) auf goldenem Grund angegeben

v.Stein zu Nord- und Ostheim Taf. 15
Alter fränkischer Adel; Kanton Rhön-Werra; Reichsfreiherrn 1669; Linie Nordheim (Thür.) erloschen 1922; Linie Völkershausen seit 1378 im Besitz des Schlosses.
Lit.: KD Bez.A. Mellrichstadt; GHB Starke 1952; GHB Bay. I und VI./W.: GHB Starke (Hz.: gekrönter Helm, offener Flug mit Schildfigur)

v.Steinau gen. Steinrück Taf. 129
Alter fränkischer Adel; Stammsitz bei Fulda. –

Adam Heinrich Graf. v.St. kgl.polnischer und kursächsischer Generalfeldmarschall, † 1712. – Mit dessen Bruder, dem kaiserlichen General Johann Franz Rudolf ist die Familie 1734 erloschen.
Lit.u.W.: Siebmacher

v.Steinling   Taf. 68
Alter Adel der Oberpfalz; gehörten auch zu den ratsfähigen Geschlechtern Nürnbergs; 1828 immatrikuliert bei der Freiherrnklasse in Bayern.
Lit.u.W.: Imhoff; Gotha 1930; GHB Bay. II (Hz. nach Siebmacher: der Hahn aus dem Schild)

Stellwag   Taf. 121
Reichsstadt Windsheim. W.: Siebmacher

Stellwag   Taf. 115
Reichsstadt Rothenburg. W.: Schrag

Stempel   Taf. 154
Reichsstadt Nürnberg. W.: Kiener

v.Steppach   Taf. 25
Bamberger Ministerialen; Stammsitz Steppach bei Höchstadt/Aisch. Nannten sich auch v.Liebenau und v.Stolzenroth. Beiname Kratz für eine Linie. – Vermutlich erloschen im 16. Jh.
Lit.: siehe ausführlich Voit, Adel./W.: Voit, Adel

vom Stern   Taf. 95
Fränkisches Geschlecht. W.: Siebmacher; im 14. Jh. in Würzburg und Nürnberg; Lit.: Siebmacher

v.Sternberg   Taf. 15
Alter fränkischer Adel; Stammsitz bei Königshofen; Berthold von St., Bischof von Würzburg, † 1287; Heinrich v.St., Fürstbischof von Bamberg, † 1328.
Lit.u.W.: Siebmacher; Kist (Hz.: rotgekleideter Mannesrumpf, gekrönt, in der Krone ein g. Stern, zwischen 2 mit Spitzen von Rot und Silber geteilten Hörnern)

v.Sternberg-Manderscheid   Taf. 27
Ursprünglich fränkisches Geschlecht; Grafen; 1835 verkauften die Erben des Grafen Franz v.St. den Familienbesitz an Württemberg.
Lit.u.W.: Alberti

Stetner   Taf. 66
Reichsstadt Nürnberg. W. des Dr. Lienhart St. bei Kiener

Stetpeck   Taf. 33
Reichsstadt Nürnberg. W.: Kiener

v.Stetten   Taf. 147
Alter fränkischer Adel; Schloß Stetten in Hohenlohe-Franken; Ritterkanton Odenwald; in Württemberg bei der Freiherrnklasse immatrikuliert.

Lit.u.W.: Alberti, freundliche Mitteilung von Freifrau v.Stetten, Schloß Stetten

v.Stettenberg   Taf. 135
Wohl Stammgenossen der v.Riedern und Fuchs v. Kannenberg; besaßen im 14. Jh. die Burg Hohenlandsberg bei Marktbibart.
Lit.u.W.: siehe ausführlich Siebmacher!; Lehner (Hz. nach Siebmacher: ähnlich Fuchs v.Kannenberg)

Stettner v.Grabenhofen   Taf. 126
Stammen aus der Steiermark; 1705 Aufnahme in die fränkische Ritterschaft, Kanton Altmühl. Joh. Adolf Ritter St.v.Gr. verkauft den Sitz Neuenbürg 1778. Dessen Vater war Joh.Chr.St.v.Gr., markgrfl. ansbach. Kammerherr, kaiserl. WRat, Ritterrat des Kantons Altmühl, kgl.poln. und kursächs. Obristwachtmeister a.D.
Lit.u.W.: GHB Bay. IV und X; Siebmacher (Hz.: die Hand zwischen einem gold. und rot geteilten offenen Flug).

Stettner v.Halbermannstetten   Taf. 21
Fränkischer Adel; (Haltenbergstetten-Niederstetten in der Nähe von Herrieden). : Friedrich d.J. zu Feuchtwangen und Wiesenbruck (bei Herrieden) lebt noch 1567; Ansbach, Schwanenritterkapelle: Grabmahl für Hans St.v.H., † 1502. Erloschen gegen Ende des 16. Jh.
Lit.: Kneschke; Alberti; KD Lk. Feuchtwangen./ W.: Alberti; Siebmacher (Hz.: silberner Brackenkopf mit gold. Halsband).

v.Stettpeck
W. siehe Senfft v.Pilsach! Otto S., Bürger zu Hersbruck, kauft 1344 von seinen Brüdern Conrad S. zu Stettpach und Dietr.S. zu Götzendorf den Zehnt zu Reutheim.
Lit.u.W.: Siebmacher

v.Stichaner   Taf. 36
Aus der Oberpfalz; geadelt vom Kurfürsten von Bayern 1778. Franz Joseph Edler v.Stichaner 1832-38 Regierungspräsident in Ansbach.
Lit.: Brügel, Onoldina; Siebmacher./W.: Siebmacher

Stiebar v.Buttenheim   Taf. 147
Schlüsselberger Dienstmannen; Stammsitz Buttenheim bei Bamberg. Die fränkische Hauptlinie ist 1762 erloschen, die Zweiglinie in Tirol 1874. – Grabdenkmäler zu Roßtal (evangelische Pfarrkirche), Schwabach (Friedhofskirche, Johanniskirche), Buttenheim (Pfarrkirche).
Lit.: Voit, Adel; Dichtel, KD Stadt und Lk. Fürth; KD Stadt und Lk. Schwabach; Mayer; Bechtolsheim./W.: Siebmacher

v.Stieglitz Taf. 59
Ratsfähiges Geschlecht aus Pilsen; 1598 geadelt.
Nach einer Familientradition aus Franken stam-
mend.
Lit.u.W.: freundliche Mitteilung von Herrn Oberst-
leutnant a.D.v.Stieglitz, Rothaurach bei Roth

Stockamer Taf. 2
Reichsstadt Nürnberg; Leonhard St., Sekretär bei
Kaiser Karl V., 1524 in den Adelsstand, dessen
Söhne in den erblichen Ritterstand erhoben. Die
Nürnberger Linie ist erloschen.
Lit.: siehe ausführlich Imhoff./W.: Imhoff; Stock-
amer-W. in St. Lorenz/Nürnberg (Schlüsselfelder-
Fenster) und in der Kirche zu Kirchensittenbach

Stöckel Taf. 149
Reichsstadt Nürnberg. W.: Kiener (hier nur das
neue W. abgebildet)

Stockheimer Taf. 14
Reichsstadt Nürnberg. W.: Kiener

Stöckl Taf. 35
Reichsstadt Nürnberg. W. des Dr. Endres St. bei
Kiener

Stoi Taf. 114
Reichsstadt Nürnberg. W.: Kiener

v.Stolzenroth
Stamm- und Wappengenossen der v.Steppach (W.
siehe dort!); Walther v.St., Abt von Kloster
Michelsberg bei Bamberg, † 1350. Nach 1470 be-
saß Wolfgang v.St. den Rittersitz Atzelsberg bei
Erlangen.
Lit.: Siebmacher; KD Stadt und Lk. Erlangen

Stör v.Störenstein Taf. 74
Stammsitz bei Neustadt/Waldnaab. Grabstein des
Walbram St., 14.Jh., in der evangelischen Pfarr-
kirche zu Velden.
Lit.: KD Lk. Hersbruck; Siebmacher./W.: Sieb-
macher

Stör Taf. 30
Reichsstadt Schweinfurt.W.: Siebmacher

v.Strahlenfels Taf. 147
Alter Adel in Franken und der Opf.; 1254 Burg-
(stall) Strahlenfels (Lk. Forchheim) Sitz des Hein-
rich v.Str.; 1454 Georg v.Str. Pfleger auf dem
Hohenstein (bei Hersbruck); erloschen mit Dr.jur.
Thomas v.Str., Hofmeister zu Neuburg, Land-
marschall, † 1602.
Lit.: KD Lk. Forchheim; Siebmacher; Rühl./W.:
Siebmacher (Hz.: 2 rote Büffelhörner, dazwi-
schen die Pfeilspitze)

v.Strasoldo, Grf. Taf. 114
Alter Adel aus der Markgrafschaft Friaul; Raimund
v.St. von 1757-1781 Fürstbischof von Eichstätt.
Lit.: freundliche Mitteilung von Fürst zur Lippe,
Syburg; Schöler./W.: freundliche Mitteilung von
Herrn Brun Appel, Diozesanarchiv Eichstätt

Straub Taf. 75
Reichsstadt Nürnberg. W.: Kiener (Allianzwappen
Tucher-Straub im Tucherschloß in der Hirschelgas-
se zu Nürnberg (Lit.: Grote)

Straus Taf. 70 (Nr. 7)
Reichsstadt Rothenburg. W.: Schrag

Strauss Taf. 70 (Nr. 8)
Reichsstadt Nürnberg. W.: Kiener

Streidt Taf. 122
Reichsstadt Nürnberg. W.: Kiener

v.Streitberg Taf. 143 (Nr. 5 und 6)
Bamberger Ministerialen, im 13. Jh. in meran. und
schlüsselb. Diensten; Stammburg Streitberg in der
Fränkischen Schweiz; erloschen mit Hans Wilhelm
v.Str. 1690 (Grabmal in der Kirche zu Strössen-
dorf bei Lichtenfels). Eine Familie v.Streitberg
(in Erlangen) führt aber das gleiche Wappen noch
heute!
Lit.: Voit, Adel; Seiffert; freundliche Mitteilung
von Herrn Konrektor O. v.Streitberg, Erlangen./
W.: Voit, Adel

v.Streitberg II Taf. 74
Ernst Odolwalzki von Königin Christina v.Schwe-
den zum Obersten ernannt und mit dem Namen
„von Streitberg" in Stockholm 1651 geadelt.
Erwarb den Edelsitz Oberndorf bei Nürnberg von
der Familie von Tucher.
Lit.u.W.: Siebmacher

Strobel I Taf. 70
Reichsstadt Nürnberg. W.: Kiener

Strobel II Taf. 124
Reichsstadt Nürnberg. W.: Kiener

Strobel von Atzelsberg Taf. 100
Alter fränkischer Adel; die Str. saßen im 14. Jh. zu
Marloffstein, Spardorf, Atzelsberg, Uttenreuth.
Atzelsberg gehörte ihnen bis 1470. Grabdenkmal
für Hermann Str.v.A., Propst zu Neunkirchen,
† 1360, in der katholischen Pfarrkirche zu Neun-
kirchen a. Brand. Ulrich Str.v.A. v.Haimendorf
(bei Nürnberg) 1370/1387. — Allianzwappen
Kress/Strobel am Kressenstein zu Kraftshof bei
Nürnberg.
Lit.: KD Lk. Erlangen; KD Stadt und Lk. Forch-

heim; Lehner; Siebmacher; Hirschmann, Kraftshof./W.: Siebmacher

Strolin   Taf. 149
Reichsstadt Nürnberg. W.: Kiener

Strölin   Taf. 112
Auch Ströhlein; Reichsstadt Dinkelsbühl. W.:
Weissbecker

Stromer v.Reichenbach   Taf. 49
Gehören zu den ältesten ratsfähigen Geschlechtern der Reichsstadt Nürnberg („Reichenbach"
Ortsteil von Schwabach); Stammsitz seit 1730 ist
Grünsberg bei Altdorf; 1820 bei der bayer. Freiherrnklasse immatrikuliert. Ulmann Stromer, †
1407, richtete die erste Papiermühle in Nürnberg
ein. – Peter Stromer führte 1388 erstmals die
künstliche Aussaat von Nadelwald ein.
Lit.: Imhoff; Mitteilung von Prof. Wolfgang Frh.
Str.v.R.; GHB Bay. I und IX; Hirschmann, Patriziat./W.: Imhoff (Hz.: rotes Kissen mit g.Qua-
sten, in dem 3 silb. Lilienstäbe stecken)

Stromer zur Rose
siehe dazu Lit. bei Schaper (Register)

v.Strupperg   Taf. 9
Alter Adel des Nordgaues; 1504 gehörte der ehemalige Herrensitz zu Rasch (bei Altdorf) den
v.Str. – In der evangelischen Pfarrkirche zu Rasch
Bronzeepitaph für den letzten Namensträger, Jörg
v.Str., † 1541.
Lit.: Lehner; Siebmacher; KD Lk. Nürnberg./W.:
Siebmacher (Hz.: schwarzer bärtiger Mannesrumpf
mit silb.gestülptem schwarzen Spitzhut)

v.Stubenberg, Grf. und Frh.   Taf. 133 (Stw.)
Alter Adel aus der Steiermark; Joseph v.St. von
1790-1803 (letzter) Fürstbischof v.Eichstätt.
Lit.: freundliche Mitteilung von Fürst zur Lippe,
Syburg; Schöler./W.: freundliche Mitteilung von
Herrn Brun Appel, Diözesanarchiv Eichstätt

v.Sturmfeder   Taf. 146
Alter Adel in Württemberg; Frh.; 1823 im Besitz
von Burg Gaillenreuth (Fränkische Schweiz).
Die Familie ist 1901 erloschen. Der Erbe, Fried-
rich Frh.v.Horneck – Weinheim, erhielt 1904
vom König v.Württemberg den Namen „Frh. v.
Sturmfeder-Horneck" verliehen.
Lit.: Münchener Kalender 1918; GHB Bay. II
und IX./W.: Alberti; Münchener Kalender 1918,
(Hz.: die Beile auf dem Helm)

Stürzel (v.Stürzel)   Taf. 76 (Stw.)
Reichsstadt Rothenburg; Johann Heinrich St., Sohn
des älteren Bürgermeisters der Reichsstadt 1715
von Kaiser Karl VI. in den Adelsstand erhoben

(Wappenmehrung mit v.Waldenfels, da er mit einer
v.Waldenfels verheiratet war).
Lit.: Siebmacher./W.: Schrag

v.Stutterheim   Taf. 37
Christian Hieronymus v.St., † Karlsruhe 1753, war
markgrfl. brandenb.-kulmb.Wirkl. Geh.Rat, Erster
Minister, Hofrichter zu Bayreuth, Präsident des
Justizkollegiums zu Erlangen, Amtshauptmann zu
Erlangen, Landeshauptmann zu Neustadt/Aisch,
Oberamtmann zu Hoheneck und Baiersdorf, Gesandter des Fürstentums Bayreuth beim Fränkischen Kreise, Ritter des Roten-Adler-Ordens. – Er
baute 1728-31 ein Palais in Erlangen (bis in die
60er Jahre dieses Jahrhunderts Rathaus). Im
Giebelfeld Allianzwappen v.St. – v.Seligencron.
Lit.u.W.: Stutterheim; Mitteilung des Stadt-
archivs Erlangen. (Hz.: aus bl.-gold.Wulst wachsend ein oberhalbes Pferd)

Taig   Taf. 139
Reichsstadt Nürnberg. W.: Kiener

Tanndorf siehe Dondorf!

v.Tann I   Taf. 26
Fritz v.Rotenfels und Haintz Volkold v.Tann, Brü-
der, erhalten vom Markgrafen zwei Teile der Veste
Rotenfels zu Lehen 1360. Hans Tanner, Pfleger
zu Hag, siegelt 1440.
Lit.u.W.: Siebmacher

v.Tann II   Taf. 100
Stammsitz an der Altmühl (nicht Burgthann!);
auch in Württemberg begütert; waren auch Mini-
sterialen der Grafen v.Oettingen; Wilhelm v.T.,
Propst des Collegiatsstifts zu Eichstätt, † 1562. –
Grabstein in der Ritterkapelle des ehemaligen Mün-
sters zu Heilsbronn aus dem 14. Jh.
Lit.: Alberti; Siebmacher, Haag./W.: Alberti,
Siebmacher

v.Tann III (keine Abbildung)
Reichsministerialengeschlecht mit dem Stammsitz
bei Altdorf (Burgthann). 1287 Verkauf der
Stammburg an Herzog Ludwig v.Bayern.
Lit.: Bosl; H.H. Hofmann./W.: bei Bosl wird das
Siegel des Heinrich v.Tanne (1270) so angegeben:
ein Baum, auf jeder Seite drei gebogene Äste

v.Tann IV (keine Abbildung)
Nach Müllner hatte Hans von der Tann, Burggraf
zum Rothenberg, 1508 folgendes W.: in Silber
ein schw. Anker

von der Tann   Taf. 57
Alter fränkischer Adel; Stammsitz in der Rhön;
Frh. v.d.Tann-Rathsamhausen; Grabdenkmäler zu
Ansbach (Schwanenritterkapelle), Oberwaldbeh-

rungen (evangelische Kirche), Salz (katholische Pfarrkirche), Unsleben (katholische Pfarrkirche), Höllrich (evangelische Pfarrkirche). Tann in der Rhön, Würzburg (Dom).
Lit.: Alberti; Däschlein, KD Bez.A. Mellrichstadt; KD Neustadt/Saale; KD Bez.A. Gemünden; Eckhart; GHB Bay. I und VIII; GHB Starke, Frh. Häuser A, VII./W.: Siebmacher (Hz.: gekrönter hoher spitzer Hut, oben mit 3 silb.-rot-silb. Federn besteckt)

v.Tannenfeld
siehe Zucker v. Tamfeld

Tanner v.Reichersdorf   Taf. 107 (Stw.)
Hans T., Amtmann des Stifts Waldsassen, erhielt 1596 den Reichsadel; Hans Adam v.T. erhielt 1703 den Reichsritterstand, 1711 Reichsfreiherr. — Evangelische Pfarrkirche zu Nemmersdorf (bei Bayreuth): Holzepitaph für Johannes Adam v.T., † 1714. Die v.T. besaßen von 1704 bis 1719 Schloß Nemmersdorf.
Lit.: KD Stadt und Lk. Bayreuth; Siebmacher./W.: Siebmacher

v.Tennenlohe   Taf. 146
Stammsitz bei Erlangen; das Geschlecht wird bis um 1300 erwähnt.
Lit.: KD Stadt und Lk. Erlangen; Siebmacher./W.: Siebmacher

v.Tettau   Taf. 25
Eines der ältesten böhm. Ritterstandsgeschlechter, eines Stammes und Wappens mit den alten böhm. Grafen Kinsky. 1598 erwarb Melchior v.T. die eine Hälfte des Besitzes Weißdorf (Ofr.), 1605 auch das Schloß. 1629 an die v. Wildenstein. Grabdenkmäler zu Weißdorf, evangelische Pfarrkirche.
Lit.: Kneschke; KD Lk. Münchberg./W.: Hildebrandt

Tetzel v.Kirchensittenbach   Taf. 105
Ratsfähiges Geschlecht der Reichsstadt Nürnberg; Jobst T. erwarb 1569 Kirchensittenbach bei Hersbruck v.d.Erlbeck. Schloß Vorra (Pegnitztal) im Besitz von 1597-1728. Gruft und Totenschilde, Tumba und Herrschaftsempore zu Kirchensittenbach. Gestürzter Schild des letzten Tetzel, Felix Jakob, † 1736, im Schloß.
Lit.: Imhoff, Schwemmer, Kirchensittenbach; KD Lk. Hersbruck./W.: nach dem W. an der Herrschaftsempore der Pfarrkirche zu Kirchensittenbach (Hz.: oberhalbe wachsende Katze)

Teufel   Taf. 19
Ratsfähiges Geschlecht der Reichsstadt Nürnberg; erloschen 1451.
Lit.: Imhoff./W.: nach dem Lehenbuch Öttingen

Teuffel v.Birkensee   Taf. 109
Adel der Oberpfalz; Burg Frankenberg. Lk. Pegnitz, von 1665-1779 im Besitz der Familie. Grabdenkmal in der evangelischen Pfarrkirche zu Marktredwitz (Anfang 18 Jh.).
Lit.: Alberti, KD Lk. Pegnitz; KD Lk. Wunsiedel und Stadtkreis Marktredwitz; GHB Bay. II./W.: Alberti

Thain   Taf. 81
Reichsstadt Schweinfurt. W.: Siebmacher

Thannhäuser   Taf. 1
Der durch die Thannhäuser-Sage und die Wagner-Oper weltbekannt gewordene Minnesänger war staufischer und Reichsministeriale. (Ursprungsort Thannhausen bei Gunzenhausen oder Thannhausen bei Freystadt im Lk. Roth; Thannhausen bei Gunzenhausen führt das Thannhäuserwappen als Ortswappen). Mitglieder des Geschlechts werden in der 1. Hälfte des 13. Jh. genannt.
Lit.: Bosl; Stark./W.: nach der Manesse-Handschrift

v.Thannhausen   Taf. 133
Alter württembergischer Adel; Frh.; Stammsitz Tannhausen im Kr. Aalen seit 1215 im Besitz der Familie; mehrere markgräfl. Amtsmänner zu Hohentrüdingen, Windsbach, Sammenheim etc. (alle Mfr.). Grabdenkmäler zu Eysölden, evangelische Pfarrkirche (Ende des 16. Jh.).
Lit.: freundliche Mitteilung von Frh.v.Thannhausen, Ellwangen a.d.Jagst; GHB Bay. IV./W.: Siebmacher

v.Thein   Taf. 10 (3 W.)
Fränkischer Adel; Heinz T. Vogt zu Memmelsdorf 1402.
Lit.u.W.: Siebmacher

v.Thela, gen. Plechschmidt   Taf. 155
Von 1454-1693 im Besitz von Wölsauerhammer. Als Lit. sei empfohlen: E.v.Glaß, Die von Thela, gen. Pl., Regesten zur Geschichte eines oberfränk. Hammerherrngeschlechtes (1288-1692). W.: Siebmacher

v.Thierstein   Taf. 108
Oberpfälz. Adel; siehe ausführlich bei Siebmacher W.: Siebmacher

Thill siehe Hack v.Suhl!

Thoma   Taf. 95
Reichsstadt Nürnberg. W. des Hannß Th. bei Kiener

v.Thon   Taf. 133
Fränk.-thür. Geschlecht; Karl Christian Thon,

Bankier und Handelsherr zu Regensburg wurde 1800 unter dem Namen Thon-Dittmer in den Reichsfreiherrnstand erhoben. Seit 1854 im Besitz des Schloßgutes Reichenschwand bei Hersbruck.
Lit.u.W.: Alberti; AL 1961, Heft 3; GHB Bay. II

Thorisani   Taf. 128
Reichsstadt Nürnberg. W.: Kiener

Thumer   Taf. 58
Reichsstadt Nürnberg. W.: Kiener (dort 2 Wappen)

v.Thüna   Taf. 22
Alter thür. Adel; Frh.; besaßen von 1506-1622 Burg Lauenstein/im Frankenwald.
Lit.: Gotha 1938; Seiffert; Bechtolsheim./W.: Gotha 1938 (Hz.: 8 von Rot und Silber get. Turnierfähnchen)

v.Thüngen   Taf. 18
Alter fränkischer Adel; Ritterkanton Rhön-Werra; Neidhardt v.Th., Fürstbischof von Bamberg, † 1598. Burg und Schloßgut Burgsinn, bei Gemünden, seit dem 14.Jh. im Besitz der Familie.; Reichsfreiherrn 1768; Schloßgüter zu Thüngen, Weißenbach, Roßbach, Zeitlofs, Heilsberg, Höllrich (alle bei Bad Brückenau).
Lit.: Kist, GHB Bay. I und VI; Sayn-Wittgenstein./W.: Siebmacher; über den Würzburger Bischof Konrad v.Th (1519-1540) siehe Kolb!

v.Thüngfeld   Taf. 140
Bamberg. Ministerialen, auch der Schlüsselberg. Stammsitz bei Höchstadt/Aisch. Nach 1200 im Besitz von Burg Lisberg. Aschbach, Lk. Bamberg, evangelische Pfarrkirche: Grabdenkmal für einen v.Th.; † 1438; Walsdorf, Lk. Bamberg, evangelische Pfarrkirche: Epitaph für Heinz v.Th., † 1500; Christoph v.Th., † 1519. Die Familie soll nach Österreich verzogen sein.
Lit.: Kunstmann, Burgen in Ofr.; Mayer./W.: Siebmacher

v.Thürheim   Taf. 128 (Stw.)
Schwäbischer Adel; 1625 Frh., 1666 Grf.; Mörsdorf, kath. Pfarrkirche: Epitaph für Christoph v.Th., eichstätt. Landvogt, † 1571.
Lit.: KD Bez.A. Hilpoltstein; Siebmacher./W.: Siebmacher

Thürler   Taf. 128
Reichsstadt Nürnberg; 1405 verkauften die Th. ihr Gut zu Steinach. Epitaph für Anna Imhoff, geb. Thürler, † 1449, in der Lorenzkirche zu Nürnberg.
Lit.u.W.: Imhoff, KD Stadt Nürnberg

Tief siehe v.Gailingen

Topler   Taf. 152
Ratsfähiges Geschlecht zu Nürnberg und Rothenburg; nach dem Ende des bedeutenden Rothenburger Bürgermeisters Heinrich T., † 1408, siedelte die Familie nach Nürnberg über. – Heinrich Toplers Grabmal in der Jakobskirche zu Rothenburg. – Mit Paulus T. ist die Familie 1687 erloschen.
Lit.: Imhoff; KD Stadt Rothenburg, kirchliche Bauten; Beckh; Schnurrer; Schütz./W.: Siebmacher

Tracht siehe Dracht!

Trainer   Taf. 89
Reichsstadt Nürnberg. W.: Kiener (auch zu Regensburg, siehe ausführlich Siebmacher)

Trammel   Taf. 34
Reichsstadt Nürnberg. W. des Hannß Tr. bei Kiener

v.Trautenberg   Taf. 7
Oberpfälz. Adel; 1668 erwarben die v.Tr. Schloß Hallerndorf (bei Forchheim); Schloß Kleinziegenfeld 1658-67 im Besitz von Rudolf v.Tr.
Lit.: GHB Starke 1952; KD Lk. Forchheim; KD Lk. Lichtenfels./W.: Siebmacher (Hz.: 2 Büffelhörner in den Farben des Schildes, dazwischen weiße Straußenfeder)

Trautenwein   Taf. 56
Reichsstadt Nürnberg. W.: Kiener (siehe ausführlich bei Siebmacher)

Trautskirchner   Taf. 102
Reichsstadt Nürnberg. W.: Kiener

v.Treuchtlingen   Taf. 69
Reichsministerialen (Mfr.); in der ehemaligen Klosterkirche zu Heidenheim Epitaph für Wiricho und Agnes v.Tr. (um 1349). 1402 erwarb Adelheid v.Tr. den Meierhof zu Theilenhofen; 1404 gingen Besitzungen des Wirich v.Tr. in Pfofeld (Lk. Gunzenhausen) an die v.Absberg über.
Lit.: Bosl; KD Lk. Gunzenhausen./W.: Alberti; Siebmacher.
Anmerkung: Nach den KD Bez.A. Weissenburg ist die Familie 1431 erloschen (Hz.: der Schwan)

v.Trimberg   Taf. 8
Stammburg über dem Saaletal; Konrad v.Tr., 1266/67 Bischof von Würzburg; 1279 fiel die Burg an das Hochstift Würzburg.
Lit.: Kreisel; (die Familie war nicht verwandt mit Hugo v.Trimberg, dem Verfasser des „Renner" (Lit. siehe bei Buhl)./W.: nach Siebmacher (mit den vermutlichen Wappenfarben)

Tröltsch   Taf. 42
Reichsstadt Weißenburg. W.: Raab

v.Tröltsch (Troeltsch)   Taf. 60
Geschlecht der Reichsstadt Weißenburg; Reichsadel 1765; Reichsfreiherr und bayer. Frh. 1790. Die Linie in Württemberg 1901 erloschen.
Lit.: Alberti; GHB Bay. III und X./W.: Siebmacher

Truchseß v.Baldersheim   Taf. 89
Schwäbisch-fränkischer Adel; der Besitz zu Aub fällt mit dem Tode des Georg Tr.v.B., † 1602, dem Hochstift Würzburg heim. – Grabdenkmäler zu Ostheim (Lk. Gunzenhausen), evangelische Kirche; Aub (bei Ochsenfurt), katholische Pfarrkirche.
Lit.: Alberti; KD Lk. Gunzenhausen, KD Bez.A. Ochsenfurt; W. Alberti

Truchseß v.Entsee
Wappen siehe Hübschmann!

Truchseß v.Grünsberg   Taf. 108
(bzw. v.Waltersheim)
Grünsberg bei Altdorf wurde 1480 erworben, 1504 von den Nürnbergern niedergebrannt. 1539 verkaufte Philipp Tr.v.Waltersheim das Schloß Rotenfels.
Lit.: H.H. Hofmann; Siebmacher./W.: Siebmacher (Hz.: die Schildfigur)

Truchseß v.Habelsheim
gehören zu den Hübschmann!

Truchseß v.Hennenberg
siehe von der Keer!

Truchseß von Holenstein   Taf. 62
Truchsesse der Grafen v.Sulzbach; mit dem Raubritter Konrad v.H. stirbt die Familie 1430 aus.
Lit.: Rühl./W.: Siebmacher

Truchseß v.Limburg (Lindburg)
= Truchseß v.Wilburgstetten

Truchseß v.Pommersfelden   Taf. 79
Bamberg. Ministerialen; erste Nennung 1093; Stammsitze in Aisch (Lk. Höchstadt/Aisch), Pommersfelden (ab 1297). Durch Testament des letzten Truchseß (er starb 1710) fiel der Besitz Pommersfelden bei Höchstadt an das Haus Schönborn. – Veit Tr.v.P., Fürstbischof von Bamberg, † 1503; Gruft der Familie zu Pommersfelden (Pfarrkirche).
Lit.: siehe ausführlich Voit, Adel; H.H. Hofmann, Herzogenaurach; Kist; Mayer; Bechtolsheim./W.: Siebmacher

Truchseß v.Rechenberg
= Truchseß v.Wilburgstetten

Truchseß v.Rieneck
Wappengenossen der Randersacker, siehe dort!

Truchseß v.Rothenburg
siehe ausführlich bei Weigel!

Truchseß v.Röttenbach
= Truchseß v.Pommersfelden

Truchseß v.Wahrberg (Warberg)
= Truchseß v.Wilburgstetten (Stammsitz bei Feuchtwangen)

Truchseß v.Wetzhausen   Taf. 13
Alter fränkischer Adel; bayer. Frh. 1816; Stammsitz Wetzhausen seit 1346 im Besitz der Familie; Bundorf und Bettenburg seit 1343 im Besitz.
Lit.: GHB Bay. II; H.H. Hofmann; v.Freeden/W.: Siebmacher

Truchseß v.Wilburgstetten   Taf. 141
Die Truchsessen v.Rechenberg nannten sich nach Wilburgstetten, Warberg, Limburg, Siebenbrunn (Sinnbrunn) bei Dinkelsbühl. Erloschen vor 1431.
Lit.u.W.: Alberti

Trueb   Taf. 31
Reichsstadt Rothenburg. W.: Schrag

v.Trugenhofen   Taf. 83
Stammsitz bei Neuburg/Donau; Pfalzpaint, katholische Kirche: Grabdenkmal für Jörg Wurmrauscher und seine Frau Margareta v.Tr., † 1593.
Lit.: KD Bez.A. Eichstätt./W.: Siebmacher

v.Truhendingen   Taf. 4
Bedeutendes Grafengeschlecht im heutigen Kreis Gunzenhausen. Stammsitz Altentrüdingen, später Burg Hohentrüdingen. Das verschuldete Geschlecht ist mit Oswald 1424 erloschen. Das Erbe ging an die Burggrafen von Nürnberg – Friedrich v.Tr., Bischof von Bamberg, † 1366; Grabdenkmäler des Geschlechts in Heidenheim bei Gunzenhausen (ehemalige Klosterkirche) und Scheßlitz (Pfarrkirche). Zahlreiche Grabdenkmäler befanden sich auch in der abgebrochenen Abteikirche zu Klosterlangheim.
Lit.: KD Lk. Gunzenhausen; Kist; Englert; KD Lk. Lichtenfels; Mayer; Huber; Winter./W.: freundliche Mitteilung von Herrn Ing. Huber Gunzenhausen. (Hz.: 2 Schwanenhälse, nach Siebmacher)

v.Truppach   Taf. 53
Ministerialen der Grafen von Andechs-Meranien; vermutlich Seitenlinie der Aufseß. Ihren Ansitz Truppach (Ofr.) gaben sie schon vor 1380 auf

und zogen nach Alladorf im Lochautal. Dort erloschen 1550 mit Wolf Christoph v.Tr.
Lit.: siehe ausführlich Voit, Adel; Alberti, Kunstmann, Burgen in Ofr./W.: Voit; Siebmacher (Hz.: wie Mengersdorf)

v.Tuboeuf (Tubeuf)   Taf. 67
1768 kam das Palais der v.Bünau in Erlangen an die Familie v.T. (Wappen im Dreiecksgiebel) — Dottenheim (Lk. Uffenheim), evangelische Pfarrkirche: Epitaph für Freifrau Friederike Baronin v.T., geb. v.Weitershausen, † 1780; — Büchenbach (bei Erlangen), katholische Pfarrkirche: Grabdenkmal für Maria Fr.Ch. J. Freiin v.T., † 1757.
Lit.: GHB Bay. IV; KD Lk. Uffenheim; KD Stadt und Lk. Erlangen./W.: freundliche Mitteilung von Herrn Ernst v.Tubeuf, Bad Aibling

Tucher von Schoberau   Taf. 63
Augsburger Geschlecht; Adelsstand für Hans Tuecher 1573; Nürnberg, evangelische Pfarrkirche zu Wöhrd: Epitaph für Kaspar Tucher v.Sch., Exulant in Nürnberg, † 1632.
Lit.: KD Stadt Nürnberg; Siebmacher./W.: Siebmacher (Hz.: 2 goldene und schwarze Büffelhörner)

Tucher v.Simmelsdorf   Taf. 124
Ratsfähiges Geschlecht der Reichsstadt Nürnberg; es gehört zu den ältesten Familien der Stadt; 1598 Erwerb des Rittergutes Simmelsdorf bei Lauf; bayer. Freiherrn 1815; Tucherschlößchen und Tucherpalais in Nürnberg; Schloß Leitheim/Donau; Gut Feldmühle bei Neuburg. Als Lit. über die Geschichte der Familie und ihre bedeutenden Kunststiftungen sei die Arbeit v.Grote empfohlen; außerdem: GHB Bay. I und VII; Hirschmann, Patriziat./W.: Imhoff

Türriegel v.Riegelstein   Taf. 95
Fränkischer Adel; Kanton Gebürg; Riegelstein bei Plech (Ofr.); 1598 ging der Rittersitz Simmelsdorf an die Tucher über. Grabmal des Ritters Hans T., † 1551, zu Bühl (Lk. Lauf), katholische Kirche. — Susanne Elisabeth T.v.R., † 1656, heiratete Hans Wolff v. Rotenhan zu Koppenwind.
Lit.: Kneschke; Rühl; AL 1969, Heft 3./W.: Siebmacher (Hz. der Steinbock wachsend)

v.Uffenheim   Taf. 147
Reichsministerialen; das W. stimmt mit dem der Stetten v.Buchenbach (Württemberg) überein.
Lit.u.W.: Alberti

Uhl   Taf. 35
Reichsstadt Nürnberg. W.: Kiener

v.Ulm   Taf. 7
Wappen und Epitaphien von Domherren, Deutsch-

ordenskomturen, Kanonikern und Räten (im Bistum Eichstätt) der Frh.v.U. zu Ellingen (Schloßkirche), Theilenberg bei Spalt (Kirche), Sornhüll und Titting (bei Hilpoltstein), Eichstätt (Mortuarium).
Lit.: KD Bez.A. Hilpoltstein; KD Stadt Eichstätt; KD Bez.A. Weißenburg./W.: Alberti

Ulmann   Taf. 119
Reichsstadt Nürnberg. W.: Kiener (bei Kiener ist das W. einer weiteren Familie Ulmann abgebildet: auf g. Dreiberg in Rot ein br. Ast mit 2 gr. Eicheln und 2 Blättern)

Ulmer   Taf. 125
Reichsstadt Nürnberg. W.: Kiener

Ulrich   Taf. 28
Reichsstadt Nürnberg. W. des Paulus U. bei Kiener

Ulsenheimer   Taf. 35
Reichsstadt Windsheim. W.: Siebmacher

Ulstat (Ullstadt)   Taf. 84
Stammort im Aischgrund; Nürnberger Kaufmannsfamilie; auch in Augsburg. Erloschen 1716 mit Marx U.
Lit.: Schaper; Aign; Siebmacher./W.: Kiener

Umbtauer   Taf. 56
Reichsstadt Nürnberg. W.: Kiener

Unterholzer   Taf. 28
Reichsstadt Nürnberg. W.: Kiener

v.Ussigheim   Taf. 9
Stammes- und Wappengenossen der v.Rosenberg.
Lit.u.W.: Alberti

v.Uttenhofen   Taf. 6
Besaßen bis ins 15. Jh. mehrere Güter im Bistum Eichstätt. Weißenstadt, Gottesackerkirche (Lk. Wunsiedel): Grabstein des Hans v.U. auf Weissenheid, † 1627, (mit Allianzwappen U./Mummen. Als Lit. sei empfohlen: J. Hausdörffer, Die Herren von Uttenhofen, 1966./W.: Alberti und Siebmacher

Valzner   Taf. 134
Ratsfähiges Geschlecht der Reichsstadt Nürnberg; Ende des 14. Jh. waren zeitweilig an Herdegen V. das Münzmeisteramt, der Ort Hersbruck und die Burg Hiltpoltstein bei Forchheim verpfändet. Mit ihm ist die Familie 1426 erloschen.
Lit.u.W.: Imhoff

v.Vannau   Taf. 105
Burg Bühl (Lk. Bayreuth) erbaut um 1379 durch die v.V.; Lehensheimfall vor 1419.

Lit.u.W.: Siebmacher; KD Stadt und Lk. Bayreuth

v.Varell zu Riegelstein Taf. 114
Auch Hilderich v.Varell; Friedrich Hilderich (Sohn eines Altdorfer Professors), Brandenburg.-kulmbacher Landschaftsdirektor, 1599 geadelt; ein Teil der Burganlage zu Guttenberg (Ofr.) gehörte von 1608-1765 den v.Varell; Burg Riegelstein (Ofr.) von 1628, bzw. 1648 bis 1740; ab 1603 die Adelssitze zu Bühl (bei Bayreuth) und Colmdorf (bei Bayreuth); Schloß Kleinziegenfeld von 1617-57; 1603 das Heinoldsche Schloß zu Mistelgau; 1643 das (später abgeg.) Schloß zu Hesselbach (Lk. Kronach). — Hilderich Antonius v.V. auf Untersteinach und Guttenberg 1613-44 Amtmann zu Osternohe (Hersbrucker Schweiz).
Lit.: Egloffstein, Schlösser; KD Lk. Lichtenfels; KD Lk. Kronach; KD Lk. Bayreuth; Rühl; Kunstmann, Osternohe; siehe ausführlich Siebmacher./ W.: Siebmacher

v.Vasmann siehe v.Falkenstein I

Velhorn v.Ursensollen Taf. 85
Johann Friedrich Anton V., kurbayer. Rat und Pflegskommissär zum Rothenberg (üb.Schnaittach) und sein Bruder 1749 geadelt. 1722 hatte Johann Fr. das Velhorn-Schloß in Schnaittach gebaut. Bis Anfang des 19.Jh. im Besitz der Pflegerfamilie v.V. — Schnaittach, Chor der katholischen Pfarrkirche: Grabstein für Friedrich Anton v.V., † 1767.
Lit.: Rühl; KD Lk. Lauf./W.: Siebmacher

v.Vestenberg Taf. 2
Reichsdienstmannen der Staufer; Stammsitz bei Ansbach; eines Stammes mit den v.Bruckberg. — Wilhelm v.V., † 1446, Abt des Klosters Heidenheim (bei Gunzenhausen) (Grabmal in der Kirche), Ansbach, Schwanenritterkapelle: Grabmal für Veit v.Vestenburg, † 1507. Der Anteil der V. an Burghaslach (bei Schlüsselfeld) nach ihrem Erlöschen 1678 an die Grafen Castell.
Lit.: Bosl; KD Lk. Gunzenhausen; Däschlein; Lehner (hier ist das Erlöschen einmal mit 1678 und dann mit 1687 angegeben; bei Bechtolsheim 1687./W.: Siebmacher (Hz.: 2 Hörner wie Schildfigur, dazwischen Brackenkopf)

Vetter Taf. 123 (Nr. 6,7,8)
Reichsstadt Nürnberg; 3 ähnliche Wappen (einer Familie?) bei Kiener

Vetter Taf. 27
Reichsstadt Rothenburg. W.: Schrag

Vetter v.Ulm Taf. 47
Stammen aus Donauwörth („Vetter von der Lilien") W. auf dem Kupferstich des Nürnberger

Ulrich Grundherr, 1654: 3 silberne Lilien in Blau (Hz. nach Siebmacher: bl. Spitzhut, die Krempe mit 3 Lilien, auf dem Hut ein Hahnenbusch)
Lit.: siehe ausführlich Siebmacher

Viatis Taf. 88
Gerichtsfähiges Geschlecht der Reichsstadt Nürnberg; Bartholomäus V., geb. 1538 zu Venedig, gelangte in Nürnberg zu großem Reichtum; 1569 geadelt; für seinen Schwiegersohn Martin Peller erbaute er das Pellerhaus (heute Stadtarchiv). — Die Familie ist 1834 erloschen.
Lit.u.W.: Imhoff

v.Vietinghoff Taf. 57
Stammen aus dem Rheinland; erwarben in Franken 1792 das Schloß zu Truppach, 1766 Schloß Bieberswöhr (bis 1796) und das ehemalige Schirnding-Palais zu Creußen.
Lit.: Kunstmann, Burgen in Ofr.; KD Lk. Pegnitz./ W.: Siebmacher

Virtung von Hartung Taf. 131
Fränkisches Geschlecht; Grabdenkmäler aus dem 19. Jh. in Eichstätt.
Lit.: KD Stadt Eichstätt./W.: Siebmacher

Vischlin (Adel) Taf. 57
Fränkisches Geschlecht; Seifried V., Ritter, Vogt auf Gailnau 1402; Seitz V. 1434.
Lit.u.W.: Siebmacher

Vogel Taf. 64
Reichsstadt Windsheim. W.: Siebmacher

Vogt Taf. 92 (Nr. 6)
Reichsstadt Nürnberg. W.: Kiener

Vogt Taf. 92 (Nr. 5)
Reichsstadt Windsheim. W.: Siebmacher

Vogt v.Summerau u.Prasberg Taf. 100
Mehrere Grabdenkmäler aus dem 16. und 17.Jh. in Eichstätt (Dom, Mortuarium).
Lit.: KD Stadt Eichstätt./W.: Koerner (aus dieser Arbeit wurden nur die Wappenfarben entnommen; die exaktere Wappenfigur nach den Grabsteinen in Eichstätt)

Vogtmann Taf. 124
Reichsstadt Rothenburg. W.: Schrag

Voisin Taf. 129
Reichsstadt Dinkelsbühl. W.: Weissbecker

Voit v.Rieneck Taf. 95
Vögte der Grafen v.Rieneck auf der gleichnamigen Burg über der Sinn. — Philipp Valentin V.v.R.,

Fürstbischof v.Bamberg, † 1672. – 1680 erwarben die Grafen V.v.R. die Burg Gailenreuth (Fränkische Schweiz), 1679 den gesamten Besitz der fränk. Wildensteiner. 1823 ist die Familie erloschen.
Lit.: H.H. Hofmann; Kist; Seiffert; Bechtolsheim./W.: Stw. nach Siebmacher

Voit v.Salzburg Taf. 7
Hauptbau der Salzburg (über der Saale), als Präfekten die Voit (Vögte) v.S. – 1795 verkaufte die Familie ihre letzten Besitzanteile an der Salzburg. – Melchior Otto V.v.S., Fürstbischof v.Bamberg, † 1653. – Reichsfreiherr 1715 für Valentin V.v.S., markgräfl. Landschaftsdirektor und Oberamtmann zu Uffenheim.
Lit.: H.H. Hofmann; Kist; Alberti./W.: Siebmacher

Voit v.Wendelstein Taf. 9
Reichsstadt Nürnberg; Eberhard V. erwarb 1348 das Bürgerrecht. Erloschen 1718. (1626 erteilte Kaiser Ferdinand dem kaiserlichen Obersten Hans Jacob und dessen Bruder Hans Christoph V.v.W. das W. der erloschenen v.Farrenbach als Wappenmehrung).
Lit.: Imhoff; Schaper; Siebmacher./W.: Imhoff; Siebmacher (Hz.: geschl. Flug in den Farben des Schildes)

Volckamer v.Kirchensittenbach (Stw.) Taf. 129
Ratsfähiges Geschlecht der Reichsstadt Nürnberg; stammen ursprünglich aus der Opf.; 1694 kamen sie nach dem Erlöschen der älteren Linie der Tetzel in den Genuß der Tetzelschen Familienstiftung zu Kirchensittenbach. 1813 bei der Adelsklasse des Königreiches Bayern immatrikuliert. Seit 1878 auch im Genuß der Schlüsselfelderschen Familienstiftung mit Sitz Schloß Kugelhammer, Röthenbach b.St. W., bei Nürnberg)
Lit.u.W.: Imhoff; GHB Bay. I und VII; Hirschmann, Patriziat (Hz.: umgekehrtes halbes Rad, oben mit schwarzen Hahnenfedern besteckt)

Volckardt Taf. 52
Reichsstadt Nürnberg. W. des Dr.V. bei Kiener

Völcker Taf. 40
Reichsstadt Rothenburg. W.: Schrag

v.Völderndorff Taf. 10
Österreichischer Adel; Frh. 1684; 1695 gehörte ihnen das Schlößchen in Unterreichenbach bei Schwabach.
Lit.: Lehner; Siebmacher./W.: Siebmacher

Vollart Taf. 72
Reichsstadt Nürnberg. W. des Dr. Michel V. bei Kiener

Vorcheimer Taf. 149
Marquard V. v.Pirchensee 1340; 1446 erbt Georg Mistelbeck von seinem Großvater Marquard V. den Burgstall Egensbach.
Lit.: KD Lk. Hersbruck./W.: Siebmacher

Vorchtel Taf. 23
Ratsfähiges Geschlecht der Reichsstadt Nürnberg; in St. Lorenz und St. Sebald zu Nürnberg zahlreiche Wappen der V. – Besaßen im 15. Jh. den Herrensitz Heroldsbach (bei Forchheim), um 1400 Wolkersdorf bei Nürnberg.
Lit.: Imhoff; KD Lk. Forchheim./W.: Kiener (Hz. nach Siebmacher: 2 goldene Hörner, mit einem Schräglinks- bzw. Schrägrechtsbalken, außen mit silbernen Federn besteckt)

Wacker Taf. 34
Reichsstadt Dinkelsbühl. W.: Siebmacher

v.Wackerbarth Taf. 11
Sächsischer Adel; Hohentrüdingen, evangelische Kirche: Grabstein für Johann Christoph v.W., 1707, Kind des markgfl. Oberamtmannes zu Hohentrüdingen, Balthasar Heinrich v.W. (auch er liegt dort begraben). Rothenburg, Franziskanerkirche: Grabmal für Christina Dorothea Juliana v.W., geb. v.Crailsheim, † 1750, Gemahlin v. Balthasar Heinrich v.W.
Lit.: Winter; KD Bez.A. Gunzenhausen; KD Stadt Rothenburg, kirchliche Bauten./W.: Stw. nach der Tinktur auf dem Grabstein in Hohentrüdingen). (Hz.. nach Siebmacher: flacher Stülphut besteckt mit 3 Pfauenfedern)

Wägemann Taf. 118
Reichsstadt Weißenburg. W.: Raab

Wagenseil Taf. 120
Reichsstadt Nürnberg. W.: Kiener

Wagner Taf. 99
Ratsfähiges Geschlecht der Reichsstadt Nürnberg; um 1400 mit Konrad W. erloschen.
Lit.: Imhoff./W.: Kiener

Wagner II Taf. 130
Reichsstadt Nürnberg. W.: Kiener

Wagner Taf. 77
Reichsstadt Dinkelsbühl; 1705 Joh. Mich. W., Mitglied des Inneren Rats, Spitalpfleger.
Lit.u.W.: Weissbecker (dort eine weitere Zeichnung: statt Löwe ein Greif auf gr. Berg, Schild bl./schw. gespalten)

Wagner Taf. 154
Reichsstadt Windsheim. W.: Siebmacher

Wahl Taf. 52
Reichsstadt Nürnberg. W.: Kiener

v.Wahler Taf. 71
Stammen aus Kitzingen; geadelt 1758; Schloß Atzelsberg bei Erlangen diente von 1763-1849 der Familie v.W. in Nürnberg als Sommersitz; 1829 im Besitz von Schloß Rathsberg bei Atzelsberg. (seit 1866 im Besitz der Familie Beckh).
Lit.: KD Stadt und Lk. Erlangen; Siebmacher./ W.: Siebmacher

v.Waischenfeld Taf. 12
Schlüsselberger Dienstleute (nicht zu verwechseln mit den gleichnamigen Edelfreien); Stammsitz im Lk. Ebermannstadt. Das auf Taf. 12 abgebildete W. führt 1423 noch Michel v.W. – Im 15. und 16. Jh. noch in Württemberg begütert.
Lit.: Voit, Adel (siehe dort ausführlich); Alberti; AL 1957, Heft 2./W.: Siebmacher (Hz.: oberhalber Bock mit einem Halsband in den Farben und Teilungen des Schildbalkens. Weitere Hz. siehe bei Siebmacher)

Walbott (Waldbott) v.Bassenheim Taf. 19
W. dieser rheinischen Familie am Altar der katholischen Kirche zu Erlingshofen (um 1711) und zu Eichstätt (Frauenbergkapelle).
Lit.: KD Bez.A. Eichstätt; KD Stadt Eichstätt./ W.: Hildebrandt

v.Waldenfels Taf. 107
Alter Adel aus Ofr.; Kanton Gebürg; Stämme Gumpertsreuth, Oberröslau, Tauperlitz. Als Lit. sei empfohlen: O.Frh.v.W., Die Freiherrn v.W., 1966.
Lit.: GHB Bay. I und VII./W.: Siebmacher (Hz.: auf dem gekrönten Helm das Einhorn sitzend)

v.Walderdorff Taf. 82
Nassauischer und rheinischer Adel; Grafen 1767; im bischöfl. Palais zu Eichstätt W. des Kapitulars Friedrich Christian Wilderich Grf.v.W.
Lit.: KD Stadt Eichstätt, GHB I und IX./W.: Siebmacher

Waldstromer v.Reichelsdorf Taf. 141
Nachweislich älteste Familie der Reichsstadt Nürnberg; aber erst 1729 unter die ratsfähigen Geschlechter aufgenommen. 1814 in die bayer. Adelsmatrikel eingetragen. Erloschen 1844. (siehe auch ausführlich Siebmacher).
Lit.u.W.: Imhoff (nach Siebmacher 4 verschiedene Helmkleinode!)

v.Wallenrod Taf. 152
Alter hessischer und oberfränkischer Adel; besonders um Marktschorgast begütert; Adelssitze: Burg Hohenberneck (Neubau durch den markgrfl.

Amtmann Veit v.W. ab 1478; Lehen bis 1737); Stadtschloß „Kastenboden" zu Lichtenfels nach 1558 an Hans Ernst v.W. (bis 1612). – Die W. förderten besonders die Siedlungstätigkeit im Frankenwald. 1728 ging Schloß Schauenstein an Georg Heinrich Sigmund v.W. über. Er schenkte es dem Markgrafen v.Bayreuth gegen Verzicht des jährlichen Erbzinses.
Lit.: siehe ausführlich Seiffert; KD Stadt und Lk. Bayreuth./W.: Siebmacher und nach dem Grabmal des Amtmanns Hans v.W., † 1483, in der Stadtkirche zu Schwabach. (Die Schildfigur wird auch in anderer Stellung abgebildet).

Walpoten von Zwernitz Taf. 80
Edelfreies Geschlecht in Ofr.; im 11. und 12.Jh. in Stellvertretung der Grafen des fränkischen Radenzgaues tätig; (=Gewaltbote). Hauptsitz Burg Zwernitz im Lk. Kulmbach. Erloschen nach 1300.
Lit.: siehe ausführlich Voit, Adel; Kunstmann, Berneck/W.: Kunstmann, Berneck

Walter Taf. 112
Reichsstadt Nürnberg. W.: Kiener

v.Waltershausen Taf. 13
Stammsitz bei Königshofen, Ufr.; Ambrosius v.W. starb 1448 als Letzter seines Geschlechts.
Lit.u.W.: Siebmacher (nicht mit dem W. des Deutschen Ritterordens verwechseln!)

Walther Taf. 36
Reichsstadt Rothenburg. W.: Schrag

Walthürner Taf. 128
Reichsstadt Nürnberg. W.: Kiener

Wambolde (Wamboldt)v.Umbstadt Taf. 7
Rheinischer Adel; auch in Württemberg und Bayern.
Lit.: Alberti; GHB Bay. I und VII./W.: Siebmacher

v.Wannbach Taf. 139 und 148
Fränkisch und hessischer Adel; Georg Wannbach v.Ühlfeld (bei Neustadt/Aisch), markgfl. brandenburgischer Rat, führte das Wappen auf Taf. 148 im Jahre 1586. Ulrich Georg v.W. führte 1571 das W. auf Taf. 139.
Lit.: siehe auch Voit, Adel (die dort genannte Familie Wannbach führte kein Siegel?); Alberti; Siebmacher./W.: Siebmacher; Alberti

v.Wath Taf. 106
Reichsstadt Nürnberg; dort v.1418-1562 nachweisbar; ein Zweig der v.Watt aus St. Gallen.
Lit.: Aign./W.: Kiener

Waxmann   Taf. 122
Reichsstadt Nürnberg. W.: Kiener

Weber   Taf. 29
Reichsstadt Nürnberg. W. des Dr. Joh. Weber bei Kiener

Webler   Taf. 79
Reichsstadt Nürnberg. W. des Dr. Albr.W. bei Kiener

v.Wechmar   Taf. 25
Alter Adel aus Thüringen und Franken; auch unter den Ganerben des Rothenberg bei Schnaittach; — 1668 verkaufen die v.Wechmarschen Erben Schloß Hallerndorf (Oberes Schloß) an Rudolf v.Trautenberg. Hessdorf, evangelische Pfarrkirche: Grabstein für Anna Katharina Wolff v.Karsbach, geb.v.W., † 1628.
Lit.: GHB Starke, Freiherrl. H. II und V; KD Bez. A. Gemünden./W.: Alberti

v.Weidenberg   Taf. 21
Ministerialen der Andechs-Meranier. Ansitz im Lk. Bayreuth. — Erloschen 1415/18.
Lit.: siehe ausführlich Voit, Adel./W.: Voit, Adel (Hz. nach Siebmacher: 2 von Rot und Silber geteilte Büffelhörner)

Weidenhamer   Taf. 125
Reichsstadt Nürnberg. W.: Kiener

Weiermann   Taf. 87
Reichsstadt Nürnberg. W.: Kiener

Weigel von Weigelshof   Taf. 63
Ratsfähiges Geschlecht der Reichsstadt Nürnberg; als Lit. sei empfohlen G. Hirschmann. Die Familie Muffel im Mittelalter, Mitteilung des Ver.f.Gesch. der Stadt Nürnberg, 1950
Lit.: Imhoff./W.: Siebmacher

Weigel   Taf. 63
zum Vergleich die Wappenzeichnung bei Kiener

Weigel   Taf. 57
(Weigel III) Reichsstadt Nürnberg. W.: Kiener

v.Weiher (Weyer)   Taf. 70
Alter fränkischer Adel; Stammsitz bei Kulmbach; das ehemalige Schloß zu Altenplos war seit 1452 markgfl. Lehen der v.W. (1549 an die v.Wallenrod); 1465 Ansitz Donndorf an die v.W.; 1543 und 1552 errichteten die v.W. einen Adelssitz zu Heinersreuth.
Lit.: KD Stadt und Lk. Bayreuth./W.: Siebmacher

Weikersreuther   Taf. 46
Bürgergeschlecht der Stadt Schwabach; Wappen-

brief 1541 für Heinrich und Hans W.; Dr.Heinrich W., Abt v.Hirsau, † 1569. Im 19. Jh. in Württemberg als „von W.".
Lit.u.W.: Alberti (bei Siebmacher wird die Familie unter den Geschlechtern der Reichsstadt Whm. geführt)

v.Weiler   Taf. 15
Alter schwäbischer Adel; Kanton Odenwald.
Lit.u.W.: Gotha 1930

Weiler   Taf. 17
Reichsstadt Nürnberg. W.: Kiener

v.Weiler II   Taf. 110
Fränkischer Adel; Stammgenossen der v.Wasen; Stiftsherren in Aschaffenburg. Erloschen mit Margarethe Marie v.W. 1700.
Lit.u.W.: Siebmacher (Hz.: wachsender einköpfiger Storch)

v.Weiltingen siehe Nordenberg!

Weinlein   Taf. 42
Reichsstadt Rothenburg. W.: Schrag

v.Weinsberg   Taf. 150
Dienstmannen der Hohenstaufen; (das W. läßt Verwandtschaft mit den v.Alfingen und v.Rappoltstein, sowie v.Urslingen vermuten); schwäb. Adel; 1538 in weiblicher Linie erloschen. 1399 verkauften Konrad v.W. und seine Gemahlin Anna v.Hohenlohe die Hälfte ihrer Besitzungen am Markt Aub an den Truchseß v.Baldersheim.
Lit.: Alberti; KD Bez.A. Ochsenfurt./W.: Alberti

Weiss   Taf. 63
Reichsstadt Nürnberg. W.: Kiener

v.Weißdorf   Taf. 18
W. des Reichsschultheißen und Amtmanns zu Nürnberg, Hans v.W., bei Kiener. Seine Ämter hatte der Ritter v.W. um 1500 inne

v.Weitersdorf   Taf. 126
Stammsitz bei Cadolzburg; Lehensleute der Burggrafen von Nürnberg; Grabstein (um 1400) in der Ritterkapelle des ehemaligen Münsters zu Heilsbronn.
Lit.: Haag; Siebmacher./W.: Siebmacher

v.Welden   Taf. 9
Alter schwäbischer Adel; Grabdenkmäler zu Nassenfels und Eichstätt aus dem 17. und 18. Jh. 1806 verkaufte der bayerische Staat dem letzten Pfleger Frh.v.W. die eichstättische Burg Abenberg (Lk. Roth); er veräußerte sie wieder 1812.
Lit.: H.H. Hofmann; Lk. Schwabach; KD Bez.A. Eichstätt; Stadt Eichstätt; GHB Bay. IV./W.:

Siebmacher

Weller Taf. 71
Reichsstadt Nürnberg. W. des Dr.W. bei Kiener

Welsch Taf. 41
Reichsstadt Rothenburg. W.: Schrag

Welser von Neunhof Taf. 45
Altes schwäbisches und fränkisches Geschlecht;
Mitglieder des Rats in Nürnberg und Augsburg;
maßgeblich an der Erschließung von Venezuela
beteiligt. – 1550 heiratete Philippine W. („die
schöne Welserin") Erzherzog Ferdinand von
Österreich.
Die (ältere) Nürnberger Linie 1567 in den Freiherrnstand erhoben. Ab 1660 hat die Familie Besitz in Neunhof bei Lauf (über die Welser-Schlös-
ser siehe ausführlich KD Lk. Lauf).
Lit.: Imhoff; H.H. Hofmann; freundliche Mitteilung v.Frh. Hubert v.Welser; GHB Bay. I und
IX; Hirschmann, Patriziat./W.: Imhoff (Hz.: ein
geschlossener Flug, Farben und Figur wie Schild;
Wappen der einzelnen Linien siehe Siebmacher)

v.Wemding siehe v.See!

Wenck Taf. 82
Reichsstadt Nürnberg.W.: Kiener

Wencker Taf. 150
Reichsstadt Rothenburg. W.: Schrag

v.Wenckheim Taf. 72
Alter fränkischer Adel; Stammsitz bei Münnerstadt. Schloß Bieberswöhr von 1691-1728 im Besitz der Familie. – Totenschild für Richard v.W.,
† 1379, im ehemaligen Münster zu Heilsbronn.
Lit.: Haag; Siebmacher; KD Lk. Pegnitz; Bechtolsheim./W.: Siebmacher (die im 18. Jh. durch
Briefadel in den Grafenstand erhobenen Wenckheim führten in Ungarn das W. der erloschenen
fränkischen v.W. weiter)

v.Wendelstein Taf. 17
Stammsitz bei Schwabach; im 15. Jh. ist ein Wen-
delsteiner Stadtrichter zu Passau und einer Pfarrer
zu Amberg; auch unter der Nürnberger Bürgerschaft.
Lit.u.W.: Siebmacher

v.Werda Taf. 144
Reichsstadt Nürnberg. W.: Kiener

v.Werdenstein Taf. 24
Alter schwäbischer Adel; Johann Georg v.W. 1602
Domherr in Eichstätt; – Dollnstein, katholische
Pfarrkirche: Epitaph für den fürstl. eichstätt. Rat
und Pfleger zu Dollnstein, Johann Christ. v.W.,

† 1735. – Eichstätt, Domkirche (Mortuarium),
Grabstein des Johann Georg v.W., † 1608. –
Eichstätt, Ostfriedhof (Kapelle): Grabdenkmal für
Anton Christoph Frh.v.W., † 1796.
Lit.: Alberti; KD Bez.A. Eichstätt; KD Stadt Eich-
stätt./W.: Siebmacher (Hz. rotes Kissen, darauf
ein sitzender Hase)

v.Wernau Taf. 132
Schwäbischer Adel; Karl Wilhelm v.W., † 1684,
Fürstbischof v.Würzburg. Familienbilder der v.W.
aus dem 17. Jh. im Schloß Trockau. – Die Familie ist 1696 erloschen.
Lit.: Kolb, KD Lk. Pegnitz; Siebmacher./W.:
nach dem Wappenbuch der Grafen v.Seckendorff,
Obernzenn (Hz. nach Siebmacher: silbernes auf-
gekehrtes Mondviertel, die Spitzen mit je 3 schwarzen Straußenfeldern besteckt)

Wernitzer Taf. 37
Die Familie war in den Reichsstädten Rothenburg,
Dinkelsbühl und Nürnberg beheimatet. Die W.
verblieben bis 1599 in Rothenburg. Erloschen in
diesem Jahr mit Wilhelm W.
Lit.: Imhoff; Siebmacher; KD Stadt Rothenburg,
kirchliche Bauten; Siebmacher./W.: Siebmacher
(Hz.: silb. Greifenrumpf mit roter Zunge)

Wernle Taf. 26
Reichsstadt Nürnberg. W.: Kiener

Wertemann Taf. 61
Reichsstadt Nürnberg. W.: Kiener

v.Wertheim Taf. 63
Aus dem alten Grafengeschlecht, das 1556 erloschen ist, stammte Albrecht v.W., Bischof v.Bam-
berg, † 1421. – Um 1215 vermacht Graf Poppo
v.W. die Pfarrei (Wolframs) Eschenbach dem
Deutschherrenorden (Wappen am Tor).
Lit.: Kist, Alberti/W.: Alberti (Stw.: 1 u. 4)

v.Westernach Taf. 87
Alter schwäbischer Adel; erloschen 1844 mit
Oberstleutnant Johann Ignatz Frh.v.W.; – Obermögersheim, evangelische Pfarrkirche: Grabdenkmäler für Johann Heinrich, † 1604, und Philipp
Thomas, † 1606. – Dürrenmungenau, evangelische Pfarrkirche: Grabstein der Veronika v.W.,
geb.v.Murach, † 1614.
Lit.: Alberti; Siebmacher; KD Stadt und Lk. Dinkelsbühl; KD Stadt und Lk. Schwabach. –
Anmerkung: In der evangelischen Kirche zu Neuendettelsau Epitaph für Rüdiger v.W., † 1554./
W.: Siebmacher; Alberti

v.Westerstetten Taf. 9
Schwäbischer Adel; Stammes- und Wappengenossen der v.Schechingen und Böbingen (vergl. W. der

v.Schaumberg!). — Johann Christoph v.W., 1612-1636 Bischof von Eichstätt.
Lit.: Alberti; Schöler./W.: Alberti (Hz.: roter Flug, belegt mit weißen Blättern)

Westhausen   Taf. 24
Reichsstadt Nürnberg. W. des Joachim W. bei Kiener

Westheimer   Taf. 81
Reichsstadt Whm. W.: Siebmacher

v.Weymarn   Taf. 77
1634 geadelt von Kaiser Ferdinand II. Nach einer Familientradition aus Franken (Weimersheim bei Weißenburg) stammend.
Lit.u.W.: freundliche Mitteilung von Frau v.Stieglitz, geb.v.W.; Rothaurach bei Roth

v.Wichsenstein   Taf. 86
Bamberger Ministerialen; Stammsitz W. im Lk. Pegnitz. — Burg Bieberbach von 1390-1606 burggrfl. Lehen der v.W. — Erloschen 1606 (siehe auch v.Plankenfels!).
Lit.: siehe ausführlich Voit, Adel; KD Lk. Pegnitz./W.: Siebmacher (Hz.: wachsende blaugekleidete gekrönte Frau, in jeder Hand eine Schlange haltend)

Wickel   Taf. 78
Reichsstadt Nürnberg. W.: Kiener

Wielandt   Taf. 111
Reichsstadt Nürnberg. W.: Kiener

v.Wiesenthau   Taf. 20
Bamberger Ministerialen; Stammsitz unweit von Forchheim; erloschen 1814. Grabdenkmäler: Wiesenthau (katholische Pfarrkirche), Kirchehrenbach (katholische Pfarrkirche), Schwabach (Johanniskirche), Unterleiterbach (katholische Filialkirche), Scheßlitz (Pfarrkirche).
Lit.: siehe ausführlich Voit, Adel; KD Stadt und Lk. Forchheim; KD Stadt und Lk. Schwabach; KD Lk. Staffelstein./W.: Siebmacher

v.Wild   Taf. 112
Johann Maximilian Wild, Hof-Kammerrat, 1726 geadelt, besaß bis 1767 den Ansitz zu Ramsenthal.
Lit.: KD Stadt und Lk. Bayreuth; Siebmacher./W.: Siebmacher

Wildeisen   Taf. 112
Reichsstadt Rothenburg. W.: Schrag

Wildeisen   Taf. 97
Reichsstadt Dinkelsbühl; bei Weissbecker ist noch ein zweites W. abgebildet: wilder Mann und Löwe, der einen Speer (?) hält

v.Wildenholz   Taf. 23
Die Hohenlohe verlehnen ihren Kirchensatz v. Wildenholz an ihre Edelknechte im Jahre 1335; um die Mitte des 15. Jh. beerben die v.Berlichingen die Herren v.W.
Lit.: KD Lk. Rothenburg./W.: Weigel

v.Wildenstein (bayer.)   Taf. 14
Stammburg bei Dietfurt/Altmühl; besaßen auch Burg Wildenfels und Burg Strahlenfels bei Hilpoltstein; Grabdenkmal für den „goldenen Ritter" Martin v.W., † 1466, in der Klosterruine zu Gnadenberg bei Altdorf. 1763 ist die Familie erloschen.
Lit.: siehe ausführlich G. Voit, Die Wildensteiner, AL 1964, Sonderheft. — /W.: hier ist nur das Wappen abgebildet, wie es auch der Grabstein in Gnadenberg zeigt. Über das Mühlradwappen siehe bei Voit. (Hz. nach Siebmacher: flacher hermelingestülpter roter Hut besteckt mit schwarzen Hahnenfedern; siehe ausführlich bei Siebmacher)

v.Wildenstein (fränk.)   Taf. 15
Stammburg einst bei Presseck (Frankenwald); Stammes- und Wappengenossen der v.d.Grün, v.Reitzenstein, v.Radeck, v.Sack. Grabdenkmäler in den Kirchen zu Presseck, Grafengehaig. 1693 verkauften die verschuldeten v.W. ihre Schlösser und Güter im Frankenwald an den Bischof von Bamberg.
Lit.: Seiffert./W.: Siebmacher (Hz.: offener roter Flug, die silbernen Balken senken sich zum Helm)

v.Wilhermsdorf   Taf. 20
Stammsitz bei Neustadt/Aisch; auch unter dem württemb. Adel; erloschen 1569.
Lit.: Alberti; Siebmacher./W.: Siebmacher

v.Wimpfen   Taf. 102
Reichsstadt Nürnberg. W.: Kiener

Wilprand v.Parkstein   Taf. 11
Um 1338 waren die W.v.P. im Besitz von Burg Konstein; Ulrich W. war Pfleger zu Mörnsheim im Stift Eichstätt.
Lit.: KD Bez.A. Eichstätt./W.: Siebmacher

Windberger   Taf. 87
Reichsstadt Whm. W.: Siebmacher

v.Windheim   Taf. 88
Burg Windeck bei Ampferbach (Ofr.) ist eine Gründung der v.W. (siehe ausführlich bei Siebmacher).
Lit.: Kunstmann, Mensch und Burg; Siebmacher./W.: Siebmacher (u.n. Grabplatte zu Ebrach).

Winkler v.Heinfeld Taf. 29
Fränkisches Geschlecht; verwandt mit den v.Blankenheim und v.Waldau.
Lit.u.W.: Siebmacher

Winkler v.Mohrenfels Taf. 112
Reichsstadt Nürnberg. 1727 wurde Wolfgang Christoph W., geb. 1659, kaiserl.wirkl. Rat und mainz./bamberg. Geh. Rat in die fränkische Reichsritterschaft aufgenommen. Seit 1727 im Besitz v.Schloß Hemhofen (bei Erlangen).
Lt.: Imhoff; GHB Bay. I und IX; Bechtolsheim./W.: Siebmacher (bei Kiener noch ohne den Dreiberg)

Winter Taf. 108
Reichsstadt Nürnberg. W.: Kiener

Winterbach Taf. 18
Reichsstadt Rothenburg. W.: Schrag

v.Winterbach Taf. 38
Aus der obigen Familie hervorgegangen; geadelt 1695. Zahlreiche W. und Grabdenkmäler zu Rothenburg. – 1766 war Johann Balthasar v. W. Bürgermeister von Windsheim.
Lit.: KD Rothenburg, kirchl. Bauten; Chronik Windsheim./W.: Schrag

v.Wintzingerode Taf. 149
Alter Eichsfelder Adel; Frh.u.Grf.; 1918 ging Burg Pottenstein (Fränkische Schweiz) an die v.W. über.
Lit.: Alberti; KD Lk. Pegnitz; GHB Starke, Gräfl. Häuser III, Freiherrl. H. IV./W.: Siebmacher

v.Wipfeld Taf. 69
Alter fränkischer Adel; Stammsitz bei Werneck; Grabdenkmäler für Kanoniker in Eichstätt (Dom, Mortuarium), alle aus dem 15. Jh.
Lit.: KD Stadt Eichstätt; Siebmacher./W.: Siebmacher (Hz. der Schwan)

v.Wirsberg Taf. 6
Alter oberfränkischer Adel; Hauptsitz war Lanzendorf im Lk. Kulmbach; aus der Familie sind zahlreiche Amtsleute, Domkapitulare, Äbtissinnen, Deutschordensritter und auch der Fürstbischof Friedrich v.Würzburg, † 1573, hervorgegangen. Die Familie ist 1687 erloschen.
Lit.: siehe ausführlich Kunstmann, Burgen in Ofr. I und II; Kolb./W.: Siebmacher (Hz.: ein silbern gestülpter roter Spitzhut, oben silbern und rot schräg quadrierter Knopf, darauf Hahnenbusch)

Wirth Taf. 32
Reichsstadt Dinkelsbühl; 1753 Friedrich Ludwig W., Mitglied des Innern Rats und Spitalpfleger.

Lit.u.W.: Weissbecker

Witmair Taf. 32
Reichsstadt Nürnberg. W.: Kiener (für Dr. Witmair)

v.Wittstatt, gen. Hagenbuch Taf. 2
Fränkischer Adel; Stammsitz in Hohenlohe-Franken bei Krautheim; auch in Württemberg.
Lit.u.W.: Alberti

v.Witzleben Taf. 24
Alter thür. Adel; 1557 erwarben die v.W. Burg Oberhöchstädt bei Wunsiedel; W.d.v.W. an der Loge in der evangelischen Kirche zu Fischbach bei Ebern.
Lit.: Lehner; Kneschke; Mayer./W.: Hildebrandt

v.Woelckern Taf. 31
1728 erlaubte Kaiser Karl VI. einem Mitglied der aus Österreich stammenden Familie, sich „von Woelckern" zu nennen. (Besaßen auch Wolkersdorf bei Schwabach). 1730 unter die gerichtsfähigen, 1788 unter die ratsfähigen Geschlechter der Reichsstadt Nürnberg aufgenommen.
Lit.u.W.: Imhoff; Hirschmann, Patriziat (Hz.: 2 Helme, auf dem ersten auf silber-bl. Wulst ein gold. Stern zwischen silb.-bl. übereck geteilten Hörnern, auf dem zweiten Helm ein goldener Adler)

Wolf Taf. 26
Edelknechte; 1357 wird dem Eberhard W. das Burggut Irmelshausen bei Königshofen verliehen.
Lit.u.W.: Siebmacher

Wolf von Karsbach Taf. 86
Fränkischer Adel; im 16. und 17. Jh. Lehen von der Abtei Fulda. Hessdorf (bei Gemünden), evangelische Pfarrkirche; Grabstein für Anna Katharina W., geb. v.Wechmar, Gemahlin des Hartmann W.v.K., Amtmann zu Saaleck, † 1628.
Lit.: Siebmacher; KD Bez.A. Gemünden./W.: Siebmacher (Hz.: silb.gestülpter flacher roter Hut, aus dem der Wolf wächst)

Wolf v.Wolfsthal Taf. 88
Ratsfähiges Geschlecht der Reichsstadt Nürnberg; kamen aus Nördlingen; geadelt von Kaiser Maximilian; die Familie verließ wieder Nürnberg und wurde 1706 in den Grafenstand erhoben. Erloschen mit Philipp Gaston W.v.W. 1717. (Das W. der Familie wurde in den vermehrten Schild der Grafen Schönborn aufgenommen).
Lit.: Imhoff; freundliche Mitteilung von Dr. Domarus, Wiesentheid; Bechtolsheim./W.: Siebmacher

Wolfart Taf. 143
nachmals v.Ploben genannt; Reichsstadt Nürnberg.
W.: Kiener

Wolff Taf. 86
Reichsstadt Nürnberg. W.: Kiener

Wolff Taf. 90
Reichsstadt Nürnberg. W. des Dr. Heinrich W. bei Kiener

v.Wolfsberg Taf. 137
Nannten sich auch v.Gräfenberg (dort noch Wolfsberg-Schloß); Wirnt v.Gräfenberg, † im 13. Jh., Dichter des Artusromans „Wigalois". – Burg Wolfsberg in der Fränkischen Schweiz. – Erbin der 1267 erloschenen Herren v.W. wurde eine Familie Graf aus Nürnberg, die sich künftig Graf v. Wolfsberg nannte.
Lit.: Haller/Eichhorn; Buhl./W.: freundliche Mitteilung von Herrn H.Frh.Haller v.Hallerstein, Schloß Großgründlach

v.Wolfskeel Taf. 112
Alter fränkischer Adel; Wolfram Wolfskeel v.Grumbach und Otto v.W. waren im 14. Jh. Bischöfe von Würzburg; 1378 wurde Reichenberg bei Würzburg erworben. 1901 wurde Frh. Karl v.W. mit dem Namen „Wolffskeel v.Reichenberg" in den Grafenstand erhoben.
Lit.: Kolb; Alberti; Bechtolsheim; GHB Bay. I und IX./W.: Siebmacher; Altfränk. B.; 67. Jg. 1968
Anmerkung: über die stammverwandten v.Grumbach siehe dort (Hz.: wie Grumbach, nur zwischen dem Flug ein von Schwarz und Gold geteiltes Banner, belegt mit einem Reichsapfel)

v.Wolfstein Taf. 81
Alter nordgauischer Adel; Stammburg bei Neumarkt/Opf.; Reichsfreiherrn 1522 wegen der freieigenen Herrschaft Ober-Sulzbürg; 1673 Grafen (Herrschaften Sulzbürg und Pyrbaum); 1740 erloschen. Wappen heute im Ortswappen v. Allersberg bei Nürnberg (1323 ließen Leopold und Albrecht v.W. den Ort mit Graben und Mauer umgeben).
Lit.: Münchner Kalender 1911; Bosl; Alberti./ W.: Alberti

Wolfstrigel (Adel) Taf. 141
Besaßen im Frankenwald den Schauenstein, auch Besitz um Zwernitz; 1473 Heinrich W. zu Helmbrechts.
Lit.: Seiffert./W.: Siebmacher

Wolkenstein Taf. 94
Reichsstadt Nürnberg. W.: Kiener

v.Wolkenstein Taf. 27
Tiroler Adel; Grafen und Frh.; Ellingen, Schloßkirche: Epitaph für Karl Frh.zu W., kaiserl. Kämmerer, Landkomtur der Deutschordensballei Franken, † 1626.

Lit.: Alberti; KD Bez.A. Weißenburg; GHB Bay. II./W.: Alberti

v.Wöllwarth (Woellwarth) Taf. 36
Stammburg Wellwart bei Nördlingen; 1580 mit Polsingen bei Gunzenhausen belehnt. 1857 verkaufte Karl Reinhard v.W. das Rittergut Polsingen an einen Steinbruchsbesitzer; (Gruft in der Kirche). – 1364 kauften die v.W. von Erchinger v.Stophenheim dessen Halbmondwappen.
Lit.: Woellwarth; Chron.Pols.; GHB Bay. I und IX./W.: Woellwarth (Hz.: goldenes Kissen mit dem roten Mond)

v.Wolmershausen Taf. 5
Stammhaus bei Crailsheim (Württ.); 1514 verkauft Ludwig v.W. seinen Besitz zu Roßtal an Gebhard v.Zedwitz; um 1621 hatte die Familie Besitz zu Ammerndorf, Buttendorf, Mögeldorf, Neuses, Rohr, Stöckicht, Weinzierl, Kammerforst, Habersdorf, Oberreichenbach, Roßtal, Sachsen bei Leutershausen, Schmallenbach, Hirschbronn, Westheim bei Aurach. 1708 ist die Hauptlinie erloschen.
Lit.: Lehner; Dichtel; Alberti./W.: Alberti

Wörung Taf. 71
Reichsstadt Nürnberg. W.: Kiener

v.Wrede, Fürsten Taf. 40
1815 gilt König Max I.v.Bayern das Schloß Ellingen mit 19 Dörfern und 16 Weilern als Thronlehen an Feldmarschall Carl Philipp Fürst von Wrede († 1838).
Lit.u.W.: E. Bachmann; Siebmacher; GHB Bay. I und VI

Wurmrauscher v.Fraunberg Taf. 136
Nordgauischer Adel; Pfalzpaint, katholische Kirche: Grabmal für Jörg W.v.Fr., geb. zu Bechthal im Stift Eichstätt, † zu Hirschau 1596. 1658 verkauften die W. den Besitz zu Pfalzpaint an Eichstätt.
Lit.: Lehner; KD Bez.A. Eichstätt; Siebmacher./ W.: Siebmacher (siehe dort weitere Wappen)

Wurster v.Kreutzberg Taf 47
Stammen aus Nürnberg; geadelt 1746; Frh. 1765; 1756 erwarben die W. v.Kr. Schloß und Herrschaft Rohensaas (Verkauf 20 Jahre später); 1796 Erwerb von Buchklingen bei Emskirchen und Rauschenberg bei Neustadt/Aisch. – Besaßen im 18. Jh. auch Besitzungen zu Wilhermsdorf/Zenn.
Lit.: H.H. Hofmann, Herzogenaurach; Bechtolsheim./W.: Siebmacher

v.Würtzburg Taf. 124
Alter fränkischer Adel; Besitz zu Mitwitz (Ofr.), Burggrub, Haig (Ofr.), in Mfr. Hohlach, Walkers-

hofen. Veit v.W., † 1577, Fürstbischof v. Bamberg; erloschen 1922. (Erben: Frh. v.Cramer-Klett). Lit.: Gotha 1930; Kist; GHB Bay. III./W.: Siebm.

Wurzelbauer v.Wurzelbau Taf. 36
Nürnberger Familie; Johann Philipp W., Kaufmann und Astronom, Genannter des Größeren Rats, 1692 geadelt. – Lit.u.W.: Siebmacher

v.Zabelstein
Stamm- und Wappengenossen der v.Scherenberg siehe dort!

v.Zabuesnig Taf. 63
Geadelt 1715; der letzte Propst des Klosters Rebdorf bei Eichstätt, Joh.B.v.Z., † 1813 im Domherrenhof Arzat-Gebsattel zu Eichstätt.
Lit.: Siebmacher; KD Stadt Eichstätt; GHB Bay. IV und X./W.: Siebmacher

Zacharias Taf. 46
Reichsstadt Nürnberg. W. des Dr. Joh. Zacharias bei Kiener

Zadel Taf. 47
Reichsstadt Windsheim. W.: Siebmacher

v.Zandt Taf. 7
Stammen wohl aus der Oberpfalz; Freiherrnbestätigung in Bayern 1818, in Preußen 1827.
Lit.: Kneschke./W.: Siebmacher (2 Wappen)

Zapf Taf. 29
Reichsstadt Nürnberg. W.: Kiener

v.Zedtwitz Taf. 3
Alter fränkischer Adel; Hauptbesitzungen in Ofr.; Stamm- und Wappengenossen der v.Feilitzsch; Grabdenkmäler zu Himmelkron (Äbtissin Margaretha, † 1499). Heilsbronn (Votivbild für den marktgrfl. Amtmann Jörg v.Z. in der ehemaligen Münsterkirche), Isaar (Filialkirche), Bernstein (Südwand der Kirche); Frh. und Grf. –
Lit.: GHB Bay. II (Grafen v.Z.); Coll.Hist.Wirsb.; KD Stadt und Lk. Hof; KD Lk. Wunsiedel./ W.: Siebmacher (Hz.: zwischen 2 Hörnern ein Spitzhut mit silb. Knopf; Farben sonst wie Schild)

Zeger Taf. 151
Reichsstadt Nürnberg. W.: Kiener

v.Zehmen Taf. 13
Johann Anton v.Z., Fürstbischof von Eichstätt, † 1790; Philipp Ernst v.Z., von 1759-60 bischöfl. eichstätt. Pfleger auf Burg Wernfels (bei Spalt). – Aurach, katholische Pfarrkirche: Grabdenkmal für Friedrich v.Z., † 1729. – Obermässing, katholische Pfarrkirche: Grabsteine für Philipp Ernst v.Z., hochfürstl. Geh.Rat, Pfleger

zu Obermässing, † 1790, und seiner Gattin Karolina, † 1789. – Eichstätt, Dom: Grabdenkmal für den Fürstbischof. – Zwischen 1757 und 1780 besaß die Familie auch Schloß Zell.
Lit.: Lehner; KD Lk. Feuchtwangen; KD Bez.A. Hilpoltstein; KD Stadt Eichstätt./W.: Siebmacher

Zeiderlein Taf. 30
Reichsstadt Windsheim. W.: Siebmacher

Zeitler Taf. 84
Reichsstadt Nürnberg. W.: Kiener

Zeltner v.Hohenau Taf. 60
Stephan Z., städt. Nürnberger Landkommissär, 1739 in den rittermäßigen Adel mit „von Hohenau" erhoben (er war mit der Erbtochter des Georg Chr. Hochmann v.Hohenau verh.). – 1762 gehörte Schloß Adlitz bei Erlangen den Z.v.H.
Lit.: Siebmacher; KD Stadt und Lk. Erlangen./ W.: Siebmacher

Zenger v.Neidstein u.Schwarzeneck Taf. 134
1393 gab der Herzog von Bayern den Brüdern Parzival und Tristan Z.v.Sch. u.a.Feste und Stadt Hilpoltstein und die Burg Neidstein bei Etzelwang zu Pfand und Nutzung. 1443 verpfändet die Familie Burg Neidstein an Hans Kempnater. – Im 14./15. Jh. gehörten den Z. v.Schw. in der Oberpfalz rund 50 Schlösser und Güter – Erloschen mit dem Jesuitenpater Otto 1645.
Lit.: siehe ausführlich v.Brand. /W.: Siebmacher

Zenner Taf. 17
Ratsfähiges Geschlecht der Reichsstadt Nürnberg. W.: Kiener

v.Zertschen (Zertsch) Taf. 140
Braunschweig.-hannöverscher Adel; Grabmal des Philipp v.Z., † 1584, und seiner Ehefrau in der evangelischen Stadtpfarrkirche zu Windsbach.
Lit.: KD Stadt und Lk. Ansbach./W.: Siebmacher (auf dem Grabstein sind die Farben nicht mehr eindeutig feststellbar)

v.Zerzog Taf. 148
Geadelt 1816; besaßen noch 1877 das ehemalige Schloß zu Nairitz.
Lit.: KD Stadt und Lk. Bayreuth./W.: Siebmacher

Zeunle Taf. 123
Reichsstadt Nürnberg. W.: Kiener

v.Zeyern Taf. 85
Stammsitz (abgeg.) im Lk. Kronach; im 16. Jh. blühten noch die Linien zu Zeyern, Friesen und Hesselbach. – Oberrodach, ein Ansitz von 1523 bis 1608 bamberg. Lehen der Herren v.Z.
Lit.: Fehn; KD Lk. Kronach./W.: Siebmacher

(Hz.: Bärenrumpf, ein Schwert durch Rachen und Hinterkopf)

Zick   Taf. 63
Reichsstadt Nürnberg. W.: Kiener

Ziech (Adel)   Taf. 44
Aplo Cieche 1303 in Schönenbach und Bischofsheim. 1408 siegelt Hans Z. mit dem abgebildeten W.
Lit.u.W.: Siebmacher

Zierlein   Taf. 36
Reichsstadt Rothenburg. W.: Schrag

Ziner   Taf. 62
Reichsstadt Nürnberg. W. des Dr. Caspar Z. bei Kiener

Zingel   Taf. 72
Ratsfähiges Geschlecht der Reichsstadt Nürnberg, 1539 erloschen.
Lit.u.W.: Imhoff; Lehenbuch Öttingen

Zinner   Taf. 54
Reichsstadt Nürnberg. W.: Kiener

Zinner   Taf. 128
Reichsstadt Weißenburg. W.: Raab

Zirschen   Taf. 101
Reichsstadt Nürnberg. W.: Kiener

Zobel v.Giebelstadt   Taf. 104
Alter fränkischer Adel; Unterkämmerer des Herzogtums Franken; Joh.Georg Z.v.G., † 1580, Fürstbischof von Bamberg. Melchior Z.v.G. (1544-58) Fürstbischof von Würzburg. Linien v.Zobel zu Giebelstadt und Zobel v.G. zu Darstadt. Grabsteine zu Ellingen (Schloßkirche), Darstadt (Kirche), Giebelstadt (Kirche), Goßmannsdorf (Kirche), Herchsheim (Kirche), Gärtenroth (Kirche). Zu Beginn des 19. Jh. in die Freiherrnklasse des Königreiches Bayern eingetragen.
Lit.: Kolb; Kist; KD Bez.A. Ochsenfurt; KD Lk. Lichtenfels; GHB Bay. III u.X./W.: Siebmacher (Hz.: die Schildfigur)

Zobel v.Guttenberg W. wie oben!
Gleiche Familie wie die Z.v.Giebelstadt. –
Lit.: Gotha 1938; Kolb

v.Zocha   Taf. 51
Nachfolger Gabrielis als Leiter des markgfl. Hofbauamtes zu Ansbach wurde 1715 der Oberamtmann v.Wassertrüdingen, Johann W. v.Zocha (geb. in Gunzenhausen). 1719 kam an seine Stelle sein älterer Bruder Karl Friedrich. Er baute zahlreiche

neue Gotteshäuser. Mit ihm ist die Familie 1749 erloschen. – Von 1626 bis 1749 besaßen die Frh. v.Z. das Schloß zu Wald (bei Gunzenhausen), ab 1629 Schloßgut Laufenbürg (bei Dinkelsbühl).
Lit.: KD Bez.A. Gunzenhausen, Stark; Lehner; KD Stadt und Lk. Dinkelsbühl./W.: Siebmacher

Zolickoffer   Taf. 12
Reichsstadt Nürnberg. W.: Kiener

Zoller   Taf. 46
Reichsstadt Weißenburg. W.: Raab

Zollner   Taf. 49
Reichsstadt Nürnberg. W.: Kiener

Zollner v.Brand   Taf. 83
Ratsfähiges Geschlecht der Reichsstadt Nürnberg; stammt aus Bamberg. Die Nürnberger Linie ist 1543 erloschen. – In der Kirche zu Aisch Wappenepitaph für ein Mitglied der Familie, † 1709.
Lit.u.W.; Imhoff; Mayer

Zollner von der Hallburg   Taf. 90 (Nr. 3)
auch Zöllner v.Mergentheim; unterfränkisches Geschlecht; auch Besitzungen in Württemberg. Das Würzburger Lehen Gaibach ging 1580 an die Echter v.Mespelbrunn. Nach Siebmacher erloschen 1630.
Lit.: Alberti; Kreisel; Bechtolsheim ./W.: Alberti (Hz. nach Siebmacher: ein roter Mannesrumpf mit rundem roten Hut)

Zolner   Taf. 90
Reichsstadt Nürnberg. W.: Kiener

Zorn v.Bulach   Taf. 28
Geschlecht aus dem Elsaß; (auch Zorn v. Plopsheim); Epitaph der Anna Petr.v.Crailsheim; geb. Z.v.Pl., † 1680, in der evangelischen Pfarrkirche zu Sommersdorf.
Lit.: Kneschke; KD Lk. Feuchtwangen

Zösch (Zesch)   Taf. 46
Reichsstadt Nürnberg. W.: Kiener

Zucker v.Tamfeld (keine Abbildung)
Oberfränkischer Uradel (Ritter v.Tannenfeld bei Kulmbach), bereits im 14. Jh. auch in Mähren./ W.: 5mal von Silber und Schwarz geteilt; belegt mit einem schrägrechten grünen Rautenkranz.
Lit.u.W.: Procházka

Zuckmantel   Taf. 109
Reichsstadt Rothenburg; besaßen auch Schloß Dürrenmungenau im Lk. Schwabach. 1415 verkauft die Familie ihre Besitzungen zu Wassermungenau und Dürrenmungenau an Stephan von Absberg.

Lit.: Lk. Schwabach; Lechner; Alberti./W.: Schrag

Zufrass (Adel) Taf. 28
Fränkischer Adel; Lehensleute des Hochstifts
Würzburg. Wappengenossen der v.Bardorf. 1559

wird Wolfram Z. vom Abt. v.Fulda mit der Hälfte
des Dorfes Rappershausen (bei Mellrichstadt) belehnt.
Lit.u.W.: Siebmacher (Hz.: Flügel wie Schild)

Alphabetisches Verzeichnis der Nachträge auf den Tafeln 156 und 157

REGISTER DER WAPPENBILDER

1 v. Gailingen
2 Geuschmid
3 Schenk von Geyern
4 Tannhäuser (Thannhäuser)

5 Schattemann
6 v. Ebeleben
7 v. Freudenberg
8 Stauff v. Ehrenfels (1)

9 Stauff v. Ehrenfels (2)
10 v. Breitenstein
11 v. Heimburg
12 Stein v. Hilpoltstein

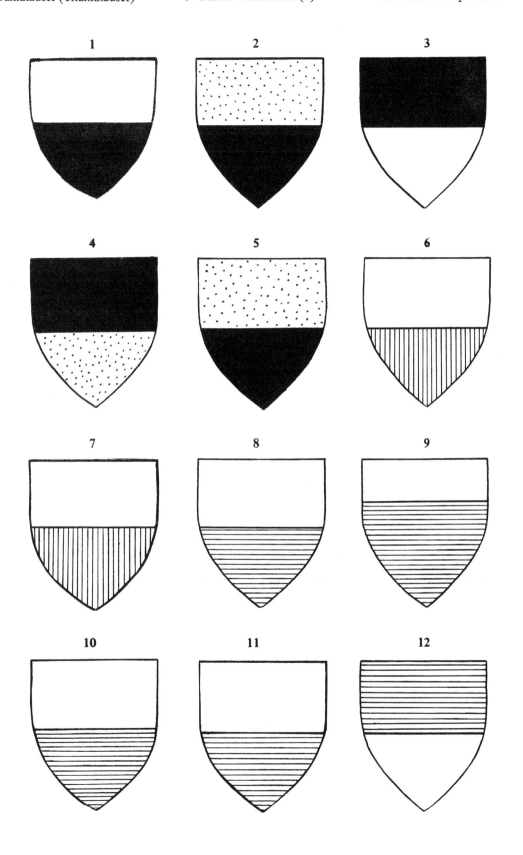

1 v. Leonrod
2 v. Buttendorf
3 Cappler von Ödheim
4 Notthafft v. Weißenstein

5 v. Diemar
6 v. Crailsheim (vgl. Taf. 157)
7 Stockamer
8 v. Ehenheim

9 v. Leuchtenberg, Lgf.
10 v. Vestenberg
11 v. Wittstatt
12 v. Ditfurth

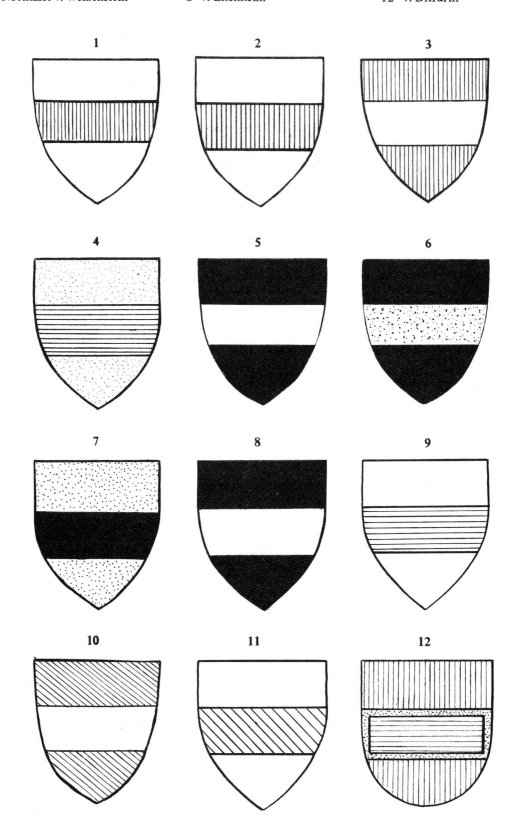

1 Schenk v. Rossberg
2 v. Magwitz
3 v. Redwitz (Rebitz)
4 v. Zedtwitz

5 v. Feilitzsch
6 von der Heydte
7 v. Heideck
8 v. Betzenstein

9 v. Sattelbogen
10 v. Henfenfeld
11 v. Lehrbach
12 Heffner

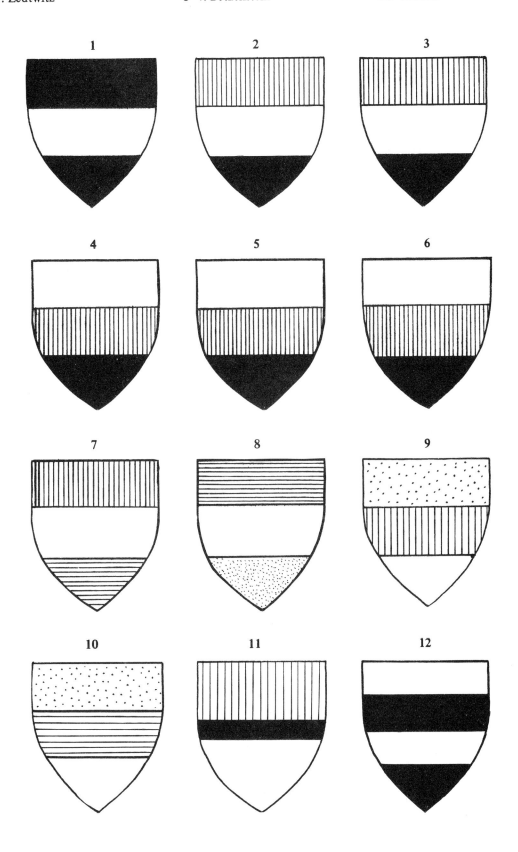

Taf. 4

1 v. Dürrwangen
2 v. Farrenbach
3 v. Reichenau
4 v. Truhendingen
5 v. Leubelfing
6 v. Eltershofen
7 v. Seldeneck
8 v. Nordenberg
9 v. Schafhausen
10 Kemnater (Eichst.)
11 v. Aurach
12 v. Isenburg, Fst, Stw.

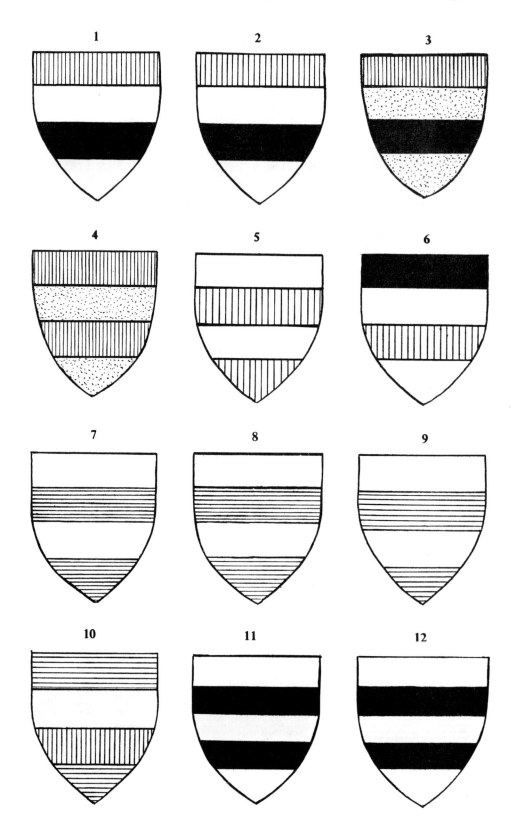

1 v. Wolmershausen
2 Deuerlein
3 v. Fuchstatt
4 v. Arnim
5 v. Massenbach

6 v. Gemmingen
7 Küchenmeister v. Wächters-
  bach
8 v. Mauchenheim (v. Bechtolsheim)

9 v. Elm
10 v. Erlangen
11 v. Selbitz
12 Brechter

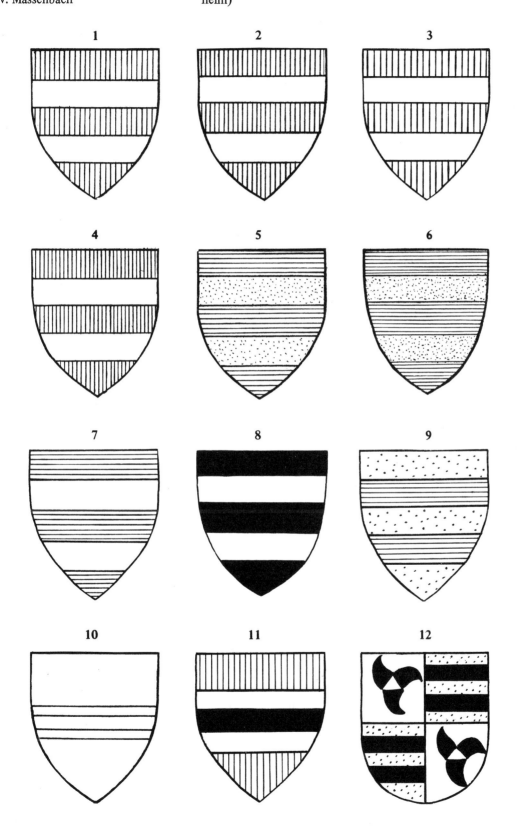

Taf. 6

1 v. Graisbach, Grf.
2 v. Bernhausen
3 v. Satzenhofen (Sazenhofen)
4 v. Goldstein

5 v. Laber
6 v. Arnstein
7 v. Rieneck, Grf.
8 v. Stainfeldt

9 v. Uttenhofen (1)
10 v. Uttenhofen (2)
11 v. Preysing, Stw.
12 v. Wirsberg

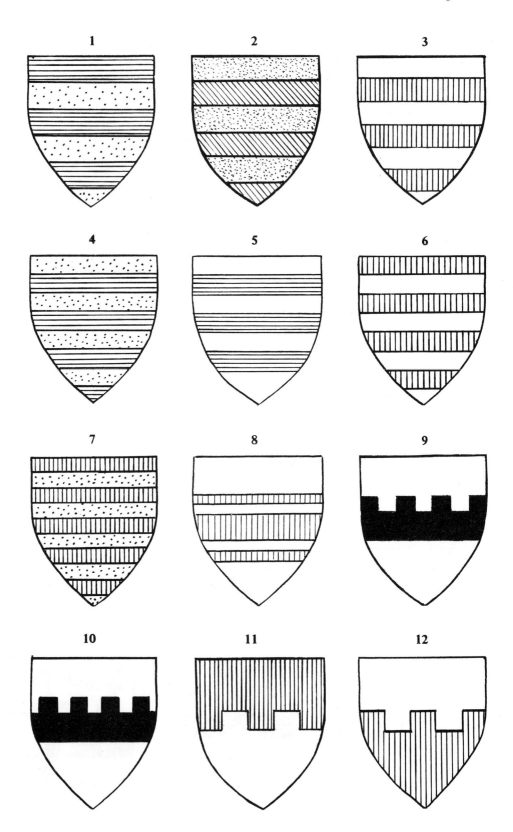

1 v. Zandt (1)
2 v. Zandt (2)
3 v. Mistelbeck
4 v. Murach

5 v. Ulm
6 Voit von Salzburg
7 v. Fuchsstein
8 v. Trautenberg

9 Hämberg (Eichst.)
10 Schechs von Pleinfeld
11 v. Morsbach (Morsbeck)
12 Wambold von Umbstadt

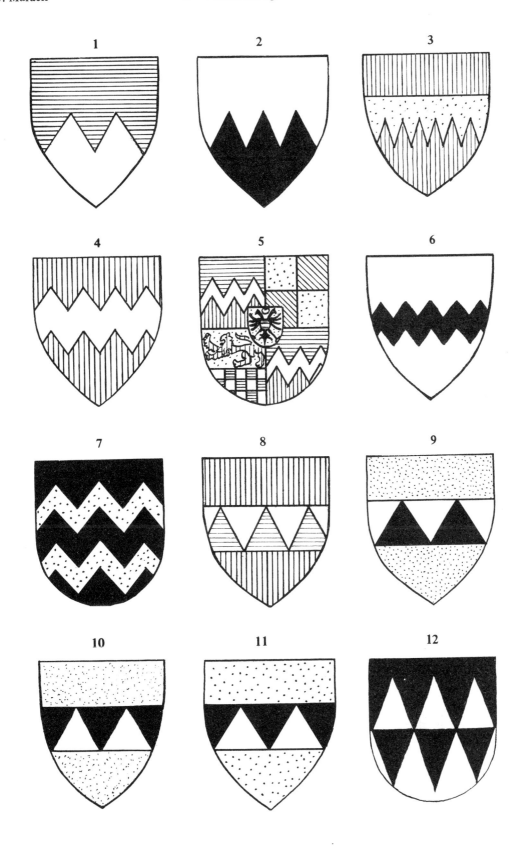

1 v. Oberndorf
2 von der Planitz
3 v. Kemnat
4 v. Obernitz

5 v. Lüchau
6 v. Gundelsheim
7 v. Karspach
8 v. Heldritt

9 v. Trimberg
10 v. Seinsheim, Grf., Stw.
11 v. Schwarzenberg, Fst, Stw.
12 v. Ammelbruch (W.v.1357)

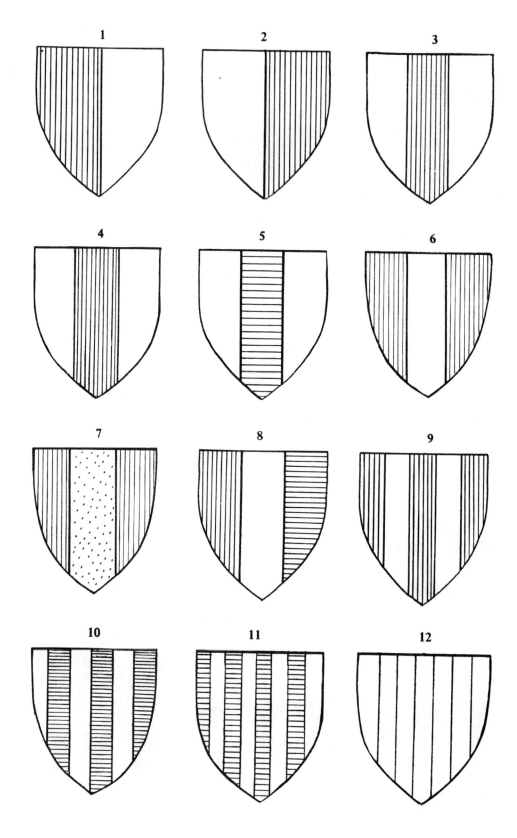

1 Voit von Wendelstein
2 v. Strupperg
3 Pfintzing („Niderlandt")
4 v. Rosenberg

5 v. Ussigheim
6 v. Parsberg
7 v. Westerstetten
8 v. Schaumberg

9 Kameytzky v. Elstibors
10 v. Welden
11 v. Kada
12 Lochner v. Hüttenbach

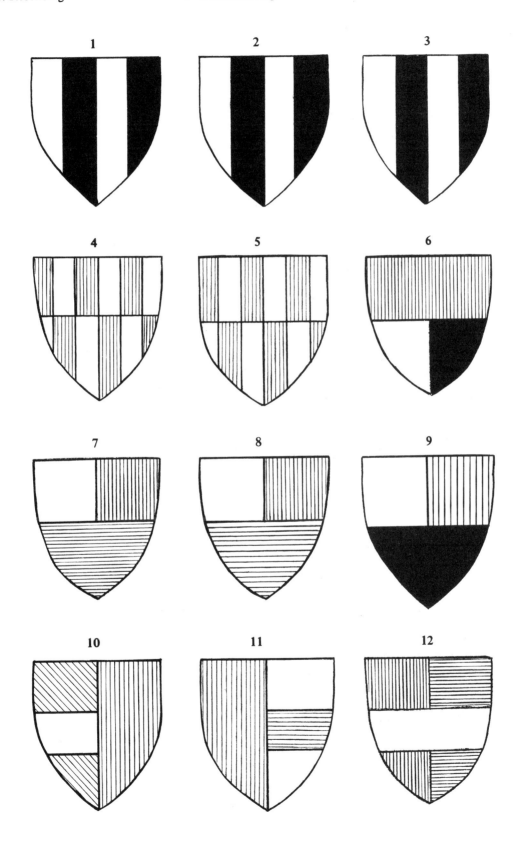

1 Groß von Trockau
2 v. Christanz
3 v. Pferdsfeld
4 v. Rohr (1)

5 v. Rohr (2)
6 v. Völderndorff
7 v. Fridwitzhofen
8 v. Ampringen

9 Hiltprant zu Erespach
10 Thein v. Memmelsdorf (1)
11 Thein (2)
12 Thein (3)

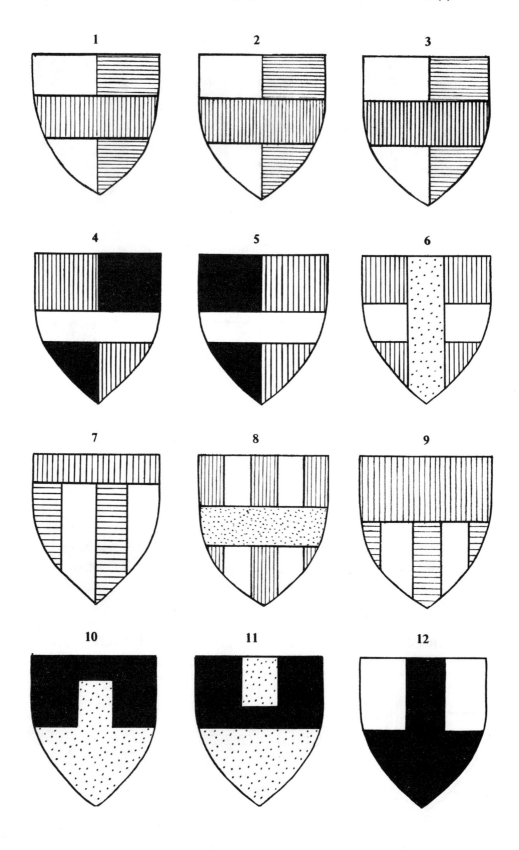

1 v. Finsterlohe
2 Wilprand v. Parkstein
3 v. Leoprechting, Stw.
4 v. Hohenzollern (Stw d. Mgf.
  v. Ansbach-Bayreuth)

5 v. Schopfloch (1)
6 v. Boineburg, Stw
7 Frey (u.Taf. 156)
8 v. Wackerbarth

9 Fogler, Nbg.
10 v. Castell, Fst. u. Grf.
11 Schott v. Schottenstein
12 v. Schopfloch (2)

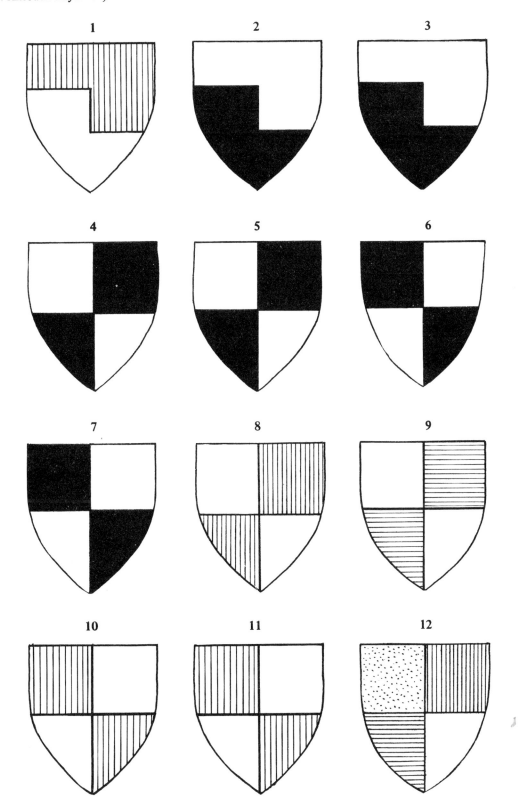

1 v. Sinn
2 v. Jahrsdorf
3 v. Gleissenthal
4 v. Erthal
5 v. Prem
6 Dracht
7 v. Brackenlohr
8 Hausen, Rbg.
9 Raup, Rbg.
10 Zolickoffer
11 v. Fers
12 v. Waischenfeld

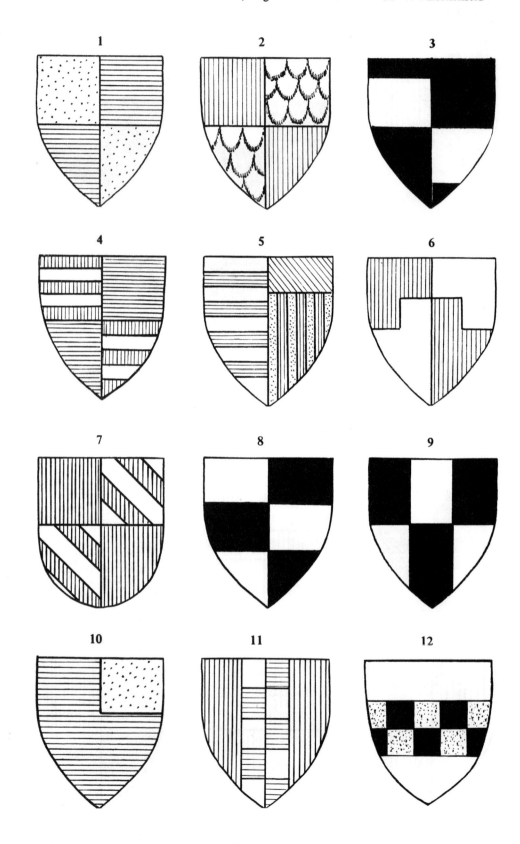

1 Saumer (Adel)
2 v. Berg, gen. Schrimpf
3 Greffenreuter
4 v. Lauffenholz

5 v. Ingelheim, Grf., Stw
6 Truchseß v. Wetzhausen
7 v. Lentersheim
8 v. Zehmen

9 Faust v. Stromberg
10 Apel
11 v. Waltershausen
12 v. Andlau

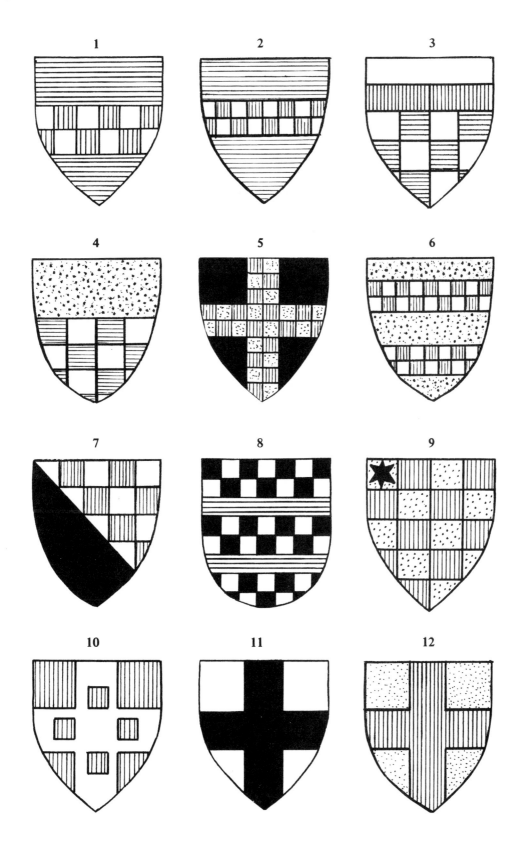

1 v. Rechteren-Limpurg, Grf.
2 Hack v. Suhl, gen. v. Thil
3 v. Flotow
4 v. Dalberg
5 Pelck
6 Egen, Dkb.
7 v. Wildenstein (bayer.)
8 Sützel v. Mergentheim
9 v. Abensberg
10 Stockheimer
11 Dürner (v. Dürn;Eichst.)
12 Fetzer

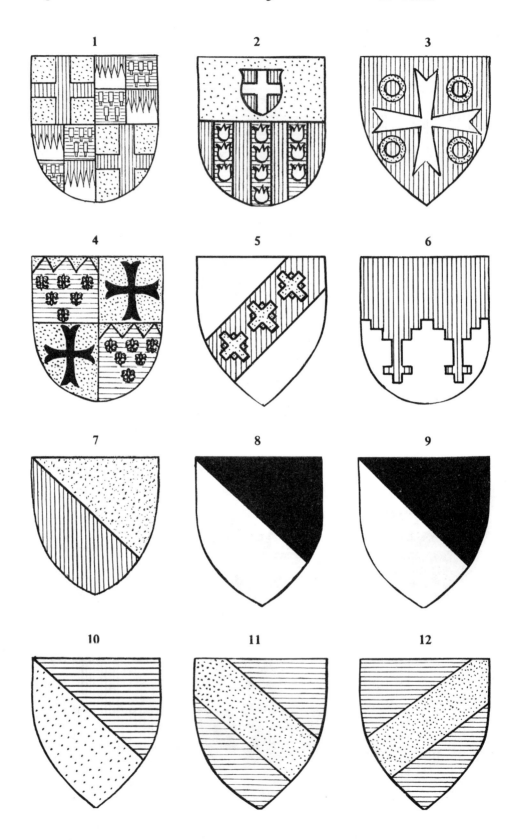

Taf. 15

1 Krafft I, Nbg.
2 Prembler
3 v. Sternberg
4 Egner, Nbg.

5 v. Reiffenberg
6 Haider zu Ultfeld
7 v. Rauheneck (Raueneck)
8 v. Stein zu Nord- und Ostheim

9 v. Weiler
10 von der Grün
11 v. Reitzenstein
12 v. Wildenstein (fränk.)

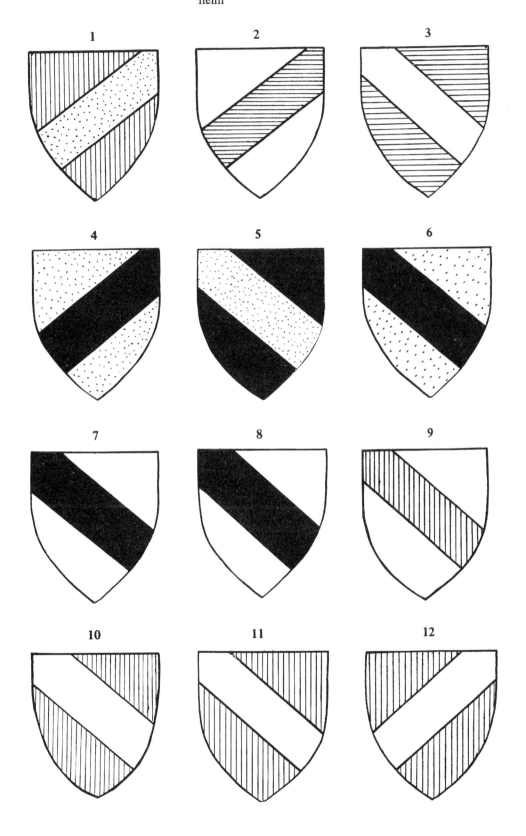

1 v. Sack
2 v. Kageneck
3 v. Dornberg
4 v. Abersfeld

5 Mendel
6 Starrschedel
7 v. Griesingen
8 Pfefferbalg (Adel)

9 Kremer
10 Gößwein
11 Pömer
12 v. Kracker

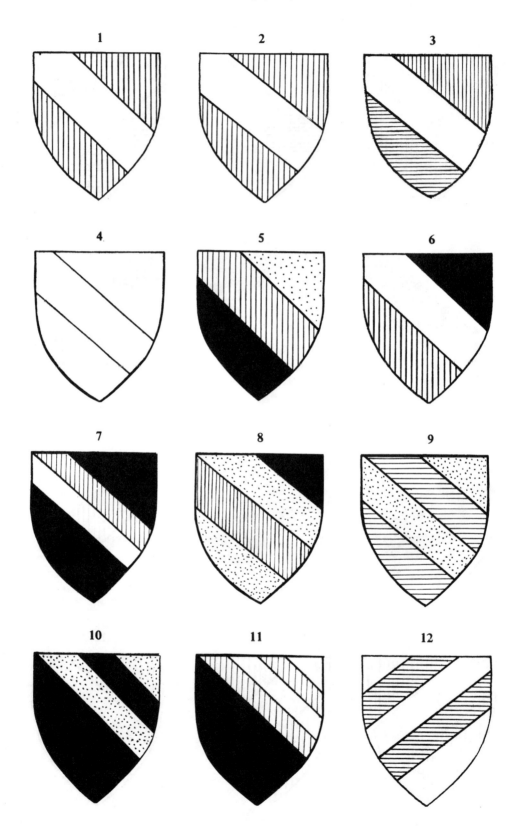

1 Zenner
2 v. Hutten
3 Berler
4 Neuroth
5 v. Ellrichshausen
6 v. Gütingen
7 v. Espelbach
8 Hoelein v. Steinau
9 v. Ammelbruch, 1433
10 Weiler, Nbg.
11 v. Wendelstein
12 Freidel

1

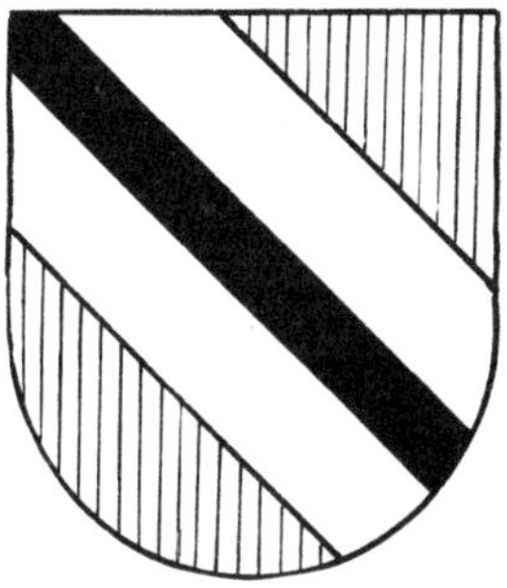

2

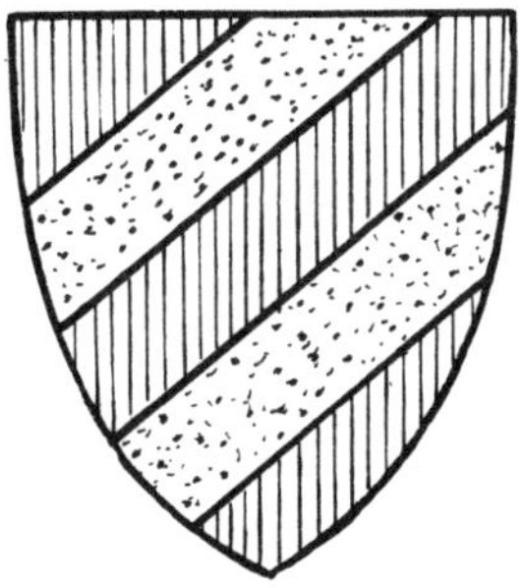

3

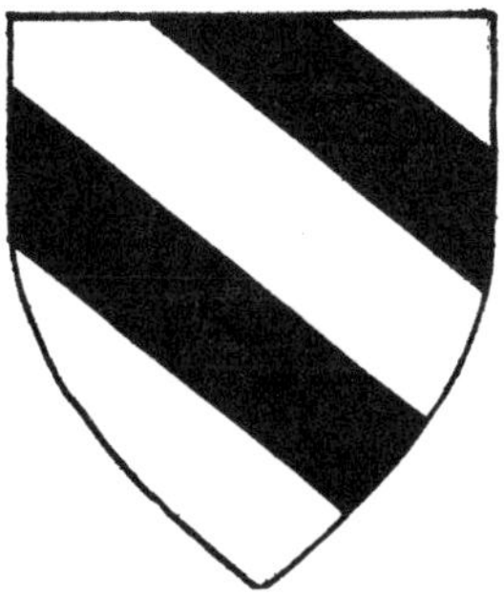

4

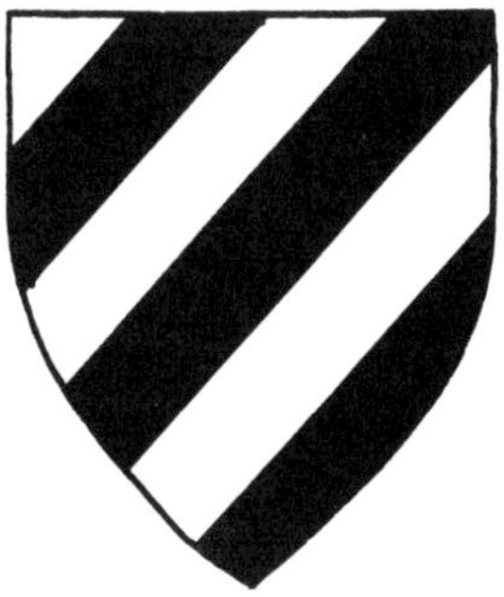

5

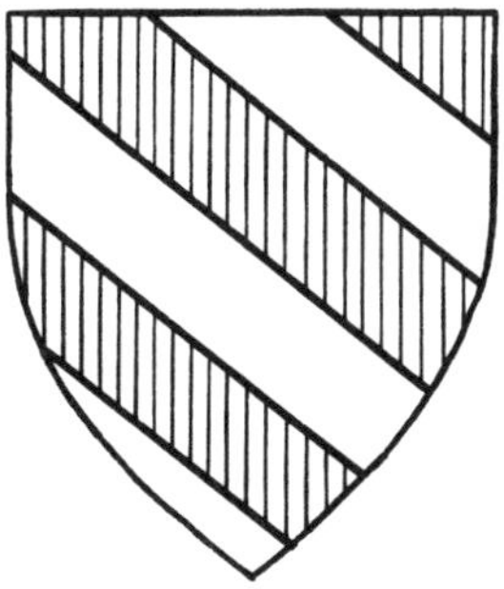

6

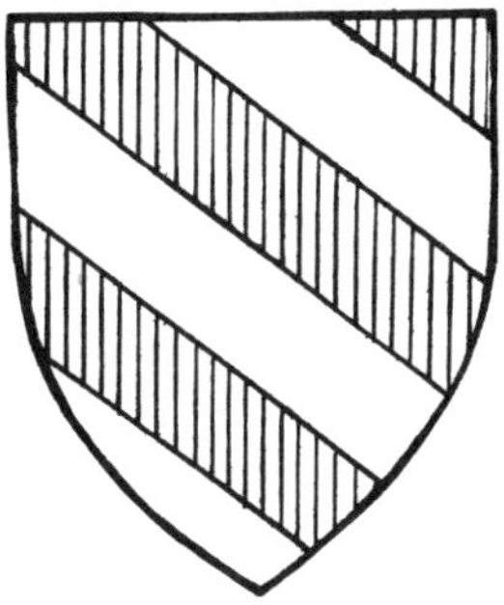

7

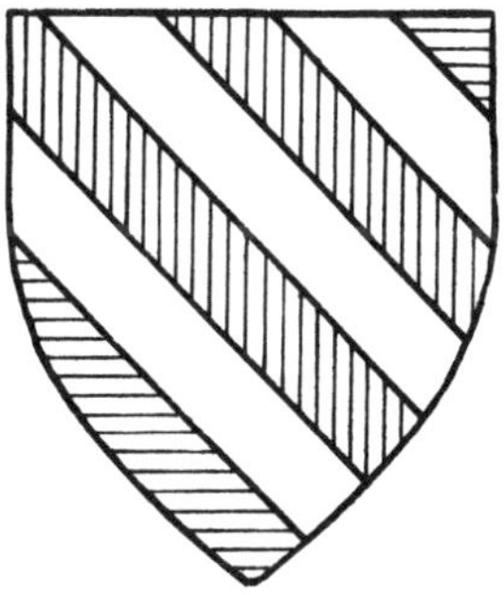

8

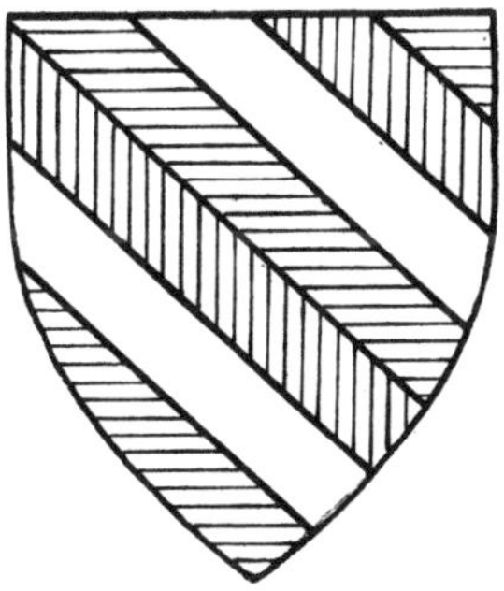

9

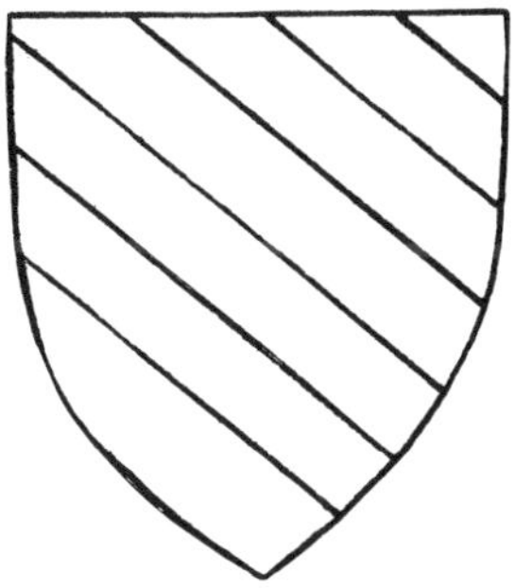

10

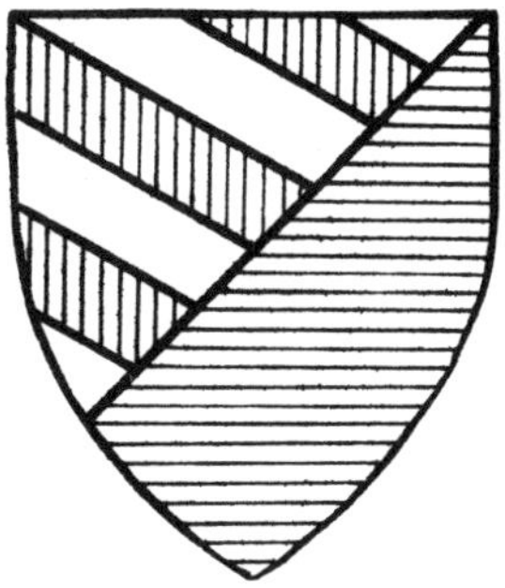

11

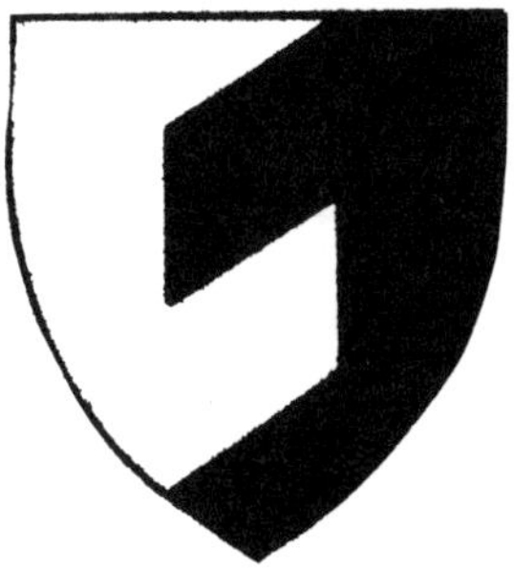

12

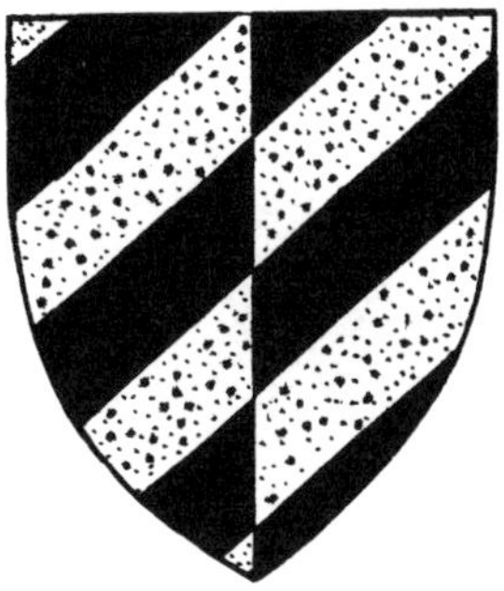

1 v. Lobdeburg, (1)
2 Örtel, Nbg.
3 v. Kauffungen
4 v. Weißdorff

5 v. Furtenbach, Stw.
6 Winterbach, Rbg.
7 v. Redwitz
8 Marschall v. Ebneth

9 v. Kunstadt, Marschall
10 Behaim v. Schwartzbach
11 v. Thüngen
12 Grumbach (Dynasten)

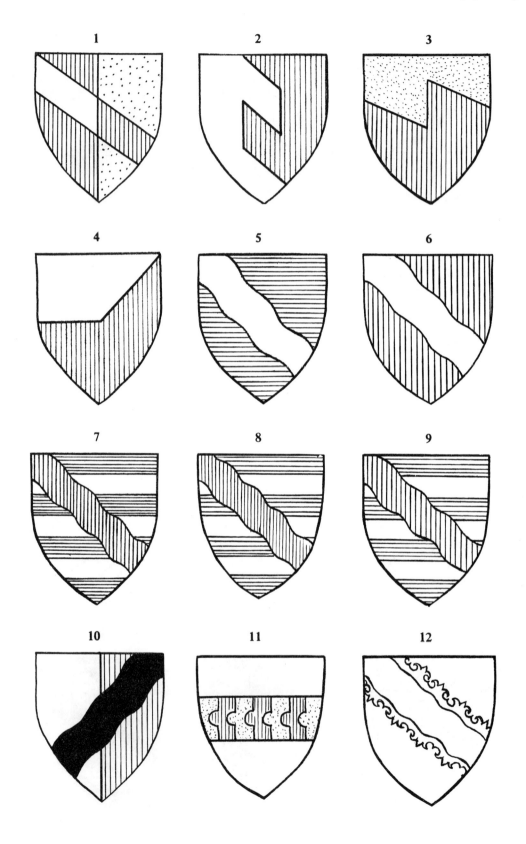

1 v. Leinach
2 Nadler II, Nbg.
3 v. Hompesch
4 Deichsler, Nbg.

5 Amann v. Lepfenburg
6 Teufel, Nbg.
7 v. Modersbach
8 Waldbott v. Bassenheim

9 Rottengatter
10 v. Hohenstein
11 Hüttenbeck (Adel)
12 v. Könitz

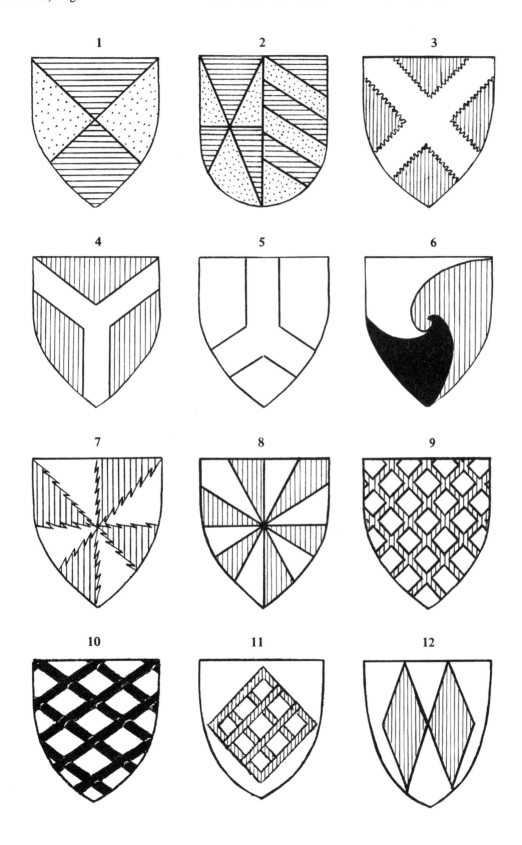

Taf. 20

1 v. Wilhermsdorf
2 v. Hohenburg (Hohenberg)
3 Pürckel
4 Eisenhard

5 Röttenbeck
6 v. Rotenstein
7 Gelchsheimer
8 v. Hohenfels

9 Stauff v. Ehrenfels (3)
10 v. Wiesenthau
11 v. Grone
12 Kalbenberger (Adel)

1 v. Bayern (Haus Wittelsbach)
2 v. Bickenbach
3 Rebel
4 v. Künsberg l. Stw.

5 v. Plassenberg
6 v. Hoppingen
7 von der Cappel
8 v. Absberg

9 v. Weidenberg
10 Langenmantel, Nbg.
11 v. Raitenbuch
12 Stettner v. Haldermannstetten

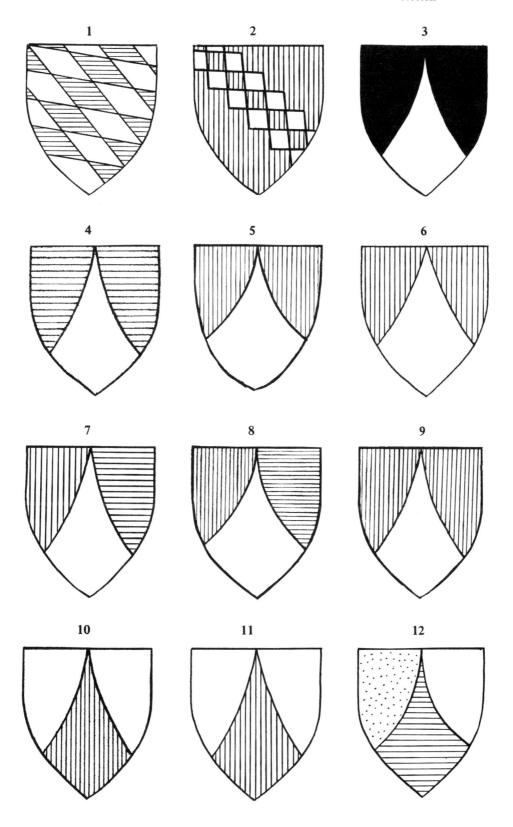

1 Salzmann
2 v. Massbach
3 Raitenbach zu Erkersreut
4 v. Andrian-Werburg, Stw

5 v. Thüna
6 Osterreicher
7 Mendelein
8 Schätz

9 v. Peulendorf
10 v. Bressen
11 v. Lonnerstadt
12 Haller v. Hallerstein, Stw.

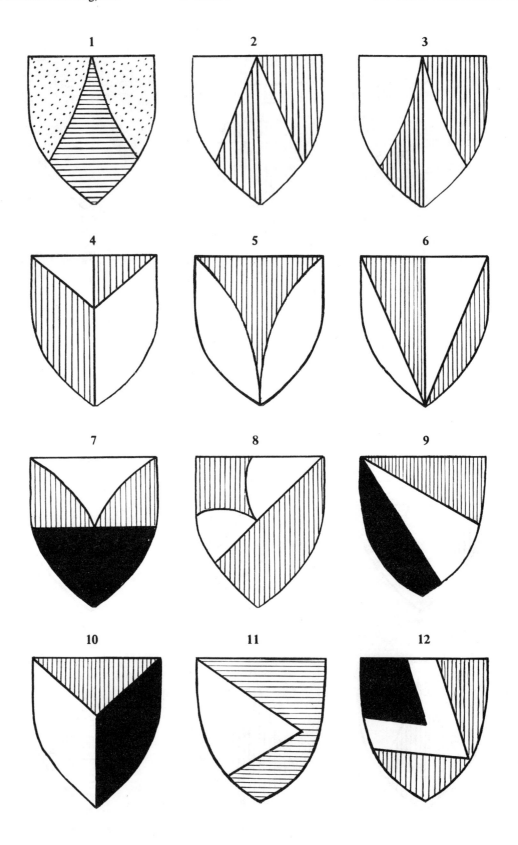

1 v. Pölnitz, Stw.
2 v. Wildenholz
3 Schmugenhofer
4 Schletz

5 Langmann, Nbg. (1)
6 Langmann, Nbg. (2)
7 Gruber
8 Schelriß v. Wasserlos

9 Vorchtel
10 v. Ödenberg
11 v. Sparneck
12 Geisendörfer, gen. Grösser

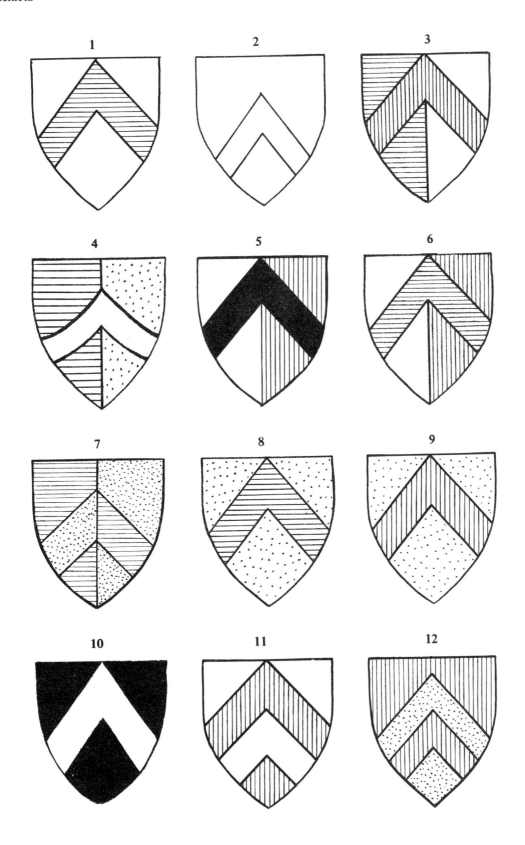

1 Grösser, Whm
2 v. Werdenstein
3 v. Witzleben
4 Westhausen

5 v. Lauter
6 v. Kühdorf
7 Dintner
8 Groß v. Meckenhausen (1)

9 Groß v. Meckenhausen (2)
10 v. Bickenbach (alt)
11 Prünsterer
12 v. Faulhaber

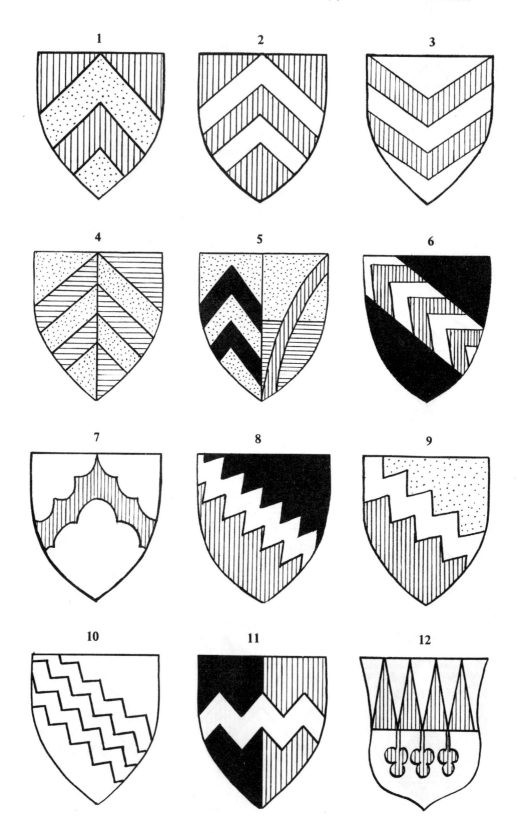

1 Kratz, Nbg.
2 v. Herbilstadt
3 Ebner v. Eschenbach
4 v. Steppach

5 v. Wechmar
6 v. Beust, Stw.
7 Kratz v. Sambach
8 vom Morn, Nbg.

9 Förtsch v. Thurnau
10 Modschiedel v. Gerau
11 v. Tettau
12 v. Fellendorf

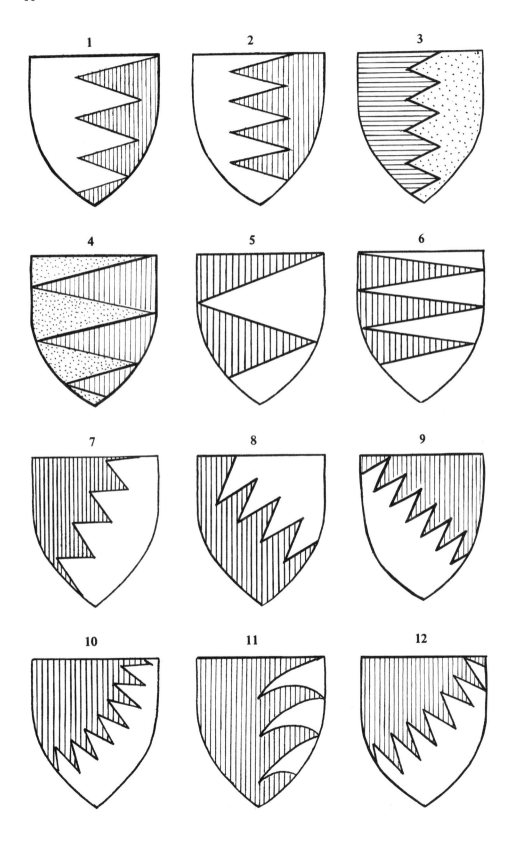

Taf. 26

1 v. Lichtenstein
2 v. Hetzelsdorf
3 v. Tann (Thann) I
4 Linck

5 v. Külsheim
6 Wernle
7 v. Ortenburg, Grf.
8 v. Oettingen, Fst

9 v. Pappenheim, Grf., Stw.
  (u. Taf. 156)
10 Feurer
11 v. Bastheim
12 Wolf (Adel)

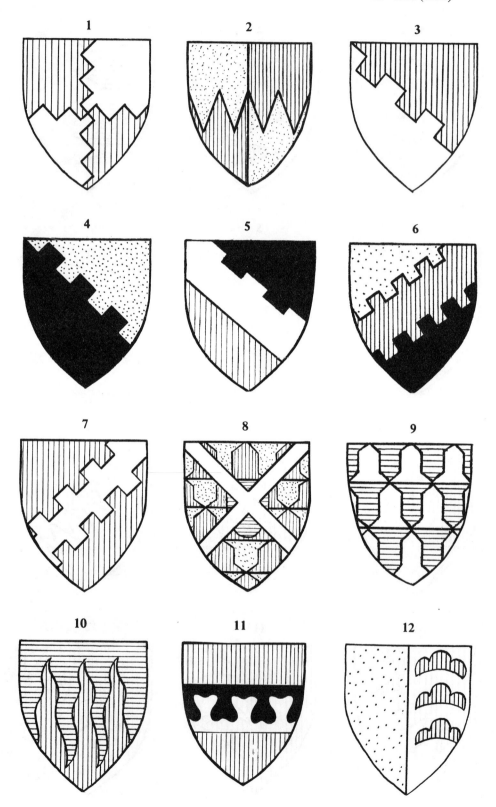

1 v. Wolkenstein, Stw.
2 v. Wolkenstein (vermehrt)
3 Höchstetter, Rbg.
4 Höchstetter, Wbg.

5 Vetter, Rbg.
6 v. Sternberg-Manderscheid
7 Römlein
8 Irnsinger

9 v. Bentzel-Sternau
10 v. Brietzge
11 Hartung zu Dietersdorf
12 Harttung, Wbg.

1 Zufrass (Adel)
2 v. Bardorf
3 Ulrich
4 Zorn (v. Plopsheim, v. Bulach)
5 Unterholzer
6 Schütz, Nbg.
7 v. Rotenhan
8 Hoffmann III, Whm
9 Hoffmann, Rbg.
10 Kaler
11 v. Gera, Nbg.
12 Creglinger (Adel)

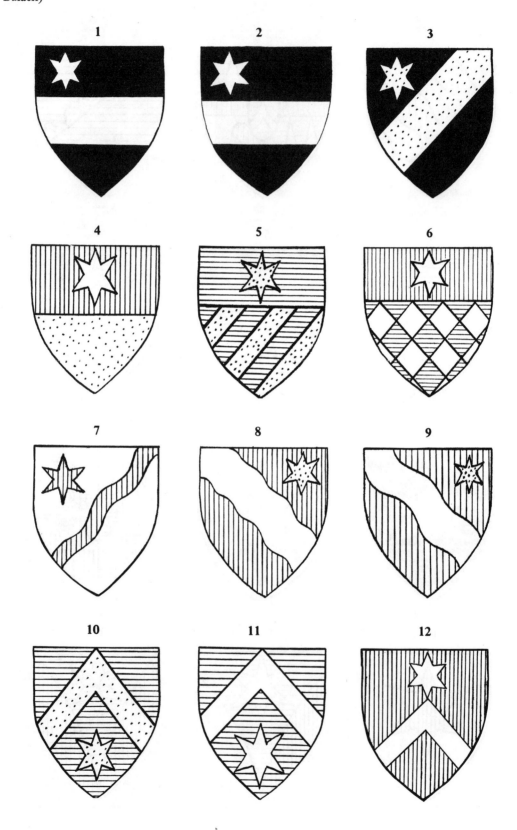

1 Winkler v. Heinfeld
2 Zapf
3 Roggenbach
4 Pfann

5 Spruner v. Merz
6 Beyhelschmidt
7 v. Landgraf
8 Schemel

9 Rücker, Rbg.
10 v. Heidenheim
11 Weber, Nbg.
12 v. Baumbach

1 Schultheiß II, Nbg.
2 Eisen II, Whm.
3 Drümmer
4 Zeiderlein

5 Griebel v. Stockau
6 Füger, Whm.
7 Clement, Nbg.
8 Grasser, Wbg.

9 Arnold, Nbg.
10 Stör, Schw.
11 Göttling, Rbg.
12 König, Rbg.

1 Glockengießer, Nbg.
2 Degler
3 Leuckart v. Weißdorf
4 Hörl

5 Trueb
6 Beck, Nbg.
7 Pflaum, Wbg.
8 Salfelder, Rbg.

9 v. Woelckern
10 Eger, Nbg.
11 Gerer
12 Dillherr v. Thumenberg
   (Stw.)

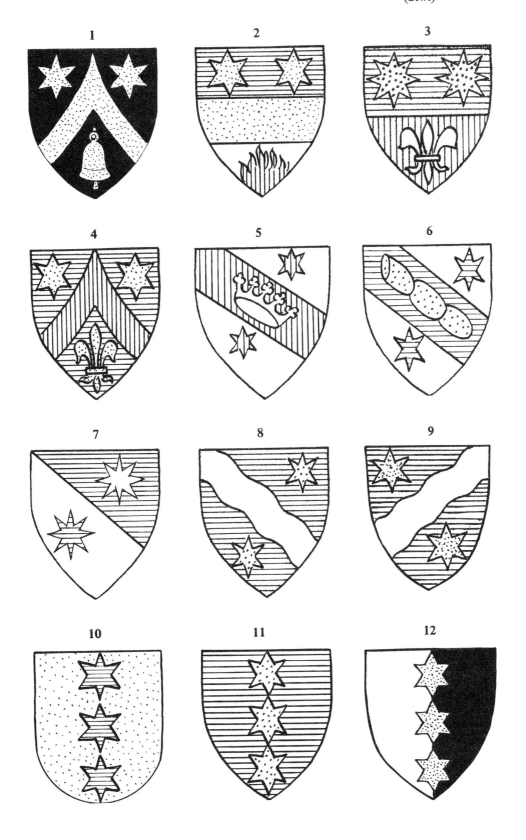

1 v. Pfalzpaint
2 Gronedel (Granetel)
3 v. Mörnsheim
4 Dalner II, Nbg.

5 v. Erbach, Grf., Stw.
6 v. Braunsbach
7 Bechler
8 Mercklein II

9 Wirth, Dkb.
10 Rötting
11 Fütterer
12 Witmair

1 Pregler
2 Rücker, Rbg., Consul
3 Oppenrieder
4 Katterbeck

5 Halbentauer
6 Jordan, Wbg.
7 Chur
8 v. Reichertshofen

9 v. Lindenfels
10 v. Schlammersdorf
11 Koler, Wbg.
12 Stetpeck, Nbg.

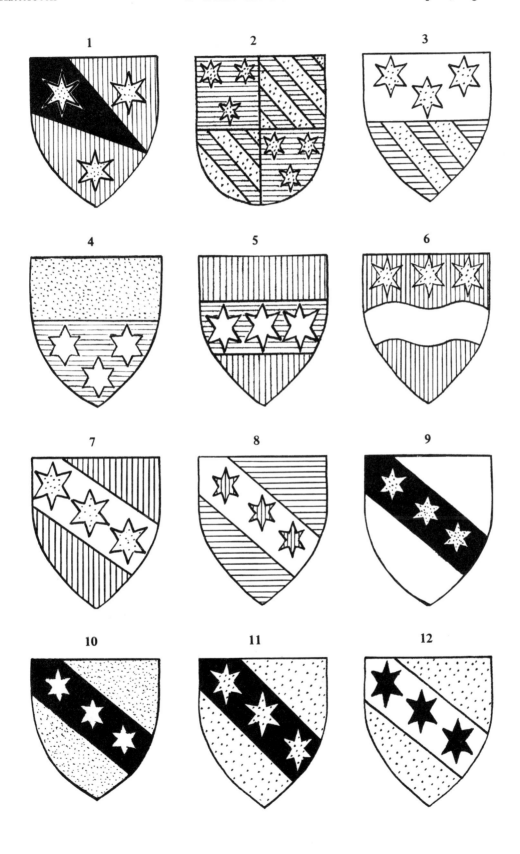

1 Nützel II, Nbg.
2 Dichtel
3 Güllen
4 Sausenhofer v. Rosenegg
5 Karcher, Rbg.
6 Wacker, Dkb.
7 Rösch v. Gerolzhausen
8 Botenstein
9 Trammel
10 v. Beulwitz
11 Schrag, Rbg.
12 v. Pettau

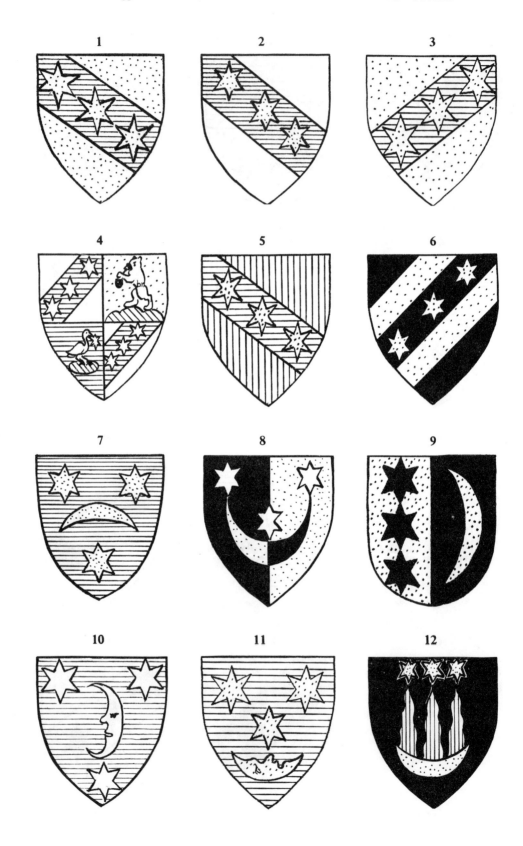

1 v. Leyritz
2 Uhl, Nbg.
3 Löhe
4 Geuder v. Heroldsberg

5 Pfister, Nbg.
6 Neuckum
7 v. Ganzhorn
8 Stöckl, Nbg.

9 v. Dury
10 v. Messina
11 Nadler I, Nbg.
12 Ulsenheimer, Whm.

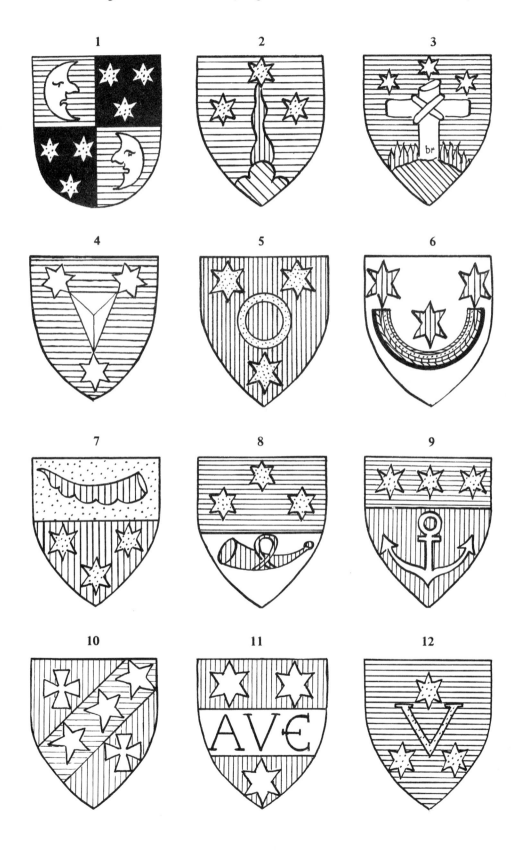

1 Erlanger, Nbg.
2 Fogel, Nbg.
3 Walther, Rbg.
4 v. Wurzelbauer

5 v. Stichaner
6 v. Platen, Grf.
7 Klein, Whm.
8 Ott, Schw.

9 Zierlein
10 v. Lenckh
11 v. Wöllwarth
12 Kropf v. Emetzheim

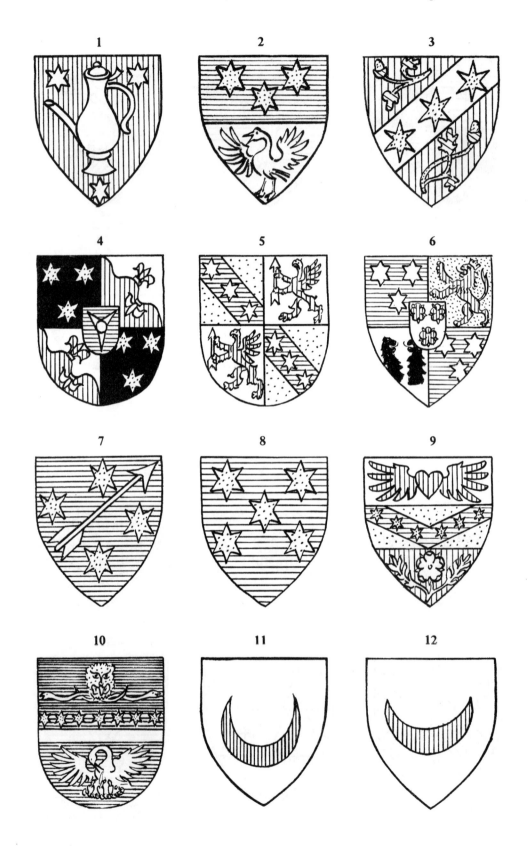

1 Heugel II, Nbg.
2 v. Pfraundorf
3 Grüner
4 Lebender

5 Meindl
6 Schaler
7 Kreutzer
8 Dieffenbrucker

9 Kammerer
10 v. Fulbach
11 v. Stutterheim
12 Wernitzer

Taf. 38

1 Halbirdt
2 v. Winterbach
3 v. Neu
4 v. Jöstelberg, Stw.

5 Satler, Nbg.
6 Scherb, Nbg.
7 v. Schrottenberg
8 Nöttela, Nbg.

9 Etlinger v. Haimhof
10 Ortlieb, Nbg.
11 Keutzlein
12 Auer, Nbg.

1 Schraffer (1)
2 Schraffer (2)
3 Linder, Nbg.
4 Landauer

5 Schilling, Nbg.
6 v. Seereuter
7 Maurer I
8 v. Dernbach, Grf.

9 Jagstheimer
10 v. Schutzbar, gen. Milchling
11 Hiltner
12 v. Calatin

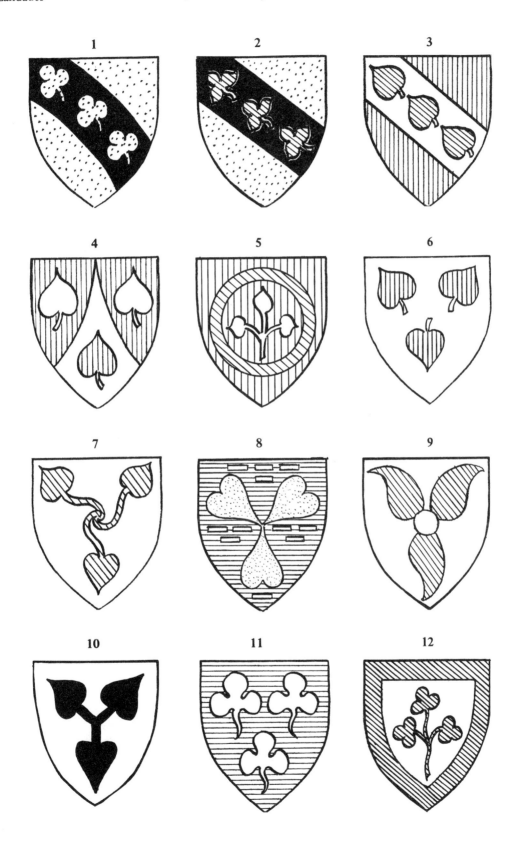

Taf. 40

1 v. Wrede, Fst
2 Kötzler, Nbg.
3 Preisecker
4 Leinacher

5 Lemminger, Wbg.
6 Völcker, Rbg.
7 Staudinger, Wbg.
8 Günther v. Brennhausen

9 v. Hettersdorf
10 Herrnbauer, Rbg.
11 Gartner II, Nbg.
12 Rauchbar, Rbg.

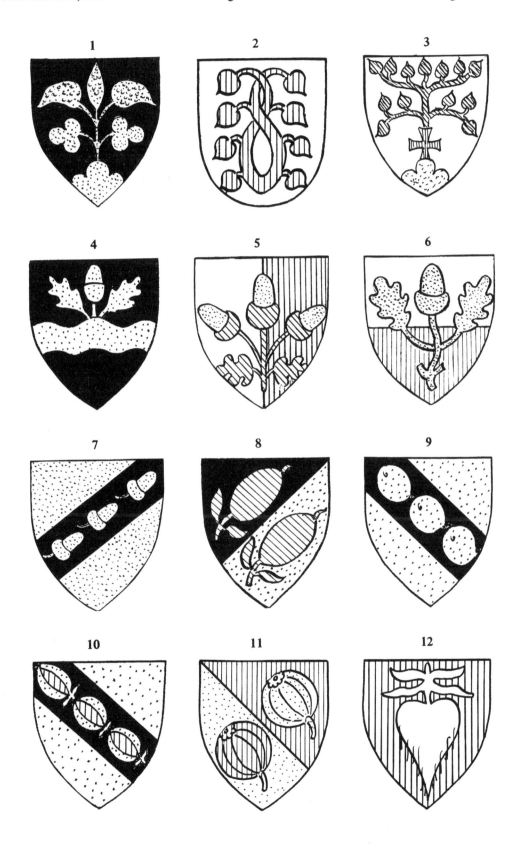

1 v. Druffel
2 Weinlein, Rbg.
3 Tröltsch
4 Saltzmann, Rbg.

5 Sachsen-Coburg, Fst. Stw
6 Schamroth, Schw.
7 Körner, Nbg.
8 Praunskorn

9 Hornung, Rbg.
10 v. Brandis
11 v. Schönfeld
12 Hartlaub, Schw.

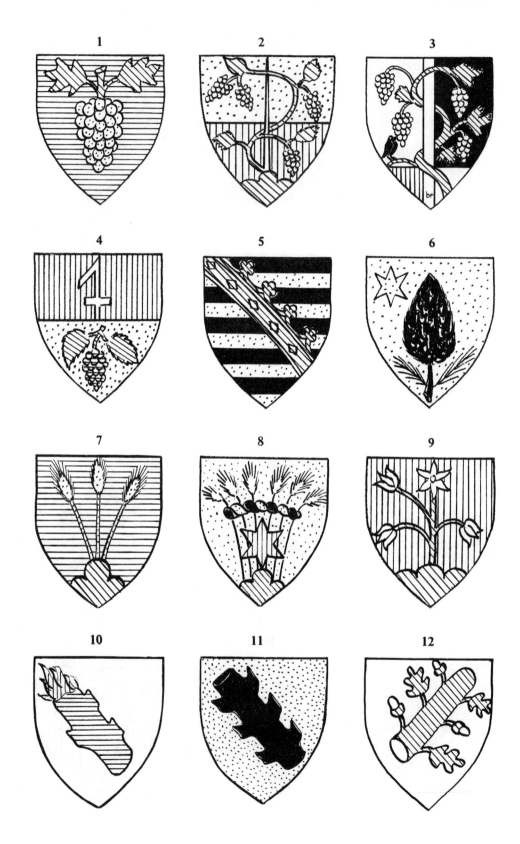

1 v. Praun
2 v. Schirnding
3 v. Bruckberg
4 Schürstab

5 Eichler v. Auritz
6 Brand von Neidstein
7 Affaltrer
8 Kabußhaupt

9 Pirckheimer
10 Meienschein
11 Lauer, Dkb.
12 Lintner, Nbg.

1 Ziech (Adel)
2 Baumgärtner, Dkb.
3 v. Schletten
4 Rauschner v. Lindenberg
5 Dürr
6 v. Schneeberg
7 v. Gütle
8 v. Ebersberg
9 Gilg, Whm.
10 Mielich
11 Gilg, Nbg.
12 Flexdorfer

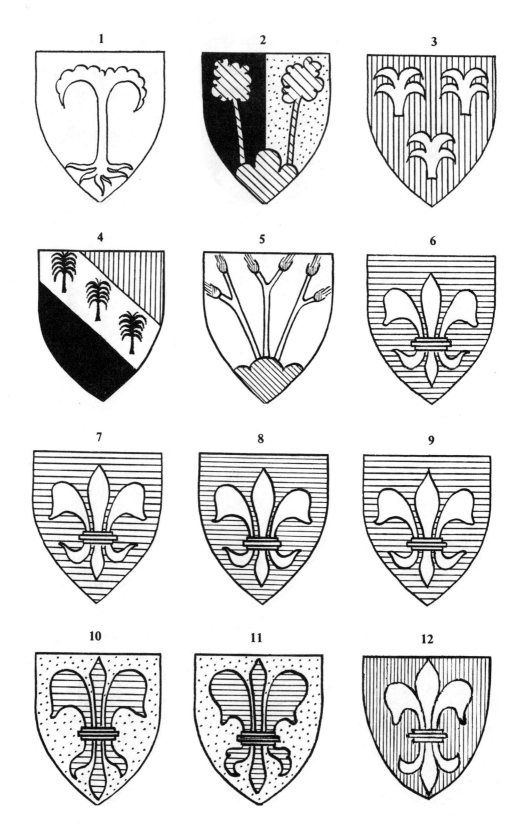

1 Erlbeck v. Sinning
2 v. Kornburg
3 v. Welser
4 Krafft II

5 Herling, Whm.
6 v. Bernheim
7 Schön, Nbg.
8 Jenisch

9 Brechtl, Nbg.
10 Mühlholzer
11 Braun, Nbg.
12 Brottsorg, Rbg.

1 Scherl, Nbg.
2 Zösch
3 Schön, Nbg.
4 Zacharias

5 Hentzen
6 v. Fugger, Fst., Stw.
7 Schmidtkoffer
8 Weikersreuter

9 Pühler, Nbg.
10 Zoller, Wbg.
11 Pauer, Nbg.
12 Meck, Nbg.

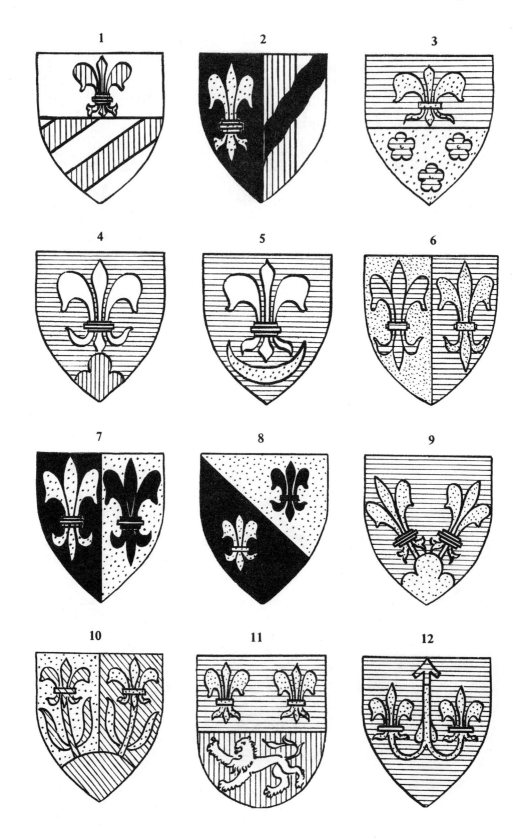

1 Pültz
2 Wurster v. Kreutzberg
3 v. Plotho
4 v. Heppenstein

5 Kracker, Nbg.
6 Vetter v. Ulm
7 Schwindenbach
8 Nützel III, Nbg.

9 Gugel v. Diepoltsdorf
10 Zadel
11 v. Schlewitz
12 Schieber (Adel)

1 Gropp, Schw.
2 Bausch
3 Kastl, Grf. v.
4 Sulzbach, Grf. v.

5 Lörber, Nbg.
6 Brodsorg, Whm.
7 Fürer v. Haimendorf
8 Frisius

9 Müntzer v. Bamberg
10 Mauser, Nbg.
11 v. Fronhofen
12 Sachs II, Nbg.

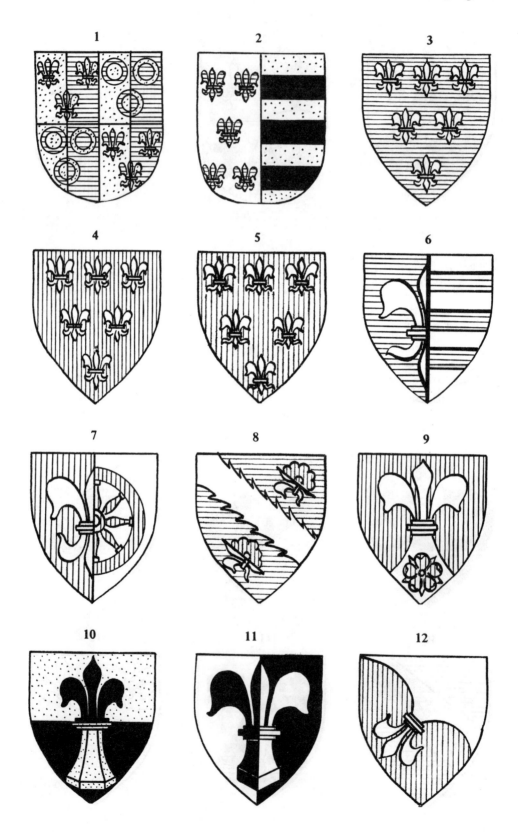

1 Zollner, Nbg.
2 Meulndorffer
3 v. Holbach
4 Schüler, Nbg.

5 Hüller
6 Reichel, Nbg.
7 Ortolff
8 Nützel v. Sündersbühl

9 Stromer v. Reichenbach
10 Foid
11 v. Eberstein
12 v. Greiffenklau

Taf. 50

1 Spengler II
2 v. Guttenberg
3 v. Königstein
4 Schenk v. Reicheneck

5 Schoner, Schw.
6 Maller,
7 Röhling, Rbg.
8 v. Aufsess

9 Melber
10 v. Sparnberg
11 v. Mörlau
12 Nortwein, Nbg.

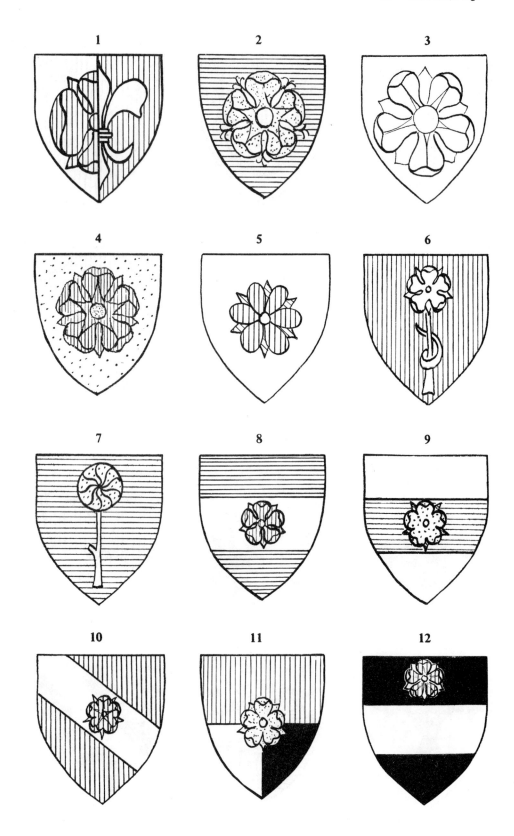

1 v. Oberkamp
2 Löscher
3 Groland v. Oedenberg
4 v. Zocha (1)

5 v. Zocha (2)
6 v. Zocha (3)
7 v. Soden
8 Rosa, Schw.

9 v. Rehlingen
10 v. Musslohe (3)
11 v. Eich
12 Krag, Nbg. (die Kragen)

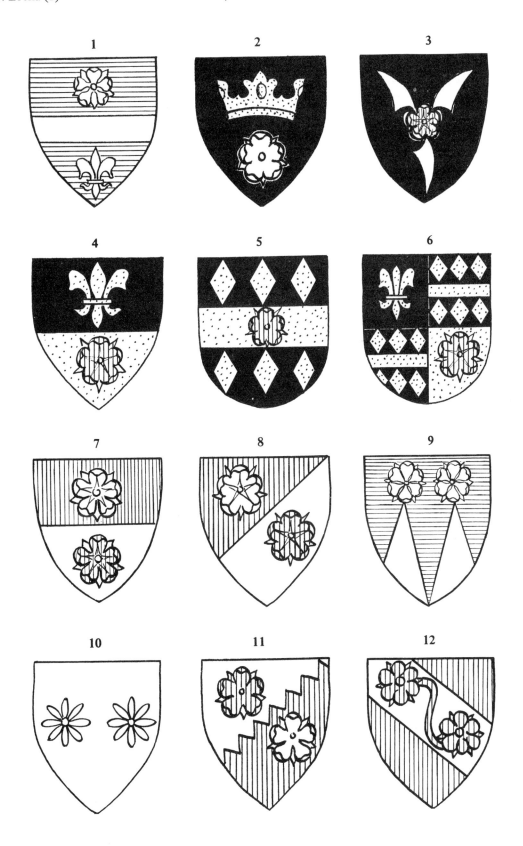

Taf. 52

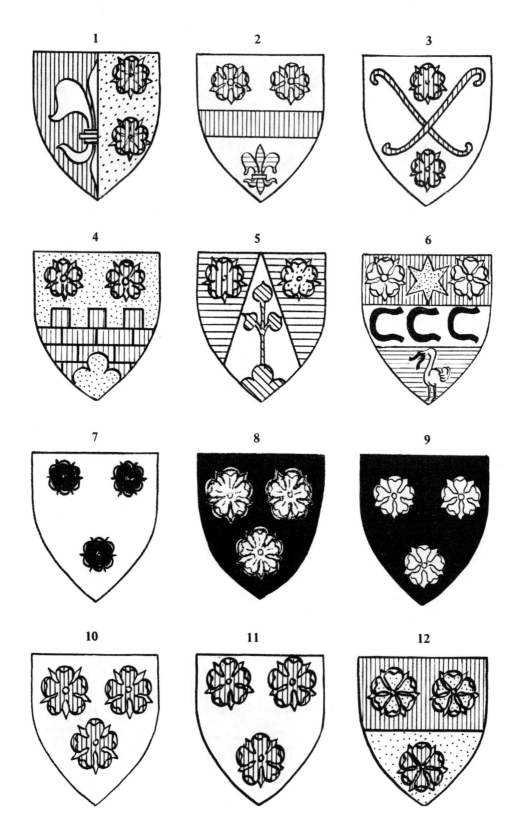

1 Heußlein v. Eußenheim
2 v. Mengersdorf
3 v. Truppach
4 v. Mengersreuth
5 Dotzler
6 Brebizky
7 Gleßelmann
8 Conradi, Rbg.
9 Conrad, Dkb.
10 v. Bielriet (neu)
11 Reichshöffer, Rbg.
12 Mar I, Nbg.

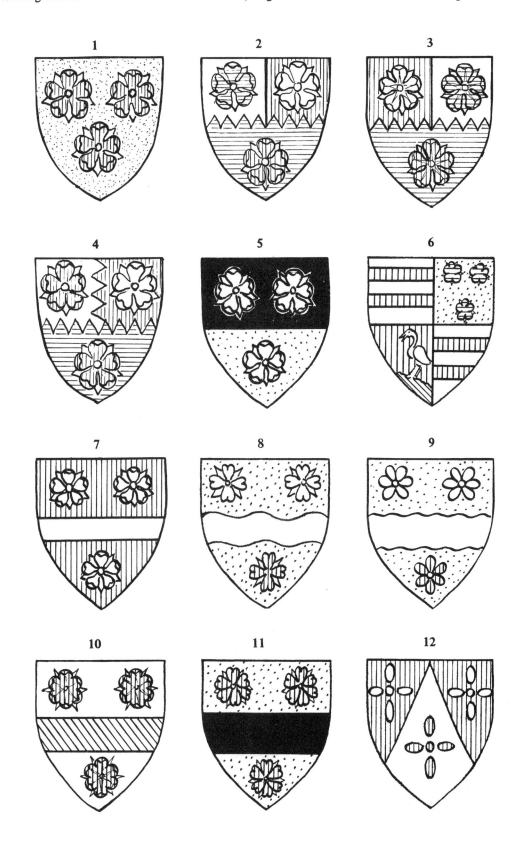

1 Rosa, Wbg.
2 Hegner v. Altenweyher
3 Rosendaler
4 Poß

5 Haller v. Raitenbuch
6 Graser, Nbg.
7 Forstmeister v. Lebenhan
8 Butz, Wbg.

9 Dürr, Rbg.
10 Zinner, Nbg.
11 Schwinghammer
12 v. Heßberg

1 v. Ellrodt, Grf.
2 v. Miltz
3 Roth, Wbg.
4 Münster(er)

5 Schmidmayer
6 Hoffmann I, Whm.
7 Roth, Rbg.
8 Schwarz, Rbg.

9 Rößner, Nbg.
10 Geltner, Rbg.
11 v. Klinckhart
12 Müller, Whm.

1 Dümmler, Rbg.
2 Hagen, Whm.
3 Hohenbuch
4 v. Rosenau

5 Umbtauer
6 Johann
7 Jacob v. Hollach
8 v. Eyb

9 Pilgram v. Eyb
10 Pilgram (alt)
11 Trautenwein
12 Reuwein

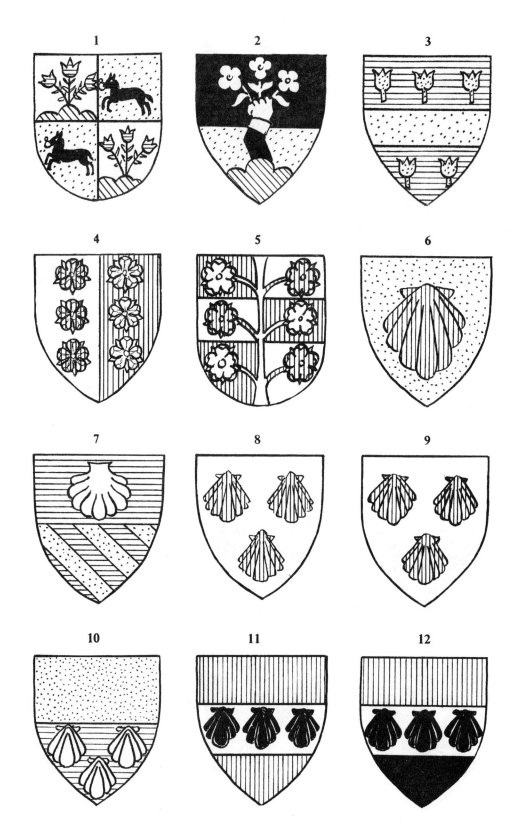

1 v. Vietinghoff
2 v. Neideck
3 Finoldt
4 von der Tann, Stw.

5 Graf
6 Weigel III, Nbg.
7 Kehler v. Schwandorf
8 Vischlin

9 Feldner, Wbg.
10 Hechtlen, Dkb.
11 v. Roth
12 Rörer

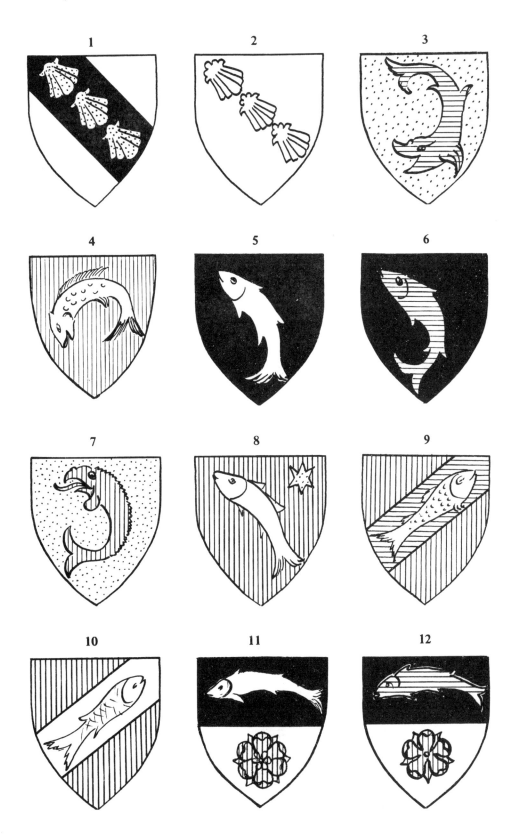

1 Marckard
2 Thumer
3 Fürleger
4 Rat (Ratten)

5 v. Kressberg
6 v. Dölau
7 Schenk v. Siemau
8 Sittenbeck (Adel)

9 Neuner, Nbg.
10 Schilling, Rbg.
11 Müntzer v. Feldkirch
12 Motter v. Eibach

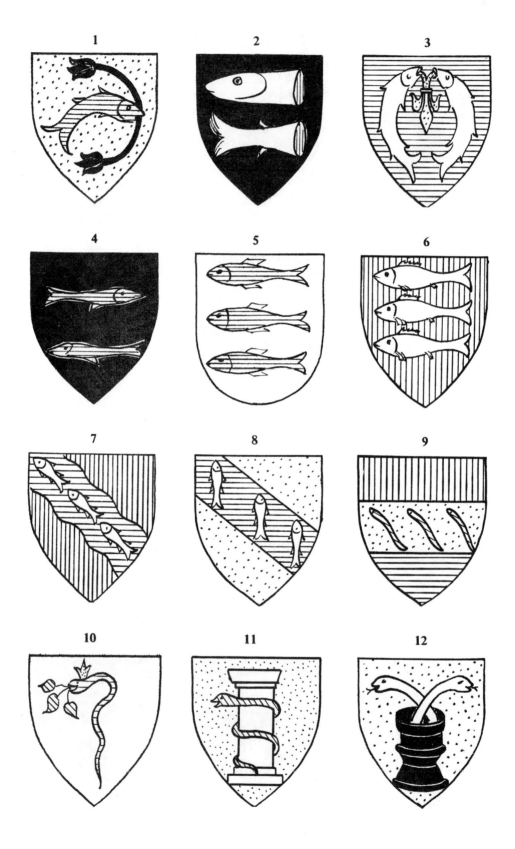

1 Behem (v. d. Schlang)
2 Eßlinger, Nbg.
3 Biner, Wbg.
4 Biner, Nbg.

5 Senger v. Diespeck
6 v. Adelzhausen
7 v. Brömbsen
8 Schlaudersbach

9 Mülner II, Nbg.
10 Mair II, Nbg.
11 v. Leiningen, Fst.
   (u. Taf. 156)
12 v. Stieglitz

Taf. 60

1 Hertz II
2 v. der Beeck
3 v. Tröltsch (Troeltsch)
4 v. Kotzau II

5 Zeltner v. Hohenau
6 Pfinzing v. Henfenfeld
7 Brentano de Mezzegra
8 v. Sohlern

9 Saffiol, Nbg.
10 Kembser
11 Janson v. d. Stock
12 Bilgram, Nbg.

1 Seutter v. Lötzen
2 v. Lilien
3 Porto
4 Wertemann

5 Meyern v. Hohenberg
6 v. Pühel
7 Kraft, Dkb.
8 v. Schwarz

9 v. Somigliano
10 Spengler (neu), Nbg.
11 v. Kegeth
12 Sauermann, Nbg.

1 Arnstein, Nbg.
2 Neudörffer
3 v. Feuchtwangen (1)
4 v. Feuchtwangen (2)

5 v. Kammerstein (2)
6 v. Benkendorf
7 Schmid v. Eisenberg
8 Schnitter

9 Ziner
10 v. Boller
11 Truchseß v. Holenstein (1)
12 Truchseß v. Holenstein (2)

1 v. Zabuesnig
2 v. Botenlauben
3 Tucher v. Schoberau
4 Zick

5 Weiss
6 v. Wertheim, Grf.
7 Weigel v. Weigelshof
8 Weigel, Nbg. (2)

9 v. Gilg
10 Köler, Nbg.
11 v. Kroneck
12 Ramminger, Whm.

1 v. Pückler-Limpurg, Grf.
2 Vogel, Whm.
3 v. Buchenau
4 Rückert, Nbg.

5 Schwertzer
6 Auer v. Au
7 v. Falkenhausen
8 Ainkürn v. Wallerstein

9 v. Falkenstein II
10 Sperber, Nbg.
11 Falkner v. Sonnenburg
12 Fersich

Taf. 65

1 v. Herel
2 v. Berlepsch
3 v. Lobdeburg (2)
4 Kautz, Nbg.

5 Pirckafelder
6 Albauer
7 Dandorffer, Nbg.
8 v. Geyer

9 v. Rabenstein
10 Rabensteiner v. Wirsberg
11 Hirschvogel
12 Raab, Wbg.

1 Rückert, Wbg.
2 Ramminger, Rbg.
3 Pürckauer, Rbg.
4 Hüls, Nbg.

5 Stetner, Nbg.
6 Schnepf, Rbg.
7 König, Nbg.
8 Eisenwanger

9 Deuber
10 Hüls v. Rathsberg
11 Seidenschuch
12 Hornung, Whm.

1 Groschupff
2 Paumgärtner v. Holenstein
3 v. Lerchenfeld
4 v. Finckler

5 Krel
6 Rabenhaupt v. Sucha
7 Eisvogel
8 Cammermeister

9 Raab, Rbg.
10 v. Tuboeuf
11 Hehr, Nbg.
12 v. Dettelbach

Taf. 68

1 v. Rinkenberg
2 Köppel, Nbg.
3 Blarer v. Wartensee
4 v. Steinling

5 v. Henneberg, Grf. (Stw.)
6 Händel v. Gobelsburg
7 Nusch, Rbg.
8 Gopp

9 de Gall
10 v. Hendrich
11 Rummel v. Lonnerstadt
12 Rothan v. Bruckberg

1 v. Wipfeld
2 v. Treuchtlingen
3 v. Mittelburg
4 v. Punzendorf

5 Becht, Rbg.
6 Naub, Nbg.
7 Aman v. Storchenau
8 Schmidt v. Altenstadt

9 Endter
10 v. Fick
11 Seyboth, Rbg.
12 v. Feder

1 Neser, Rbg.
2 Geßner, Rbg.
3 Heberer, Schw.
4 Heberer, Wbg.

5 v. Reigersberg (1)
6 Strobel I, Nbg.
7 Straus, Rbg.
8 Strauss, Nbg.

9 Löblein, Rbg.
10 Römer, Nbg.
11 v. Weiher
12 v. Reigersberg (2)

1 Fogel II
2 v. Wahler
3 Kranich, Dkb.
4 v. Dankelmann

5 Speissert
6 Wörung
7 Hübschmann (Adel)
8 v. Schweigern

9 Perckmeister
10 Weller, Nbg.
11 Neustetter, Nbg.
12 v. Ehrenberg

1 v. Melchingen
2 Pfister II, Nbg.
3 Flück (Flücken)
4 Praunengel

5 Schenck II, Nbg.
6 Vollart
7 v. Wenckheim
8 Zingel

9 Hundt zu Lautterbach, Stw.
10 v. Münster, Stw.
11 v. Münster-Lisberg
12 v. Münster (Rannungen-Kleineibstadt)

1 Nothaft v. Hohenburg
2 v. Erffa
3 v. Pestalozza
4 v. d. Keer

5 Dalner I
6 Bonacker
7 Peßler, Nbg.
8 Pfaudt

9 Peuerlein
10 v. Maihingen
11 Freer, Dkb.
12 v. Speckfeld (v.1354)
   (u. Taf. 157)

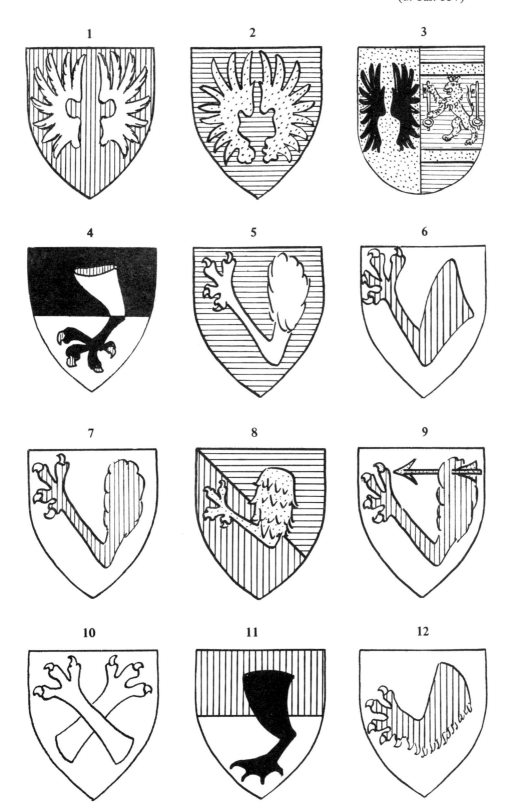

1 v. Holzingen
2 Held, Rbg.
3 Kobold v. Tambach
4 Held, Dkb.

5 Kobeldt, Nbg.
6 v. Schwarzburg
7 v. Adelmann
8 v. Lützelburg

9 v. Orlamünde, Grf.
10 Stör v. Störenstein
11 v. Streitberg II
12 Schöner, Nbg.

1 Hain, Whm.
2 Faber, Nbg.
3 Scheurl v. Defersdorf, Stw.
4 Lehner, Dkb.

5 Mair III, Nbg.
6 Gugler, Nbg.
7 Seifridt II
8 Bröbst

9 Straub, Nbg.
10 Raiser
11 Rieding
12 Krafft, Whm.

1 Scholl, Nbg.
2 Lang, Wbg.
3 Höß, Nbg.
4 Krafft, Rbg.

5 Mercklein I, Stw.
6 Schürger
7 Prem, Nbg.
8 Schaller

9 Stürzel, Rbg.
10 Naab, Dkb.
11 Freyhart, Dkb.
12 Kraus, Rbg.

1 v. Oelhafen, Stw.
2 Ringmacher
3 Wagner, Dkb.
4 v. Weymarn

5 Dietmair
6 Bapst
7 Mezger
8 Raming, Nbg.

9 Schultheis, Rbg.
10 v. Nassau, Grf.
11 v. Reinach
12 Dratzieher

1 v. Calw (v. Löwenstein)
2 v. Stahleck, Grf.
3 v. Schönborn, Grf., Stw.
4 v. Ow

5 Frauentraut
6 Wickel, Nbg.
7 Albert, Nbg.
8 v. Lidwach

9 v. Reinstein
10 Scheller, Whm.
11 Knott v. Schlammersdorf
12 Karl, Nbg.

1 v. Mieg
2 v. Serz
3 Truchseß v. Pommersfelden
4 Lochner III, Nbg.

5 v. Meranien, Herzöge
6 Webler, Nbg.
7 Dradel
8 Gastgeb

9 v. Rebondy
10 Panwolff
11 Schmuck, Wbg.
12 Schrauff, Nbg.

Taf. 80

1 v. Laineck (2)
2 v. Laineck (3)
3 Richter, Nbg.
4 Walpoten v. Zwernitz

5 Kürn, Nbg.
6 Seufferlein, Rbg.
7 Puchner II, Nbg.
8 Ochsenfurter

9 Muffel v. Eschenau
10 Pusch (1)
11 Pusch (2)
12 v. Mettingh

1 Thain, Schw.
2 v. Leoprechting
3 v. Hohenlohe, Frst., Stw.
4 v. Wolfstein, Grf.

5 v. Rechberg, Grf.
6 v. Abenberg, Grf.
7 Westheimer, Whm.
  (vgl. Taf. 157)
8 Ammon, Nbg.

9 Schenk v. Stauffenberg, Grf.
10 v. Gründlach
11 Schenk v. Castell
12 Rotmund, Nbg.

1 Schaff v. Habelsee
2 v. Waderdorff, Grf.
3 v. Stadler
4 v. Brockdorff, Grf.

5 Löw v. Hof
6 v. Löwenthal, Frh.
7 Günther v. Defersdorf
8 v. Hohenstaufen

9 Fromund
10 Grundherr zu Altenthann
11 Obermair
12 Wenck, Nbg.

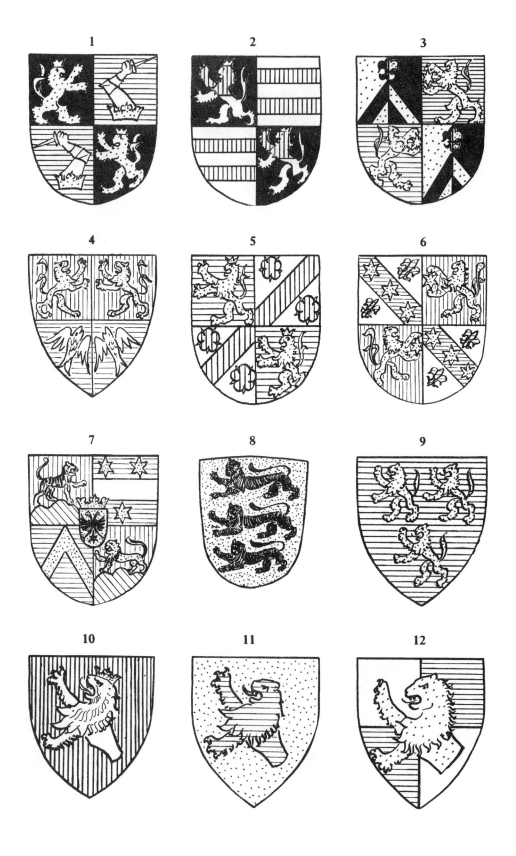

1 Moses, Rbg.
2 v. Bünau
3 Schäfer, Dkb.
4 Ulstat, Nbg.

5 Baumann, Dkb.
6 Feuerlein, Wbg.
7 Berlin, Dkb.
8 Pair, Nbg.

9 Kneußel, Nbg.
10 Ebersbach, Dkb.
11 Zeitler, Nbg.
12 Husel, Rbg.

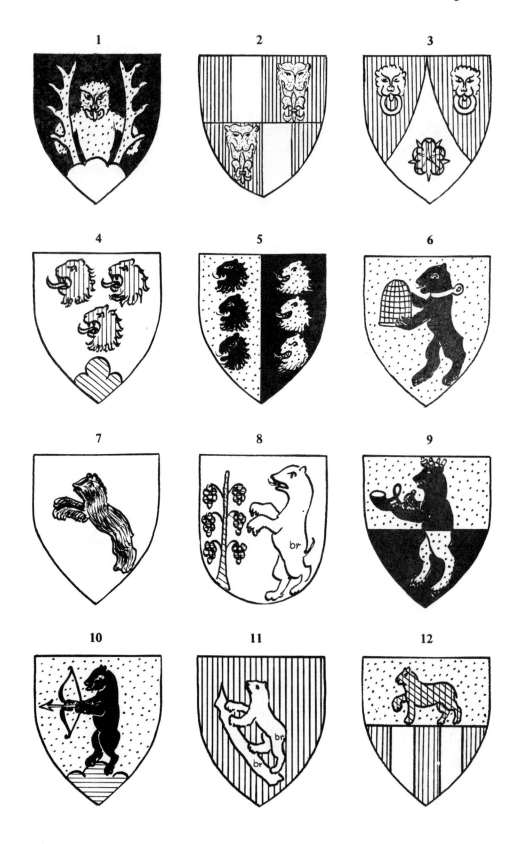

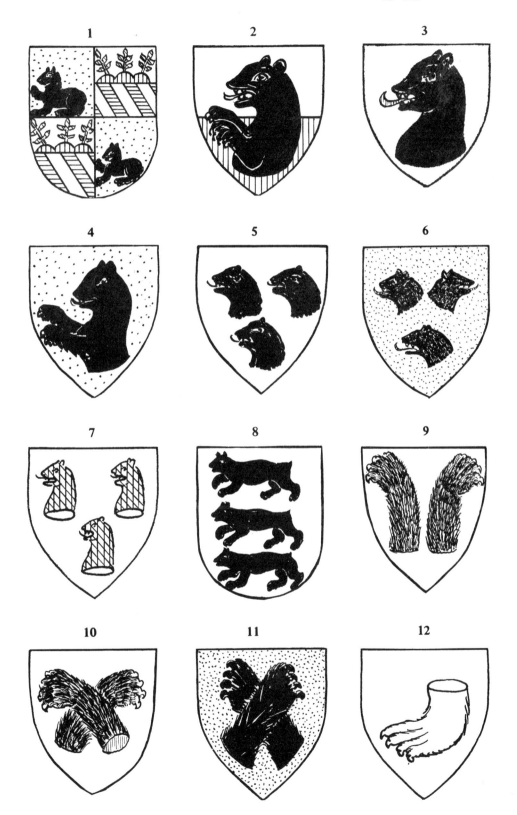

Taf. 86

1 v. Lenkersheim
2 v. Wichsenstein
3 v. Plankenfels
4 v. Eschenau

5 v. Lüschwitz
6 Fuchs v. Bimbach, Stw.
7 Lamprecht v. Geroldshfn.
8 Fuchs v. Walburg, Stw.

9 Wolf v. Karsbach
10 Wolff, Nbg.
11 Enig, Wbg.
12 Baldinger, Nbg.

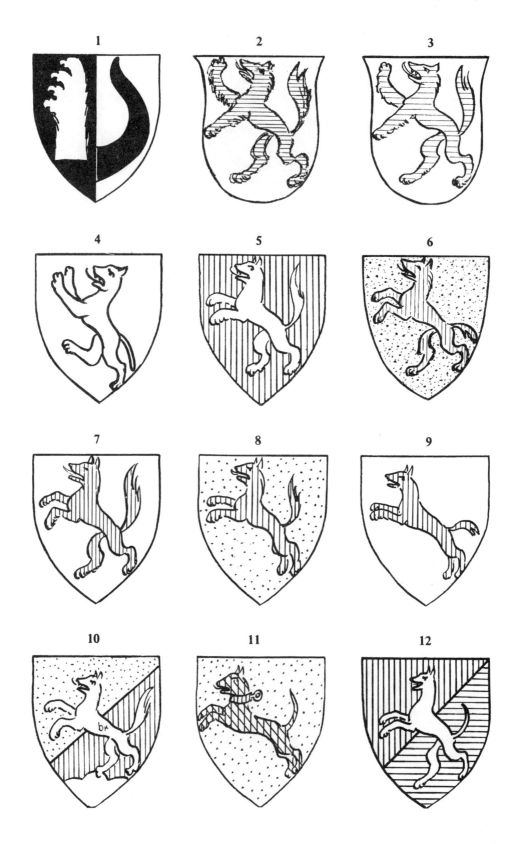

1 Bergauer
2 Dülner
3 v. Brandenstein
4 Fischer, Nbg.

5 v. Westernach
6 Steffan, Nbg.
7 Weiermann, Nbg.
8 Peringsdorfer

9 Fürbringer
10 Aicholting
11 Windberger, Whm.
12 Mumprecht, Wbg.

Taf. 88

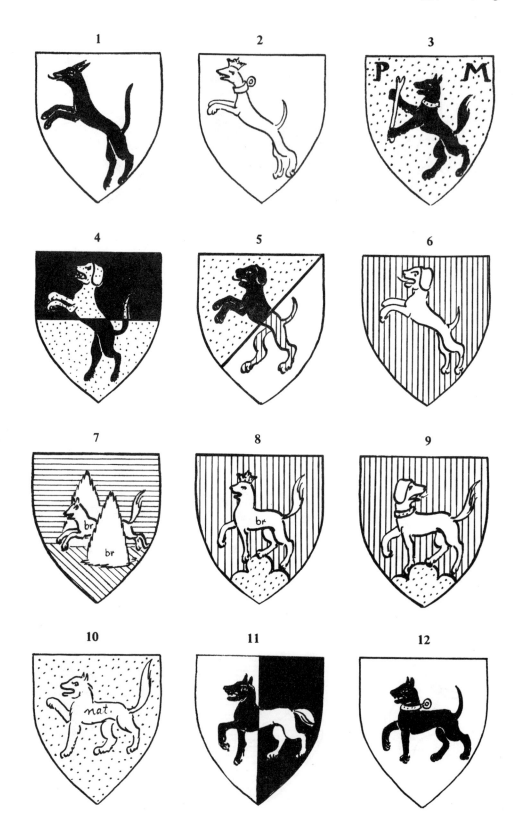

1 Trainer, Nbg.
2 Truchseß v. Baldersheim
3 v. Hohenhausen
4 v. Geilsdorf

5 Fuchs, Nbg.
6 Schirer, Nbg.
7 Steib, Nbg.
8 Hötzel

9 Hetzer, Nbg.
10 v. Bredenwind
11 v. Gnottstadt
12 Dietherr v. Anwanden

1 Posch
2 Wolff, Nbg.
3 Zollner von der Hallburg
4 v. See

5 Rüdt v. Collenberg
6 Zolner, Nbg.
7 Erlbeck, Nbg.
8 Harter v. Prackenfels

9 Leußner
10 Protzer, Nbg.
11 Harder, Nbg.
12 Korn

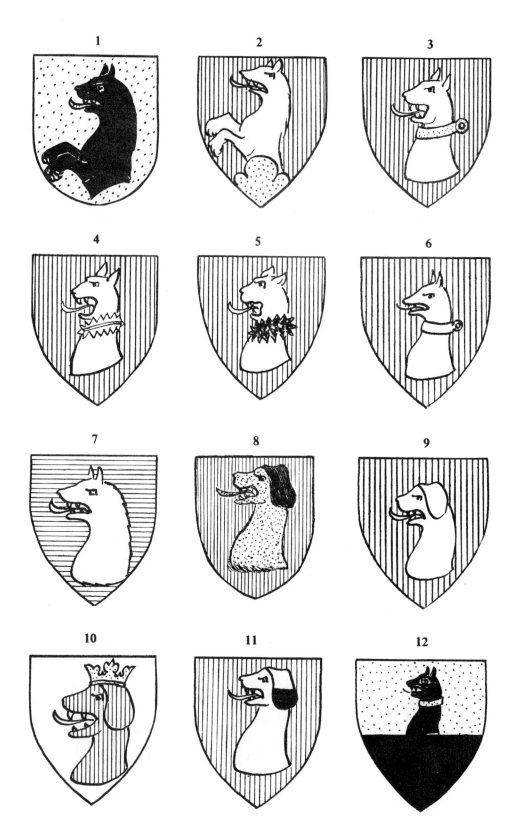

1 Maurer II, Nbg.
2 Helchner, Nbg. (u. Taf. 156)
3 Preu, Wbg.
4 Rehle

5 Ayrer v. Landseck
6 Portner, Nbg.
7 v. Hirschberg
8 Kuhn, Nbg.

9 Golter
10 Gewandschneider
11 Hirschmann, Wbg.
12 Pfenner

Taf. 92

1 v. Hirschlach
2 Redinger
3 v. Hirsch auf Gereuth
4 Deinhart

5 Vogt, Whm.
6 Vogt, Nbg.
7 Drechsel v. Deufstetten
8 v. Hirschberg, Grf.

9 Puckl, Nbg.
10 Hiersching, Rbg.
11 Horst, Rbg.
12 v. Oepp

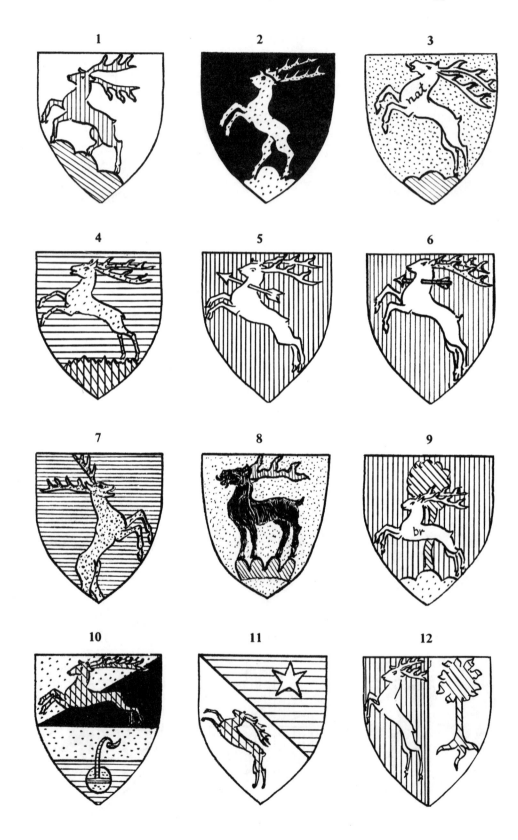

1 v. Segnitz
2 Drechsel, Dkb.
3 v. Hirschaid
4 Busch, Dkb.

5 v. Podewils (Hirsch: nat.!)
6 Holzberger
7 v. Hausen (Weiboldshausen)
8 Münchhöfer

9 Hermann, Dkb.
10 Reichswirdt
11 Böckler, Whm.
12 Puck II

Taf. 94

1 vom Berg, Rbg.
2 Hardt v. Wöllenstein
3 v. Dottenheim
4 vom Stern

5 Dürner v. Dürn
6 Voit v. Rieneck
7 Kopf, Nbg.
8 Thoma, Nbg.

9 Türriegel v. Riegelstein
10 Gottsmann v.d. Büg
11 v. Koch
12 v. Schroffenstein

1 Spelter
2 Boxberger, Nbg.
3 Ratz v. Eismannsberg
4 Forter

5 Schlauerspach
6 Kamerer, Wbg.
7 Haider v. Dachsbach
8 Kramer, Nbg.

9 Rotenbur (Adel)
10 v. Gebsattel
11 v. Bieswang
12 v. Embs

1 Geyer v. Giebelstadt, Stw.
2 Buchner, Nbg.
3 Hornung, Nbg.
4 Kurtz, Nbg.

5 v. Hundbiß
6 Halwachs
7 Wildeisen, Dkb.
8 v. Buseck

9 Ochs v. Gunzendorf
10 Ochsenfelder
11 Gampert, Whm.
12 Hagenauer

1 Kalb v. Waltershausen
2 Kalbensperger
3 Spalter, Wbg.
4 Spalter, Nbg.

5 Goldochs
6 Püffer
7 Mezger, Rbg.
8 Hön, Nbg.

9 Pfanmus
10 v. Sandizell, Stw.(u.Taf.156)
11 Sorg, Nbg.
12 Bosse v. Flachslanden

1 v. Rindsmaul
2 Kalb
3 Wagner, Nbg.
4 v. Schmoll

5 Öder, Nbg.
6 Oeder, Wbg.
7 Rinder, Nbg.
8 v. Cronheim

9 Mundbach, Dkb.
10 Kauer, Nbg.
11 Raymar zu Buckenhof
12 Schütz, Rbg.

Taf. 100

1 Vogt v. Summerau
2 Strobel v. Atzelsberg
3 v. Hornstein
4 v. Helbe

5 Kastner v. Schnaittenbach
6 Abelin, Dkb.
7 v. Erlingshofen
8 v. Brenden

9 v. Pechthal
10 v. Hirnheim
11 v. Tann II
12 Sigwein, Nbg.

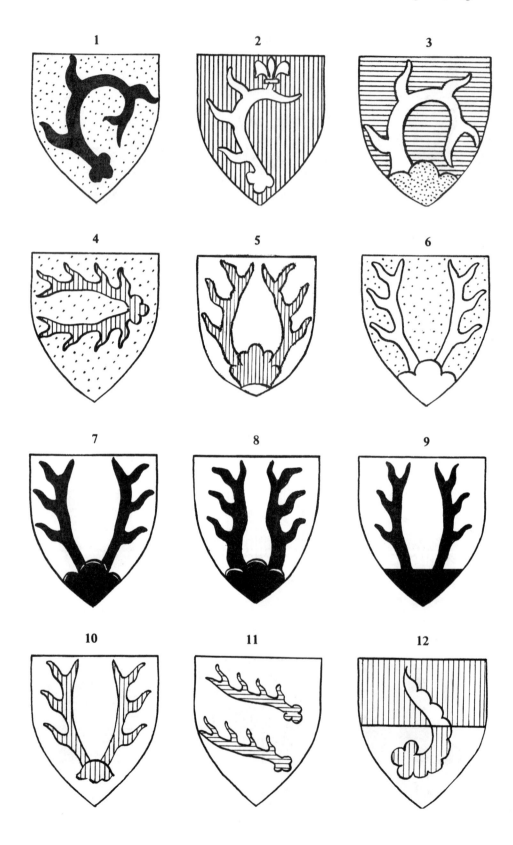

1 Kottwitz v. Aulenbach
2 v. Fechenbach
3 v. Adelsheim
4 Schnöd
5 Eberhard, Rbg.
6 v. Nostitz, Stw.
7 Reck v. Reckenhof
8 v. Eberbach
9 Zirschen, Nbg.
10 Kaner
11 Ortt, Whm.
12 v. Reischach

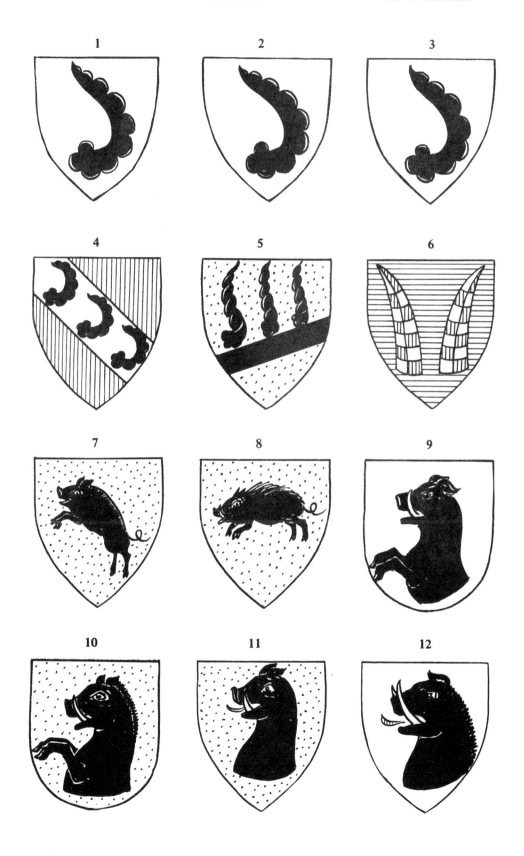

1 v. Schweinshaupten
2 Greusing (Adel)
3 Trautskirchner
4 Eber, Nbg.

5 v. Reisach, Grf.
6 Genger, Nbg.
7 v. Wimpfen
8 Schäffer, Rbg.

9 Betzoldt, Nbg.
10 v. Rein
11 Löffelholz v. Colberg, Stw.
12 Pastorius, Whm.

1 Lemmel, Nbg.
2 Steffan, Whm
3 Kepper, Nbg.
4 Rösch, Nbg.

5 Ingram, Nbg.
6 v. Pferdsdorf
7 Reuter, Nbg.
8 Hoffmann, Nbg.

9 Hoffmann II, Whm.
10 Neumair, Nbg.
11 v. Fraunberg
12 Beuntner, Nbg.

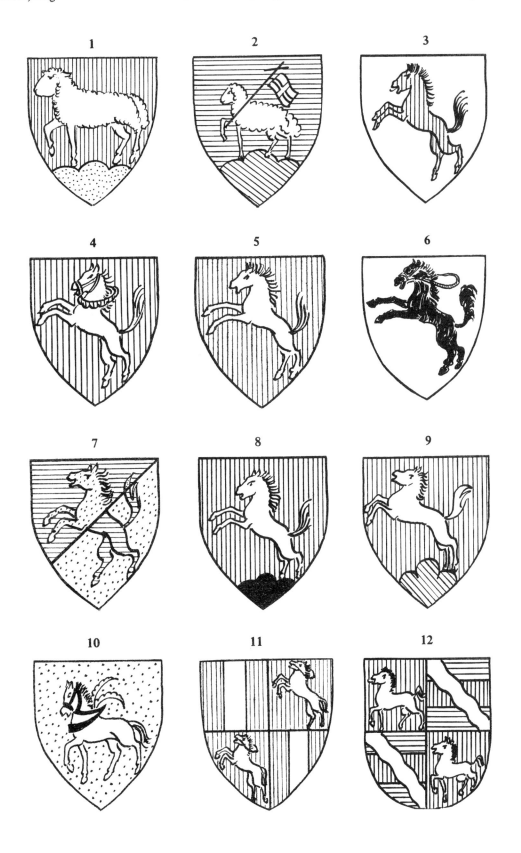

1 Zobel v. Giebelstadt
   (vgl. Taf. 157)
2 Reinsperger
3 Raith, Nbg.
4 v. Racknitz

5 Esel v. Illesheim
6 Esler, Nbg.
7 v. Riedheim
8 v. Riedesel

9 v. Biberehren
10 v. Abenberg
11 Ketzel, Nbg.
12 Hainoldt, Nbg.

1 Tetzel v. Kirchensittenbach
2 v. Murr
3 v. Luxburg, Grf.
4 v. Muggenthal, Stw.

5 v, Bibra
6 Döner, Dkb.
7 Haas, Wbg.
8 Has, Nbg.

9 Staudigel
10 Igler, Nbg.
11 Flechsler, Nbg.
12 v. Vannau

Taf. 106

1 v. Helfenstein, Grf.
2 Köchel, Nbg.
3 Heß
4 v. Wath
5 Pair, Nbg.
6 Stam
7 Süß
8 Fischer, Nbg.
9 Büchlein, Nbg.
10 Decker
11 Graf, Dkb.
12 Ollinger

1 Döderlein, Wbg.
2 Manger
3 v. Hausen, Nbg.
4 v. Bettschart

5 Tanner v. Reichersdorf
6 v. Isselbach
7 Ditterich v. u. z. Erbmannszahl
8 v. Waldenfels

9 Schwab, Nbg.
10 v. Löschwitz
11 Neubert, Whm.
12 Janebach

1 v. Thierstein
2 Behaim IV
3 Münderlein, Wbg.
4 Winter, Nbg. (vgl. Taf.157)

5 Gelnauer
6 v. Ammon (v. 1594)
7 Stauf auf Untrach
8 Schweiker

9 v. Perckhöffer
10 v. Euerhausen
11 Truchseß v. Grünsberg
12 v. Gravenreuth

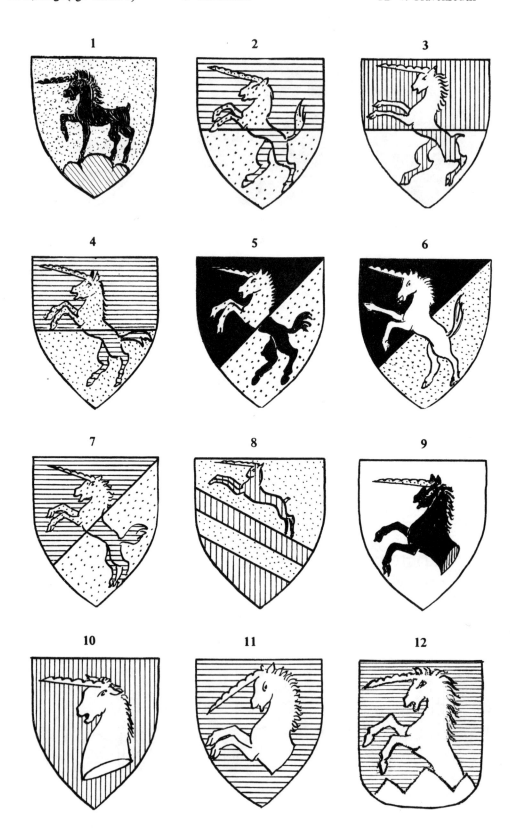

1 Prenninger, Rbg.
2 Albrecht, Nbg.
3 Meusinger
4 Büß

5 Gerug
6 Rotenburger
7 Albrecht, Rbg.
8 Zuckmantel

9 Krauter
10 Mülner I
11 Teuffel v. Birkensee
12 Haug, Nbg.

Taf. 110

1 Wielandt
2 Spörlein, gen. Arnstein
3 Spörlin, Nbg.
4 Spörlein, Rbg. (vgl. Taf. 157)

5 Drechsel, Nbg.
6 Schiller I
7 Pfann
8 Popp, Schw.

9 Hilbrandt, Nbg.
10 Freyer, Wbg.
11 v. Sichart, Stw.
12 Eiselen, Dkb.

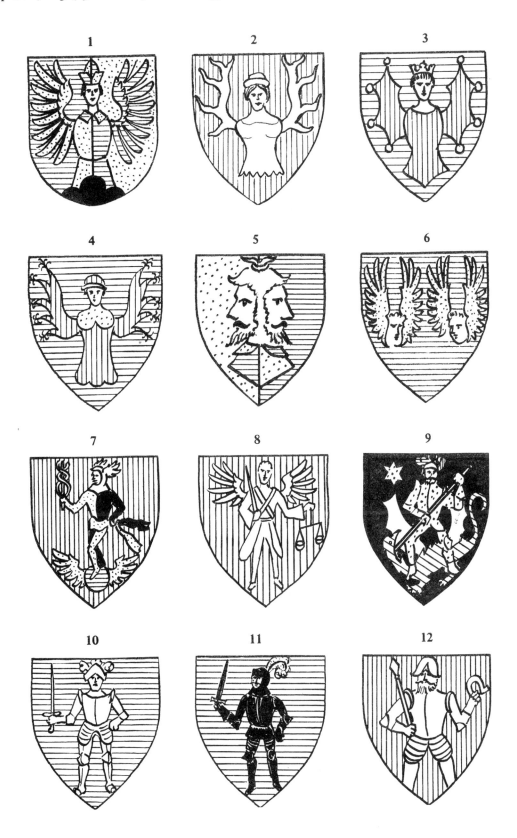

1 v. Dacheröden
2 v. Wild
3 Walter, Nbg.
4 Bermeter, Rbg.

5 Schmidt II, Nbg.
6 Strölin, Dkb.
7 v. Grumbach
8 v. Wolfskeel

9 Winkler von Mohrenfels
10 Bubenleber, Rbg.
11 Wildeisen, Rbg.
12 Schultheiß III

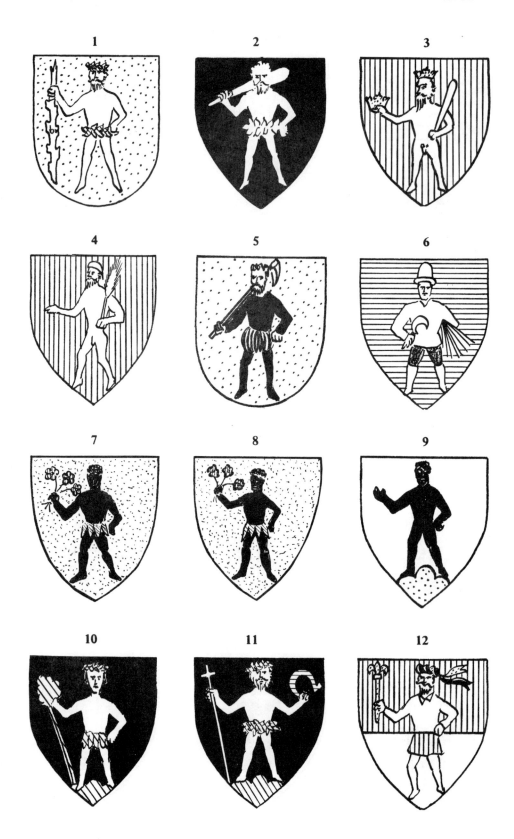

1 Schwendter
2 Scheuffelein
3 Koch, Nbg.
4 Steeb, Dkb.

5 Klarner
6 Paur
7 Juncker, Nbg.
8 Fehr, Schw.

9 Sonnenmayer
10 Hopfer
11 Resch
12 v. Schöffstall

1 v. Strasoldo
2 v. Haltmayr
3 Grebner, Nbg.
4 v. Varell

5 v. Danngrieß
6 v. Mann-Tiechler
7 v. Pechmann
8 v. Süßkind

9 Seuter, Rbg.
10 Schwarzmann, Rbg.
11 Stoi
12 Lantzinger

1 Mannert v. Neuenbürg
2 Schenck, Nbg.
3 Fend, Schw.
4 Keilhauer

5 Küffleger
6 v. Faber
7 Mezler, Rbg.
8 Blech

9 Möringer
10 Schiltberger, Dkb.
11 Stellwag, Rbg.
12 Scherer, Dkb.

Taf. 116

1 Schütz v. Pfeilstadt
2 Helmut, Nbg.
3 Rösch, Rbg.
4 Heß, Nbg.

5 Kneller, Rbg.
6 Münderer, Nbg.
7 Diedrich, Nbg.
8 Sichert (neu), Nbg.

9 Rupprecht, Wbg.
10 Lips, Rbg.
11 v. Lips
12 Merck, Schw.

1 Bauer, Dkb.
2 Flentzen, Nbg.
3 Kern, Dkb.
4 Sidelmann

5 Kern, Nbg.
6 Peck, Nbg.
7 Ammon, Nbg.
8 Hartmann, Rbg.

9 v. Seefried (2)
10 v. Forster
11 v. Staudt
12 v. Fabrice

Taf. 118

1 Althammer, Dkb.
2 Wägemann, Wbg.
3 Grünwinkler
4 Schor, Dkb.
5 Meisner, Dkb.
6 Grieninger, Rbg.
7 Erhard, Rbg.
8 Dietrich, Dkb.
9 Kiefhaber, Nbg.
10 Lang II, Nbg.
11 Sauer I
12 Prenner, Nbg.

1 Im Land
2 Lederer, Nbg.
3 Stark v. Reckenhof
4 Gundlach

5 Palm
6 Renger, Rbg.
7 Ulmann, Nbg.
8 Kiefuß, Nbg.

9 Hohenberger, Rbg.
10 Maurer III, Nbg.
11 Flock
12 Pregl

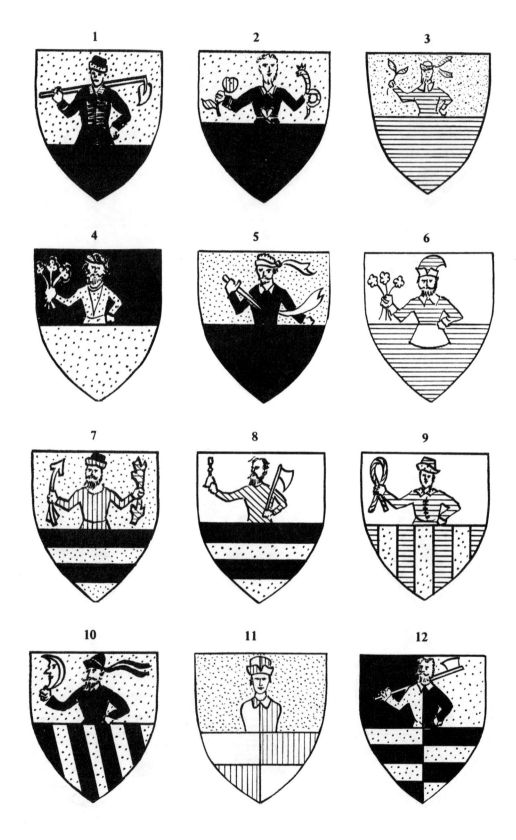

1 Heinrichen v. Grdf.
2 Mack, Nbg.
3 Angerer, Nbg.
4 Riß, Rbg.

5 Kanl, Nbg.
6 Bezold, Rbg.
7 Saltzmann, Nbg.
8 Brobst, Nbg.

9 Stellwag, Whm.
10 Ofner, Rbg.
11 Mülner III
12 v. Appolt

1 Zeunle
2 Hayd
3 Mertz, Nbg.
4 Bidermann

5 v. Kottenheim
6 Vetter I, Nbg.
7 Vetter II, Nbg.
8 Vetter III, Nbg.

9 Gellinger
10 Erler, Nbg.
11 Schreyer, Nbg.
12 Ensmann, Dkb.

1 Schedel, Nbg.
2 Sitzinger, Nbg.
3 v. Würtzburg
4 Lochinger v. Archshofen
5 Mair IV
6 Gutmann, Wbg.
7 Vogtmann, Rbg.
8 Tucher v. Simmelsdorf
9 Strobel II
10 Kantzler, Nbg.
11 Mörl, Nbg.
12 v. Lotzbeck

1 v. Seyboth
2 v. Megenberg
3 v. Dondorf
4 Schleicher v. Baltringen

5 Ulmer, Nbg.
6 Weidenhammer
7 Eck (en), Nbg.
8 Linck

9 Kraft III, Nbg.
10 Andreas, Whm. (Andraas)
11 Sauer II, Nbg.
12 v. Siebold

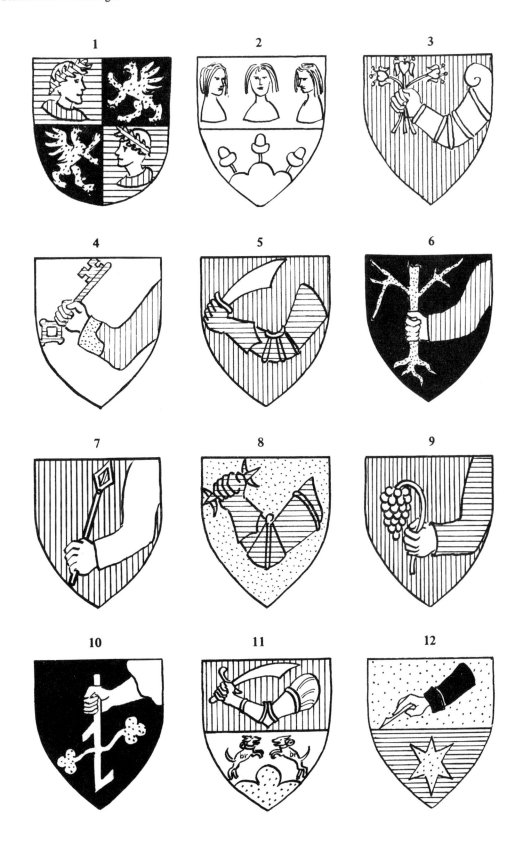

1 Schiller II
2 Linck, Nbg.
3 v. Braun
4 Stettner v. Grabenhofen, Stw.

5 Gieser, Nbg.
6 Horneck, Nbg.
7 Link, Dkb.
8 v. Berbißdorff

9 Öttinger, Nbg.
10 Knorr, Nbg.
11 v. Weitersdorf
12 Arnold, Dkb.

1 Rabensteiner v. Döhlau
2 Hertz I, Nbg.
3 v. Hardheim
4 Kemnather v. Neidstein u. L.
5 Kemnather v. Rosenberg u.L.
6 v. Romrod
7 Karg v. Bebenburg
8 v. Bebenburg
9 Hütter, Nbg. (vgl. Taf. 157)
10 Hinderhöfer
11 Kestel, Nbg.
12 Harsdorf v. Enderndorf

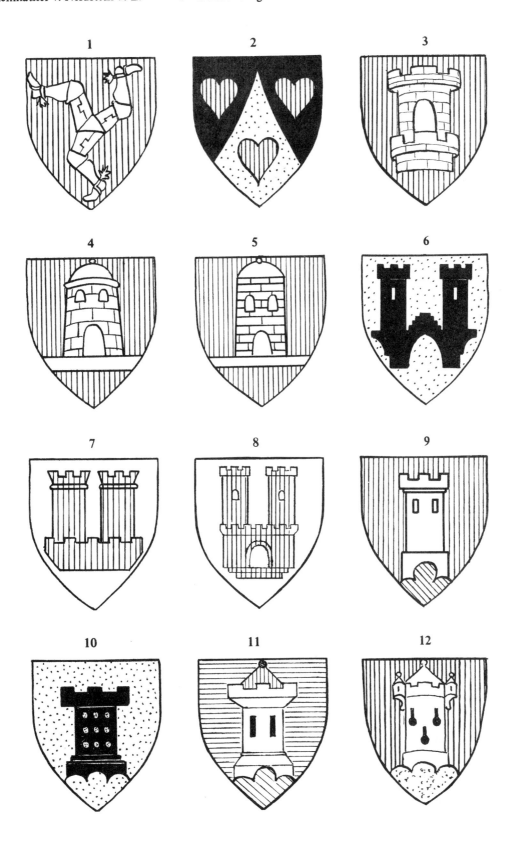

1 Walthürner
2 v. Bernerdin
3 Zinner, Wbg.
4 v. Hohburg

5 Hornburg
6 Thorisani
7 v. Reifenberg
8 Thürler

9 Stainhauser
10 v. Thürheim
11 Dürer
12 Koberger

1 Voisin, Dkb.
2 Hußwedel, Rbg.
3 Stattmann, Wbg.
4 v. Aschhausen

5 Redlein, Whm.
6 v. Berlichingen
7 Helweg, Nbg.
8 v. Musslohe (2)

9 v. Steinau, gen. Steinrück
10 v. Kammerstein
11 v. Volckamer
12 Behaim II

Taf. 130

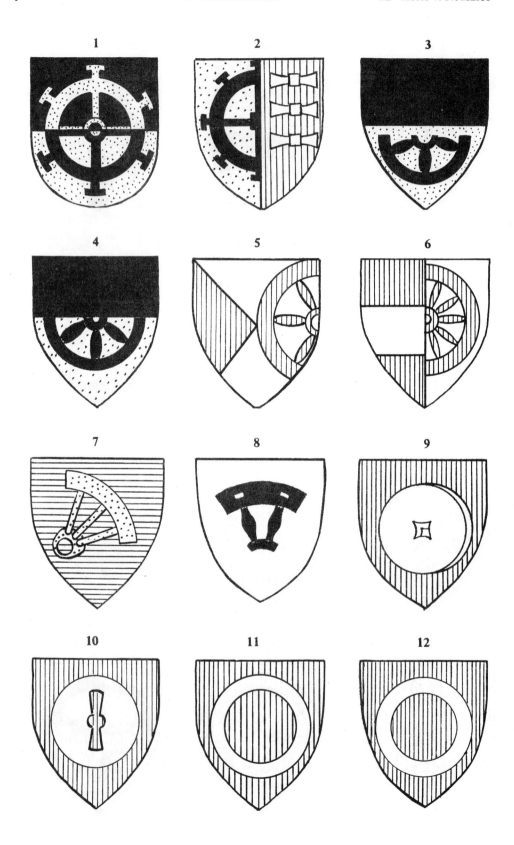

1 v. Bettendorf
2 v. Burgau
3 v. Knöringen
4 Koler (mit d. schw. Ring)

5 Hundertpfunt
6 v. Leuzenbronn
7 Gundelfinger
8 Künherr, Nbg.

9 Ringler, Nbg.
10 Puck v. Puckenhof
11 v. Lochaim
12 Virtung v. Hartung

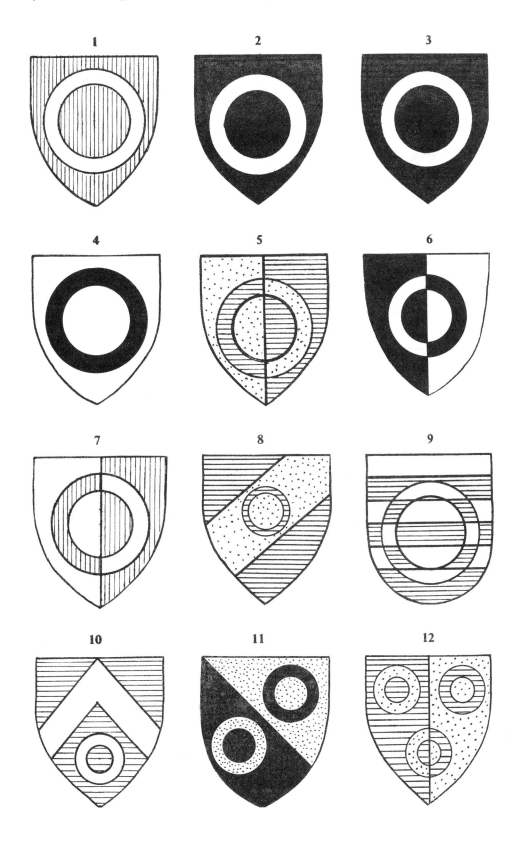

1 v. Buchholz
2 Echter v. Mespelbrunn
3 v. Schwalbach
4 Reichlin v. Meldegg

5 Frantz
6 Auer v. Herrenkirchen
7 v. Musslohe (1)
8 Lochner II

9 Nöttel, Nbg.
10 v. Harteneck
11 v. Freyberg
12 v. Wernau

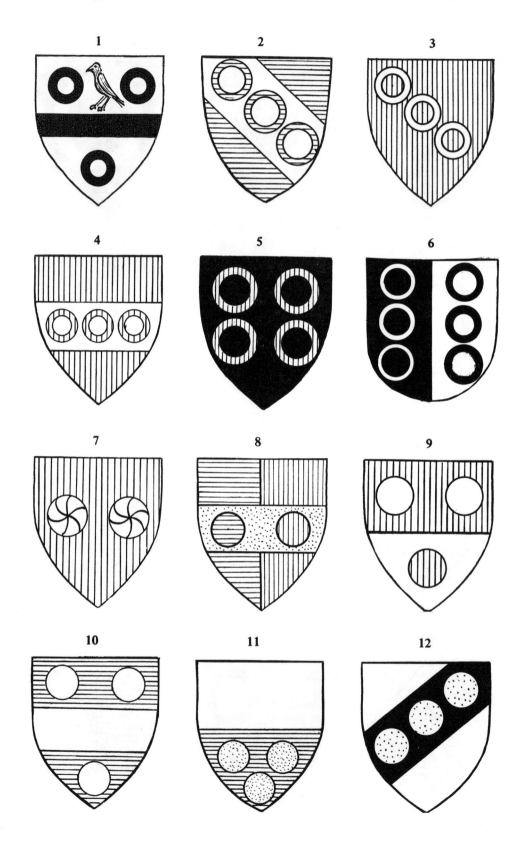

1 Schliderer v. Lachen
2 Deucher (u. Taf. 157)
3 Körner, Whm.
4 Lehmus, Rbg.

5 Helchner, Dkb.
6 v. Thannhausen
7 v. Bothmer, Stw.
8 v. Thon

9 Hoffmann, Rbg.
10 v. Ham
11 v. Stubenberg
12 v. Holz

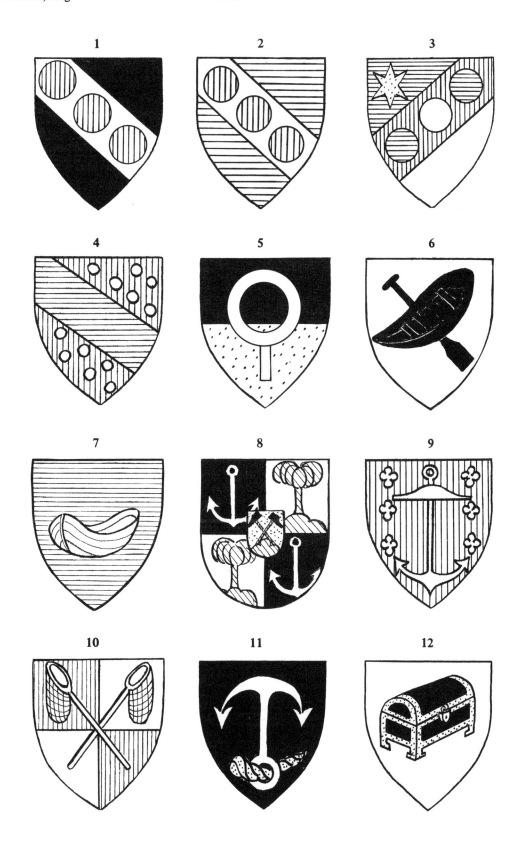

1 Valzner
2 Marschall v. Ostheim
3 v. Ratzenberg
4 Zenger v. Neidstein
5 v. Scherenberg
6 Schnitzlein, Wbg.
7 v. Hatzfeld
8 Pfister, Schw.
9 Brettwitz, Rbg.
10 Brieff
11 Schachner, Nbg.
12 Spölin

1 Glaßnapf
2 Kraus, Nbg.
3 Becherer, Nbg.
4 Neudung

5 Flasch
6 Schenck, Nbg.
7 Köpfinger, Nbg.
8 v. Eschenbach

9 v. Riedern
10 Fuchs v. Kannenberg
11 v. Stettenberg
12 v. Kesselberg

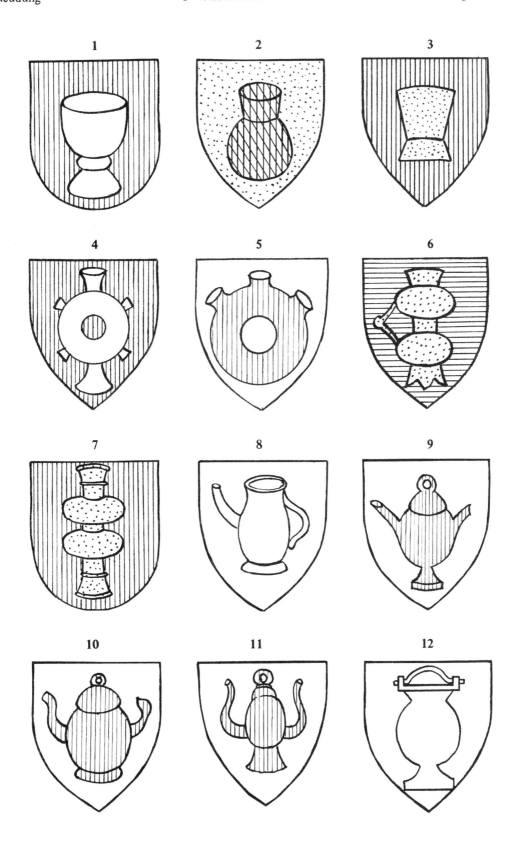

1 Buirette v. Oehlefeld
2 v. Buttlar
3 Treusch v. Buttlar-Br.
4 Kumpff, Whm.

5 Herbst, Whm.
6 Wurmrauscher, (Adel)
7 Sack, Nbg.
8 Sailer, Nbg.

9 Northeimer, Rbg.
10 Rüffer, Rbg.
11 Hoffmann, Nbg.
12 Käser, Dkb.

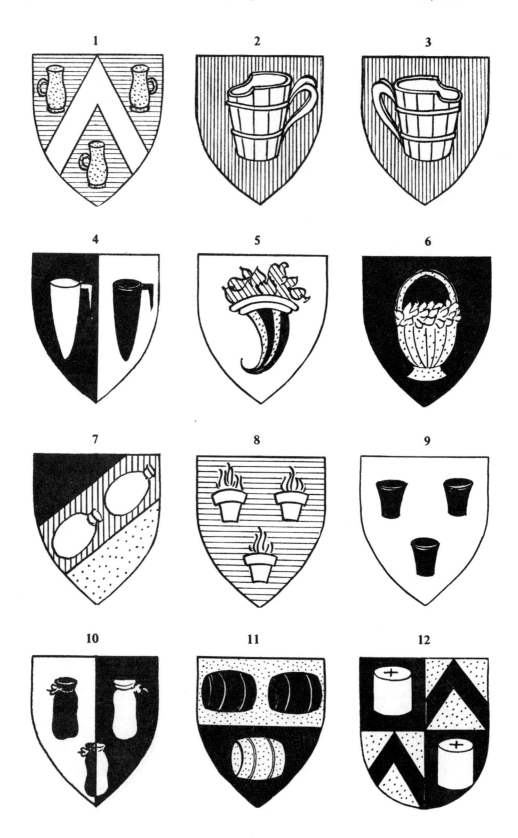

1 Riegler, Wbg.
2 Kettenhoffer, Nbg.
3 Schopper, Nbg.
4 v. Dürckheim

5 Plast, Rbg.
6 Planck, Nbg.
7 Egerstörffer
8 v. Mangersreuth

9 Malkos (Adel)
10 Marstaller, Nbg.
11 v. Wolfsberg
12 Hübner, Nbg.

1 Haller (Sporhaller)
2 Haller-Münzmeister
3 v. Heydenab
4 v. Oberländer

5 von der Deck
6 v. Schrotzberg
7 v. Giech, Grf., Stw.
8 Marschall v. Altengottern

9 v. Eisenhofen
10 v. Gottsfeld, Stw.
 (vgl. Taf. 157)
11 v. Gottsfeld, verm.
12 Kiesling

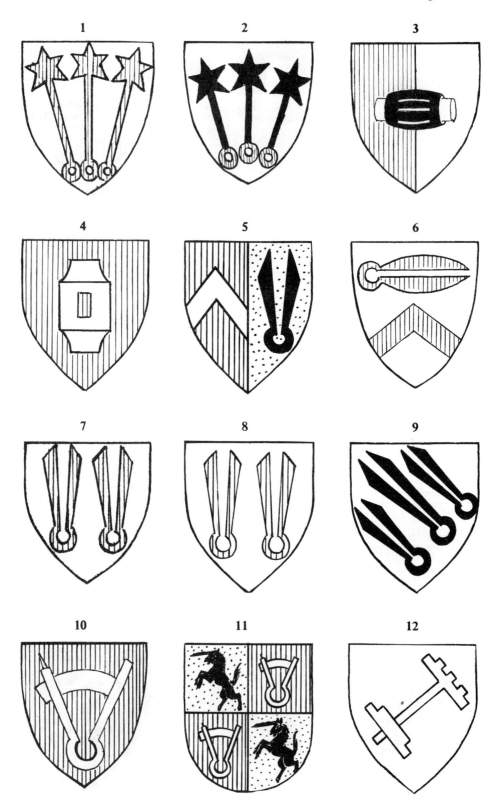

1 v. Seidlein
2 v. Oefele
3 Semmler, Nbg.
4 Letscher

5 Hartesam
6 v. Haxthausen, Stw.
7 v. Wannbach (2)
8 Lamminger v. Albenreuth

9 Taig, Nbg.
10 v. Schlüsselberg
11 Leikauff, Nbg.
12 Schlüsselberger, Nbg.

1 Schlüsselfelder, Nbg.
2 Speth v. Zwiefalten
3 Portner II, Nbg.
4 Schütz v. Hagenbach
5 v. Brunn
6 v. Hageln
7 v. Zertschen
8 v. Lißberg
9 v. Thüngfeld
10 v. Axthelm
11 Kürmreuther (Adel)
12 v. Gagern

1 v. Neidstein
2 v. Hartenstein
3 v. Spardorf
4 v. Rechenberg

5 Wolfstrigel (Adel)
6 Rech, Nbg.(v. Rechenberg)
7 Truchseß v. Wilb.
8 Heyen, Whm.

9 Gabler, Nbg.
10 v. Waldstromer
11 Bilsacher, Nbg.
12 Mecher v. Kühlenfels

1 Behem, Nbg. IV
2 Prinsterer
3 Ehinger
4 Erckel, Nbg.

5 Eccard, Whm.
6 Schmidt, Rbg.
7 Segesser v. Bruneck, Stw.
8 Meder, Whm (1)

9 Meder, Whm, (2)
10 Puchner, Nbg.
11 Lang, Nbg.
12 v. Ploben

1 Wolfart, Nbg.
2 Fürnberger, Nbg.
3 Kurr, Dkb. (1)
4 Kurr, Dkb. (2)

5 v. Streitberg, Stw.
6 v. Streitberg (verm.)
7 Bischoff, Nbg.
8 Hagen v. Hagenfels (1)

9 v. Hagen (2)
10 Rochen, Nbg.
11 Haut v. Adelsdorf
12 Haut, gen. Heidecker

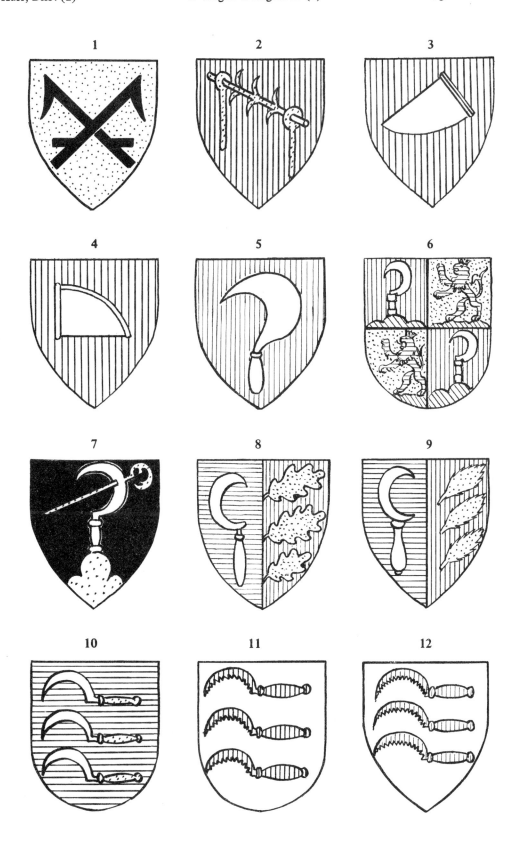

1 Schüttensam (Adel)
2 Schilling, Nbg.
3 v. Werda
4 Mair I, Nbg.

5 Pflueg, Nbg.
6 Heugel, Nbg.
7 Singer v. Mossau (1)
8 Singer v. Mossau (2)

9 Grabner, Nbg.
10 v. Rasch
11 Schenk v. Limpurg (1)
12 Schenk v. Limpurg (2)

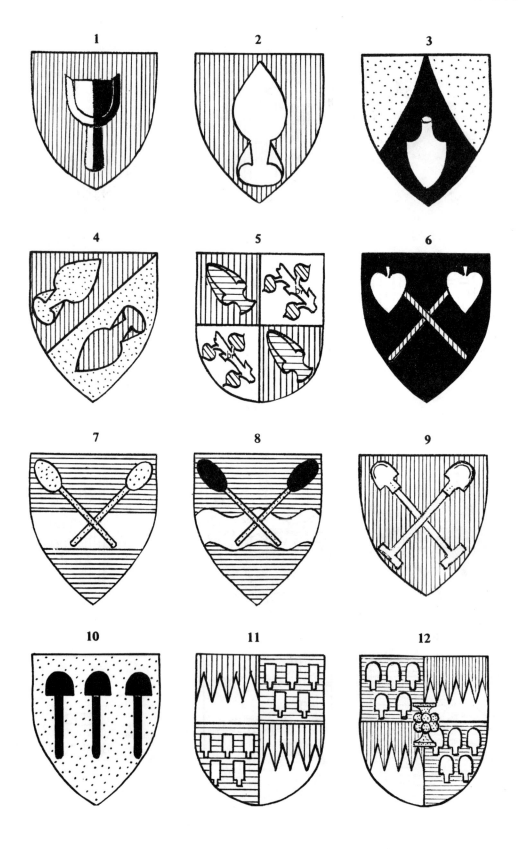

1 Horneck v. Weinheim
2 v. Alendorf
3 Nagel, Whm.
4 Frick v. Frickenhausen
5 Leneisen, Nbg.
6 v. Stein zum Altenstein
  (u.Taf. 156)
7 Hammerbacher, Whm.
8 Flöser, gen. Pütner
9 Büchelberg, Dkb.
10 Negelein, Nbg.
11 Klieber, Nbg.
12 v. Franckenstein, Stw.(1)

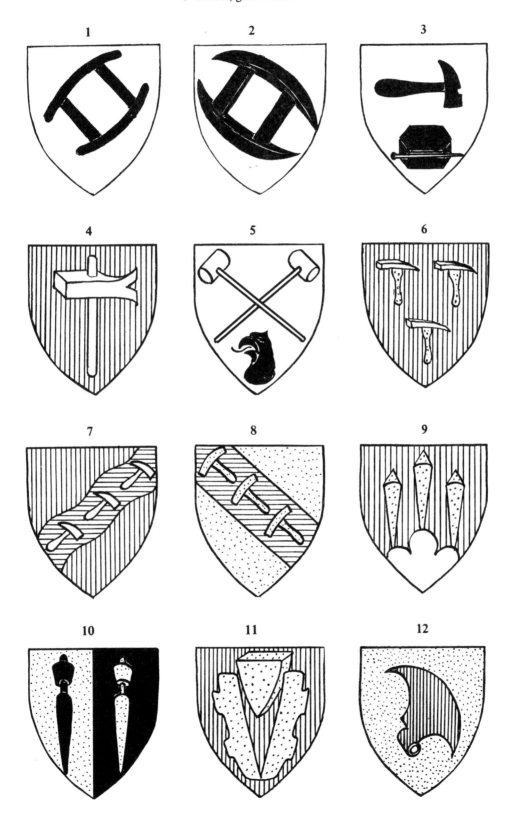

1 v. Franckenstein, Stw. (2)
2 v. Bartenstein
3 v. Sturmfeder
4 Lesch

5 Lösch v. Hilgartshausen
6 v. Habern (1)
7 v. Habern (2)
8 v. Gulpen

9 v. Kreuth
10 v. Tennenlohe
11 Hiller, Wbg.
12 Kaltenhäuser, Nbg.

1 v. Stetten
2 v. Uffenheim
3 v. Jagstheim
4 Kreß v. Kressenstein
   (u. Taf. 156)

5 Herdegen v. Culm
6 Gebhardt, Nbg.
7 Summerer, Nbg.
8 v. Strahlenfels

9 v. Reichenbach
10 Stiebar v. Buttenheim
11 Öffner
12 Hebenstreit, Nbg.

1 Kresser v. Burgfb.
2 Rigler, Nbg.
3 Ligsalz, Nbg.
4 Held, Nbg.

5 v. Rehm
6 v. Zerzog
7 Christian, Nbg.
8 v. Wannbach (1)

9 Meichsner, Nbg.
10 Knebel, Nbg.
11 Seifridt I, Nbg.
12 v. Lang

1 Prünsterer II, Nbg.
2 Stöckel (neu), Nbg
3 Strolin, Nbg.
4 Vorcheimer (Adel)

5 v. Wintzingerode
6 Franck, Nbg.
7 v. Nanckenreuth (1)
8 v. Nanckenreuth (2)

9 Dopel, Nbg.
10 Sauerzapf auf Burggrub
11 Dienst, Whm.
12 v. Sperreuth

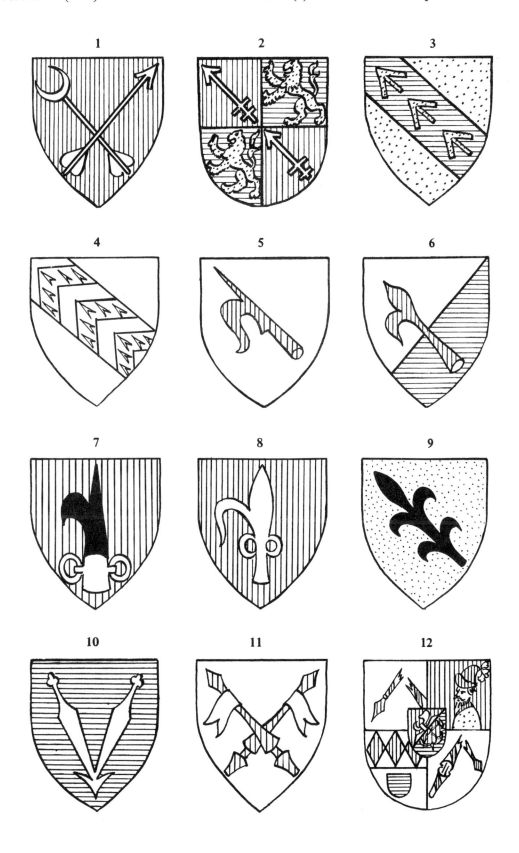

1 Schütz, Nbg.
2 Reisenleiter
3 Wencker, Rbg.
4 v. Muhr (alt)

5 v. Muhr (neu)
6 Böschen
7 v. Königsfeld (1)
8 v. Königsfeld (2)

9 v. Weinsberg
10 v. Alfingen
11 Alfinger, Nbg.
12 Knebel v. Katzenellnbogen

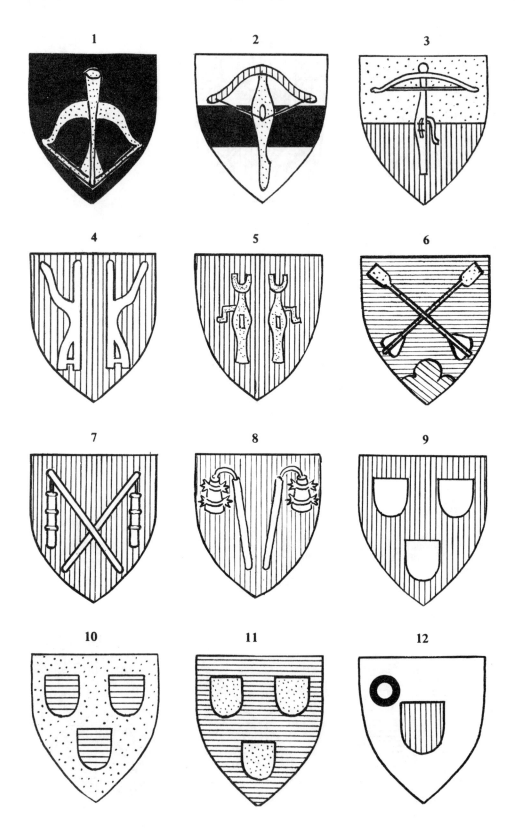

1 v. Dobeneck
2 Feuchtwanger, Dkb.
3 v. Mayenthal
4 Pflaumer, Wbg.

5 v. Stain zum Rechtenstein, Stw.
6 v. Stadion, Stw.
7 Forster, Nbg.
8 v. Eckersberg

9 Horlacher, Whm.
10 Zeger, Nbg.
11 v. Lengefeld
12 Horn, Nbg.

1 Schlümpfen
2 Geiger (alt), Nbg.
3 Topler, Rbg. u. Nbg.
4 Neustätter gen. Stürmer

5 Derrer v. d. Unterbürg
6 v. Rüssenbach
7 v. Wallenrod
8 v. Schwaningen

9 Haubentaler
10 Holzschuher v. Harrlach, Stw.
11 Boreß, Nbg.
12 Eschenloher, Nbg.

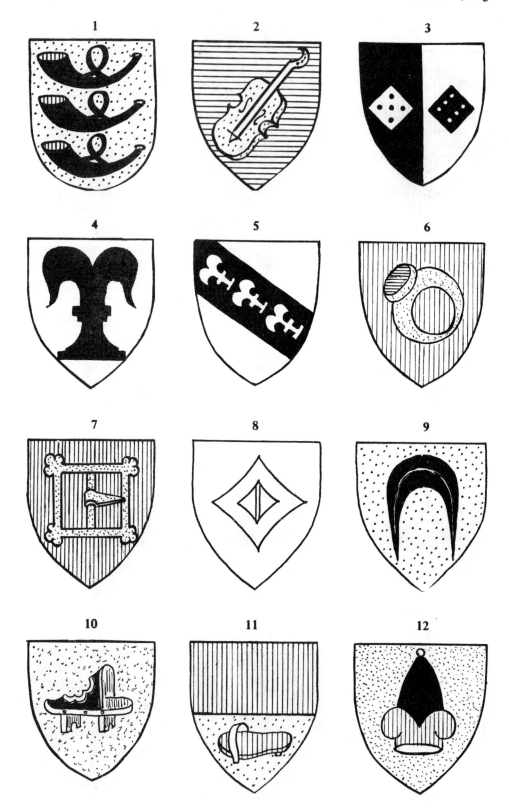

1 v. Haberkorn
2 Mueleck
3 Hütlein, Nbg.
4 Hiltmar (Adel)

5 Schweppermann (Adel) (1)
6 Schweppermann (Adel) (2)
7 v. Mässing
8 v. Diebach

9 Mindel, Nbg.
10 v. Borie
11 Breuning, Nbg.
12 v. Leuchtenberg, Herzöge

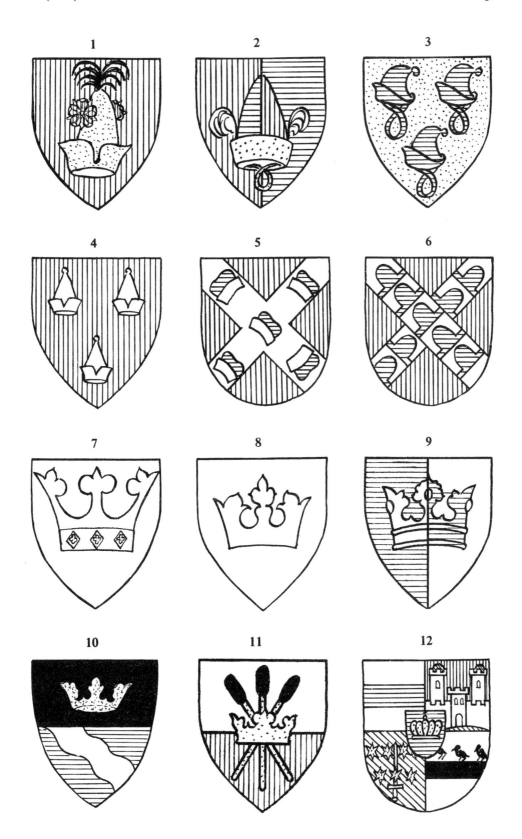

1 König v. Königsthal
2 Cronnagel, Dkb.
3 König, Nbg.
4 Scheu, Whm.

5 Scheu, Rbg.
6 Heroldt, Nbg.
7 Behem „die edlen"
8 Regenfueß

9 Schultheiß I
10 Stempel, Nbg.
11 v. Hainold
12 Wagner, Whm.

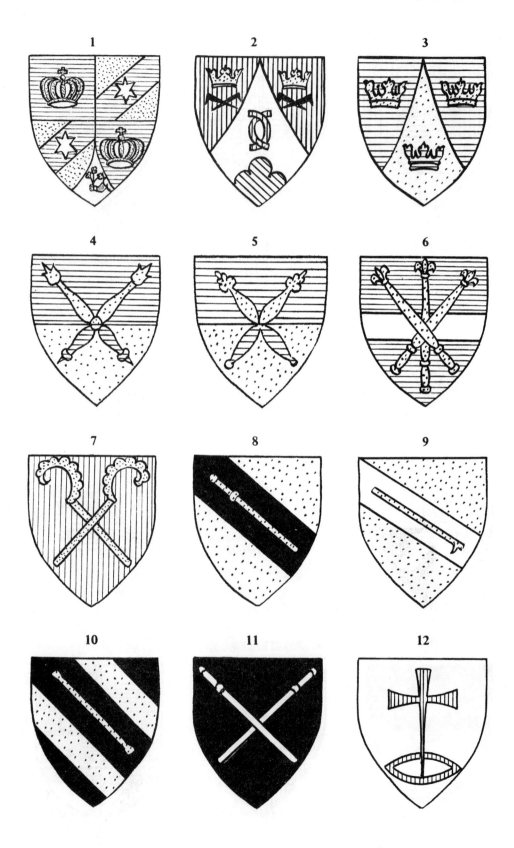

1 v. Thela
2 Österreicher
3 Österreicher/Wattenbach
4 Pafurt

5 Kolb, Nbg.
6 Bamberger, Whm.
7 Memminger, Nbg.
8 Schaiblein, Rbg.

9 Höltzel, Nbg.
10 Langmantel
11 Seubold, Nbg.
12 v. Frundsberg

1 v. Bolstat (Schwaben
2 Kreß von Kressenstein (2)
3 v. Pappenheim, Stw. (2)
4 v. Sandizell (2)

5 v. Stein zum Altenstein (2)
6 v. Leiningen, Fst (2)
7 Helchner (2)
8 Usmer, Nbg. (erlosch. 1494)

9 Frankengrüner, (Ofr. 15. Jh.)
   weitere W. bei Siebm.
10 Frey, Nbg. (2)
11 v. Völkershausen (Ufr.)
12 Geipel zu Schöllkrippen(Ufr.)

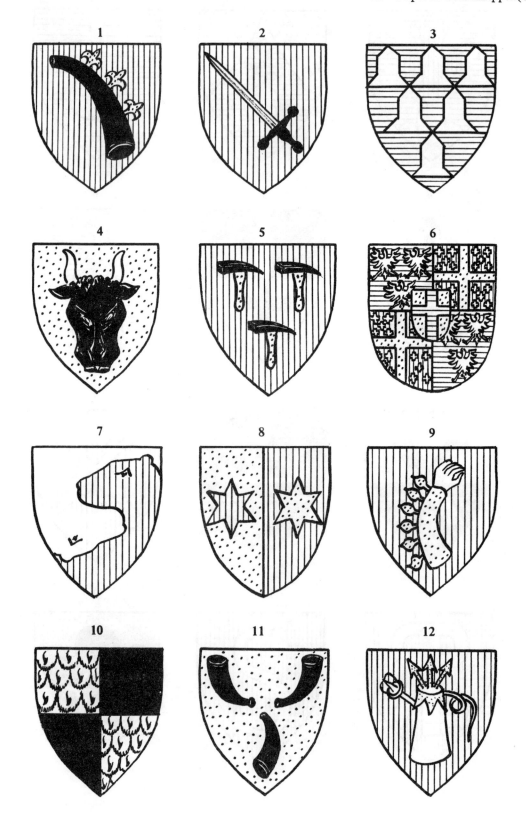

Ergänzungen und Nachträge aus Siebmachers Wappenbuch Bd. 22, Die Wappen des bayer. Adels,
Reprograph. Nachdruck, Neustadt/Aisch 1971

Taf. 157

1 Westheimer, Rbg.
2 Ferg, Rbg. (Hz:wachs-schw. Einhorn
3 v. Retzstat (Ufr., Hz:Schildfigur)
4 Hund v. Wenkheim u. Altenstein (Hz:roter Pferdekopf)
5 v. Perlefein (Wassertrüd.)
6 Döring (Ganerbe z. Rothenberg 1509; Hz:Stulphut mit Federbusch
7 v. Speckfeld (2), 1243
8 Deucher (2)
9 v. Zogenreuth (1) (Opf.)
10 v. Zogenreuth (2) (Opf., Hz: Flug mit Schildfigur)
11 v. Zirkendorf (Opf.u.Ofr.) Stw. (Hz: Zirkel u. Stab mit Hahnenbusch)
12 Rabe u. Schoenwald (Ofr.; Hz: Rabe zwischen zwei Hörnern)